Case Management

아동 · 청소년을 위한

사례관리론

남 미 애

양 서 원

머리말 PREFACE

사례관리는 사회적 돌봄을 필요로 하는 사람들을 위한 사회복지실천 방법 중 하나이다. 이것은 기존의 서비스 방법과는 전혀 별개인 독립된 요소들이나 단계로 구성된 것이 아니다. 이미 오래 전부터 사회복지 현장에서 해오던 인테이크, 사정, 실행, 종결 등의 실천과정들 속에서 기존 개별기관이나 시설만으로 충족하기 어려운 클라이언트의 욕구나 사회적 필요에 대응하기 위해 대상, 목표, 원칙, 기술, 운영시스템 등을 특화한 것이다.

이처럼 기존의 사회복지실천과 사례관리는 시간이 흐름에 따라 서로 영향을 주고받고 변화해 왔기 때문에 이들 간을 명확하게 구분한다는 것은 쉽지 않다. 사례관리의 개념이 태생적으로 갖는 한계인 무정형성에다 기관의 유형, 개별 기관의 특성 및 지역 사회의 환경까지 더해지면서 국가, 사회, 학자, 실천분야에 따라 다양하게 발전해왔기 때문에 사례관리를 배우거나 적용하는 사람들에게는 혼란을 가중시킨다. 그럼에도 불구하고 분명한 것은 사례관리의 중요성은 더욱 부각되고 이에 대한 요구가 더욱 증가되고 있다는 것이다. 그 결과 사례관리가 마치 만병통치약인 것처럼 인식되는 부작용도 있다.

이 책은 사회복지실천 현장에서 사례관리를 어떻게 적용하는 지를 알아보고자 한 것이다. 최근 우리나라에는 사례관리에 관한 연구나 책들이 활발하게 보급되고 있다. 이들 선행연구 덕분에 사례관리가 무엇인지, 왜 중요한지에 대한 많은 이해를 할 수 있었다. 그러나 어떻게? 에 대해서는 여전히 혼란스럽다. 특히 아동 · 청소년에 대한 사례관리는 장애인이나 노인 등 성인의 사례관리와 달리 어떻게 해야 하는지가 늘 고민거리였다. 사례관리가 클라이언트의 자발성과 욕구를 중시한다는 측면에서 보면 아동 · 청소년의 사례관리는 분명 성인과 다른 접근이 강조되어야 할 것이다. 그러나 지금까지 아동 · 청소년에 대한 사례관리는 성인 중심의 접근을 그대로 적용하거나 가족의 일환으로 간주되어 아동 · 청소년의 욕구나 참여는 덜 강조되었다.

본 책은 우리 사회가 경쟁에서 뒤떨어진 사람들에게 다시 기회를 주고 사회복지를 시혜가 아닌 권리로 인식하는 보편적 사회복지로 한 걸음 더 나아가기를 희망하면서 두 가지 목적을 가지고 집필하였다. 하나는 사회복지학을 배우는 학생들에게 사례관리의 이론과 지식, 기술을 익히는 지침서를 제공하고자 하는 것이다. 사례관리를 입문하는 과정에서 쉽고 명료하게 사례관리의 이론적 토대와 특징, 구성요소들을 알고 실제 사례관리를 행할 수 있도록 돕고자 하는 의도에서 시작되었다. 또한 아동·청소년에 대한 사례관리를 더욱 구체화하고자 하였다.

다른 하나는 시설이나 지역사회 내에서 사례관리실천을 하는 사례관리자들이나 사회복지실천가들이 사례관리의 목적과 정체성에 맞는 사례관리를 행하는데 조금이라도 도움이 되었으면 하는 것이다. 특히 아동·청소년 분야에서 사례관리를 하는 실천가나 사례관리자들에게 아동·청소년에 적합한 사례관리의 이론과 기술을 적용하는데 도움이 되고자 하였다.

이를 달성하고자 본 책에서는 아동·청소년복지 분야에서 사례관리를 어떻게 적용하는지를 쉽게 알 수 있도록 다양한 아동·청소년 사례들을 소개하였다. 또한 사례관리 시작인 준비단계에서부터 마지막 종결단계까지 사례관리자가 해야 할 과업과 기술을 제시하고 각 단계의 예시를 사례에 대입해서 소개하였다. 사례관리 과정 중 사례관리자가 직면하는 여러 가지 상황을 소개하고 그런 문제를 다루는 방법들에 대해 세부적으로 제시하고자 하였다.

그럼에도 불구하고 여전히 본 책은 부족한 점이 많다. 사례관리의 실제에 필요한 여러 가지 내용을 보다 구체적으로 설명하고자 하였으나 아동·청소년들의 다양한 내용들을 다채롭고 다루지 못하였다. 따라서 본 책에서 제시한 것보다 실제 현장에서 적용할 때는 훨씬 더 역동적일 수 있음을 알린다. 능력과 경험의 부족으로 집필하는 과정에서도, 탈고한 지금도 부끄러움이 크다. 앞으로 계속 정진하면서 보완해나갈 것을 약속드린다.

본 책은 크게 3개의 Part와 14장으로 구성된다. 〈Part Ⅰ〉은 사례관리의 이론적 기초에 대해 알아보기 위해 사례관리의 개념 및 역사, 사례관리의 특징과 모델, 사례관리의 관점, 사례관리의 윤리와 경험으로 구성하였다. 특히 사례관리의 관점에서는 사회복지에서 강조하는 생태체계적 관점, 강점 관점, 임파워먼트 관점 등을 소개하고 이를 아동·청소년 분야의 사례관리에서 어떻게 적용할 수 있는 지 등을 살펴보았다. 또한 사례관리의 적용에서 발생되는 여러 가지 윤리적 이슈를 구체적으로 알아보고 윤리적 실천을 위해 고려해야 할 점을 검토하였다. 마지막으로 사례관리와 관련된 사람들은 사례관리를 통해 어떤 경험을 하고 어떤 효과가 있는 지를 살펴보았다.

〈Part Ⅱ〉에서는 사례관리의 구성요소를 알아보았다. 여기서는 사례관리를 구성하는 중요한 요소인 사례관리 이용자, 사례관리자, 지역사회 자원, 사례관리 운영체계를 중심으로 살펴보았다. 사례관리 이용자에서는 사례관리의 중요한 축인 이용자를 어떻게 분류하고 이들 이용자들이 갖는 심리사회적 특징들을 알아보고자 하였다. 특히 본 책의 주요 대상자인 아동·청소년의 이해를 돕고자 아동·청소년기에 대한 특징, 아동·청소년기에 당면하는 어려움과 위기에 대해 구체적으로 소개하였다. 여기서 아동·청소년이란 자신에 대한 의사를 표현할 수 있고 자신의 욕구에 기초해 참여가 가능하다고 인정되는 초등학교 4학년에서 24세 사이로 한정하였다. 사례관리자 및 사례관리 과정에서는 사례관리자의 역할과 책임, 관련 기술을 큰 틀에서 살펴보았고 이에 대한 구체적인 내용과 방법은 〈Part Ⅲ〉의 실제에서 다루었다. 지역사회 자원에서는 사례관리에서 지역사회 자원이 왜 중요한지를 알아보고 지역사회 자원을 활용함에 있어 어떤 방법과 기술을 사용하는 지에 대해 구체적으로 살펴보았다. 사례관리 운영체계에서는 사례관리 운영을 위한 시스템 구축에 필요한 체계의 구조와 실행에 대해 알아보았다.

마지막으로 사례관리의 실제에서는 사전준비, 인테이크, 사정, 개별서비스 계획, 실행, 종결 및 평가 등 사례관리 단계를 중심으로 각 단계의 목적, 주요 과업, 주요 기술, 양식 작성 지침을 설명하고 실제 양식에 맞추어 사례를 적용한 예시를 구체적으로 제시하였다.

본 책의 발간에는 많은 분들의 도움이 있었다. 우선 사례관리에 대해 앞서 연구를 시작한 우리나라 연구자들에게 감사드린다. 특히 권진숙교수를 비롯한 한국사례관리학회에 감사를 드린다. 이들이 연구한 논문과 책들은 사례관리에 대한 이해를 돕는데 도움이 되었을 뿐 아니라 어떻게 라는 질문을 갖도록 해주었다. 또한 이 책의 출간을 맡아 주시면서 세심한 배려를 아끼지 않으신 양서원 박철용 사장님과 직원 여러분께도 감사를 드린다. 마지막으로 더 나은 삶을 위해 애쓰는 우리나라 아동·청소년들과 열악한 환경 속에서도 사례관리 실천을 위해 노력하는 사회복지사들의 노고에 감사드린다.

2018년 1월

저자

목차 CONTENTS

Part Ⅰ. 사례관리의 이론적 기초

Part Ⅱ. 사례관리의 구성요소

5장. 사례관리 이용자 / 83

6장. 사례관리 및 사례관리 과정 / 111

7장. 지역사회 자원 / 137

8장. 사례관리 운영체계 / 153

Part III. 사례관리의 실제

9장. 사전 준비 단계 / 169

10장. 인테이크 단계 / 177

11장. 사정 단계 / 199

12장. 개별서비스 계획 단계 / 225

13장. 실행 단계 / 239

14장. 종결 단계 / 273

부 록 / 291

C A S E M A N A G E M E N T

Part I

사례관리의 이론적 기초

Chapter 01

사례관리의 개념 및 역사

1. 사례관리의 개념 및 목적

1) 사례관리의 개념

유시진(17살)은 2년 전 가출해 거리를 떠돌며 지내던 중 아웃리치를 하던 청소년쉼터 사회복지사에 의해 발견되었다. 그는 오랜 가출생활로 건강 및 위생상태가 좋아 보이지 않았다. 한글을 간신히 읽었으며 중3을 두 번이나 다니다가 자퇴한 상태였다. 돈이 떨어지면 택배, 식당 알바 등 불규칙적인 일을 하였고 그 외 대부분의 시간은 게임에 빠져 지낸다고 하였다. 또한 비행으로 보호관찰 중이었다. 그는 말이 없고 온순하지만 불쑥 화를 내기도 하였다. 당분간 쉼터에서 지내는 것이 어떻겠느냐는 제안에는 완강히 거절하였다. 자취를 하거나 친한 친구들과 함께 지내고 싶지만 돈도 없고 앞으로 어떻게 살아야 할지 막막하다고 하였다. 사회복지사는 시진에게 생활지도, 직업훈련, 주거지원, 상담, 의료지원, 법률지원 등이 꾸준히 지원되어야 한다고 생각한다. 청소년쉼터에서는 일시적인 주거제공 및 보호만 제공될 수 있는데 시진이가 이를 거절하여 사회복지사의 마음이 무겁다.

한아름(18살)은 교육복지 대상학생이다. 학교사회복지사는 잦은 지각과 결석 때문에 걱정이라는 담임선생님의 요청에 의해 가정방문을 하였다. 집에는 아름이와 어머니가 있었다. 아버지는 교도소에서 수감 중이고 어머니는 허리를 다쳐 거동이 어려운 상태였다. 남동생은 오토바이 절도로 소년원에 있고 다음 달에 나올 예정이었다. 아름이와 단 둘이 이야기를 하던 중 아름이가 임신 중임을 알게 되었다. 아름은 아기아버지인 남자친구와 헤어졌지만 아기만은 낳아 키우고 싶다고 하였다. 또한 어머니는 출산을 반대할 것이 뻔하고 지금의 지하방에서는 아기를 키우고 싶지 않다고 했다. 자기처럼 자식을 고생시키지 않고 잘 키우고 싶다고 했다. 아이랑 함께 살 집과 일자리가 마련되기를 희망하였다. 학교 졸업은 하고 싶지만 임신했는데 학교에서 받아줄 리 없다고 포기하고 있었다. 그러나 꼭 대학은 가서 부끄럽지 않은 엄마가 될 거라고 했다. 아름은 청소년상담실에서 상담을 받다가 미혼모시설에게 의뢰되어 1회 상담을 받은 적이 있다. 학교사회복지사는 아름이가 출산과 학업을 포기하지 않고 병행할 방법이 없는지를 궁리해 본다. 그러나 아이를 키울 안전한 주거와 생활보장, 출산 및 양육에 대한 지원, 학업지원, 의료지원, 법률지원 등의 많은 문제를 어떻게 처리해야 하는지 답답한 심정이다. 반면 아름은 학교사회복지사, 상담실, 미혼모시설 등 여러 사회복지사를 만났지만 적절한 도움을 받지 못해 불안한 마음이 컸다.

유시진과 한아름의 사례는 위기청소년들을 만나는 사회복지사들에게는 익숙하지만 늘 힘겨운 도전이다. 복잡하면서도 다중의 욕구와 어려움을 갖는 위기청소년들에게 효과적으로 서비스를 제공하고 청소년들이 원하는 더 나은 삶을 살 수 있도록 지원하는 것은 사회복지사들에게는 중요한 과제이다. 그러나 개별 기관에 소속된 대부분의 사회복지사들의 경우, 입양, 아동학대, 상담, 가출 등 각 개별 기관의 목적과 기능, 사업 범위 내에서 일할 수밖에 없기 때문에 복잡하고 다양한 청소년들의 욕구에 대응하기란 쉽지 않다. 위 두 사례에서 보았듯이 개별 청소년이라고 하더라도 개인 및 가족상담, 교육, 고용과 훈련서비스, 주거, 건강, 공공복지 등을 동시다발적으로 또는 지속적으로 지원이 되어야 할 부분이 많다. 특히 청소년의 욕구 및 사항에 맞게 각기 다른 서비스를 제공하는 여러 기관들을 연결시키고 상이한 서비스 내용을 조정하고 지속적, 일관성 있게 제공하는 것은 매우 중요하다. 그러나 한 기관이 이들 서비스 모두를 제공하지 않는다. 뿐만 아니라 이런 일들은 기존 개별기관의 노력만으로는 이루어지기 어렵다.

최근 많은 사회복지사들은 이에 대한 해답을 사례관리에서 찾고 있다. 사례관리는 지속적, 장기적, 복합적 도움이 필요한 클라이언트를 발견·발굴하고 적절한 시기에 접근해서 클라이언트의 욕구에 맞게 개별 맞춤서비스를 제공하는 것이다. 이것은 사회복지만의 전유물이 아니라 건강, 노인 돌봄, 장애, 교정, 교육, 이민자 정착 프로그램, 기타 휴먼서비스 세팅 등 다양한 영역에서 행해지고 있다. 사회복지에서 사례관리란 완전히 새로운 시도가 아니라 이전부터 행해 오던 접근과 연결되어 있다.

학교부적응, 가정학대, 가출, 빈곤, 우울 등 다양한 문제를 가진 성매매피해청소년이 있다고 하자. 그림 A는 개별 기관 중심으로 서비스를 주는 기존의 방식이다. 위기에 빠진 청소년은 자신의 필요에 맞는 개별 기관을 모두 찾아 다녀야 하고 각 기관에 갈 때마다 이야기하기 곤란한 내용(왜 가출했는지, 어떻게 성매매에 노출되었는지, 부모와의 관계는 어떤지, 어떤 서비스를 희망하는지 등)을 반복해서 이야기해야 한다. 그러나 서비스 자격이나 기준에 맞지 않으면 희망하는 서비스를 받지 못한다. 어떤 경우에는 기관에 대한 정보가 없어 서비스 신청조차도 하지 못할 수도 있다. 한마디로 서비스의 접근성이 낮고 서비스 전달이 어렵다.

그림 B는 사례관리가 작동되는 경우이다. 위기에 빠진 청소년이 한 자리에서 자신이 원하는 서비스를 필요한 수준과 형태로 받을 수 있다. 개별적 욕구를 고려한 맞춤서비스를 클라이언트의 동의와 참여를 통해 제공하는 것이 사례관리이다. 사례관리자는 클라이언트에게 맞춤서비스를 지속적, 일관성 있게 제공할 수 있도록 지역사회 자원을 조정, 연계, 개발하는 역할을 수행한다.

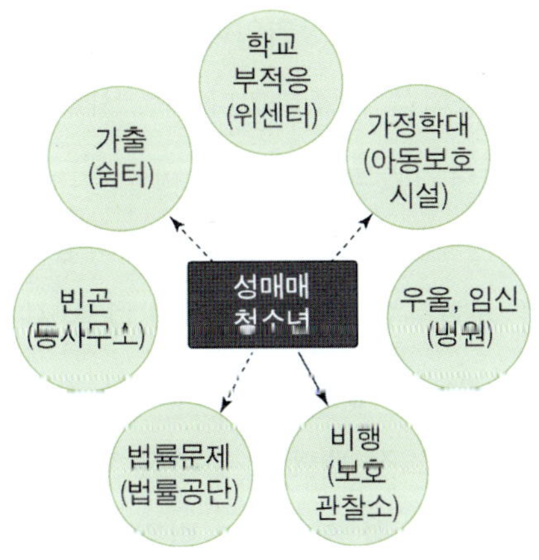

A. 개별기관 중심의 기존 서비스

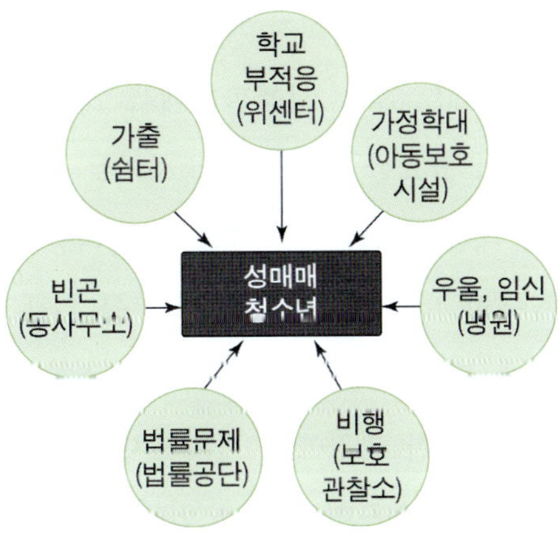

B. 사례관리를 통한 맞춤형 통합서비스

사례관리(cas management)의 정의와 모델은 매우 다양하다. 사례관리는 서비스이용자, 사례관리자, 지역사회 자원, 사례관리 운영체계 등 복합적 요소로 구성되고, 다양한 분야에서 사용되고 있기 때문에 개념과 모델을 하나로 정의하기가 어렵다. 또한 이용자의 문제 및 욕구, 사례관리의 목표와 사례관리자의 전문성 수준에 따라 사례관리 실천의 수준과 범위는 매우 다양하다. 따라서 본 장에서는 사회복지영역에 초점을 맞추어 사례관리의 개념을 살펴보고자 한다.

Woodside와 McClam(2006)는 사례관리를 복합적인 욕구(complex needs)를 가진 대상자들에게 다양한 서비스(multiple services)를 효과적으로 전달하기 위한 실천전략이라고 정의하였다. 그는 사례관리의 개념이 시대에 따라 변화되고 있음에 주목하였다. 즉, 전통적인 사례관리가 복합적인 욕구를 가진 클라이언트에게 사정 후 다양한 서비스를 연결시켜 주는 것에 초점을 두었다면 현대에 와서는 서비스를 연결하고(lingking service) 모니터링하는(monitoring service) 것 이외에도 클라이언트에게 직접적인 서비스를 제공하는 것에도 초점을 두는 이중적 과정이 중시된다고 하였다.

Moore 외(2009)는 사례관리가 다중의, 복잡한 장기간의 욕구를 가진 취약한 사람들에 사적, 건강, 복지의 지지와 서비스를 통합적으로 제공함으로써 그들이 최적의 독립된 개인 및 사회적 기능을 확립하고 유지하도록 하는 접근방법이라고 정의하였다.

Gronda(2009)는 사례관리에서 개인의 자기보호 능력을 강조하였다. 즉, 사례관리는 단지 필요한 욕구를 충족시키는 것이 아니라 클라이언트가 필요로 하는 어떤 지지에 대해 스스로 접근하도록 관리능력을 개발하는 개입이라는 것을 강조하였다.

NASW(2013)에서는 클라이언트를 위해 서비스를 계획하고 찾고 옹호하고 다른 사회서비스 또는 건강보호기관의 서비스를 점검하는 일련의 과정을 사례관리라고 정의하였다. 이러한 과정에서 사회복지사는 단일 또는 여러 조직 내에서 전문적 팀워크를 통해 클라이언트를 위한 노력들을 조정하고 그 결과 필요한 서비스의 범위를 확대시키고자 한다고 하였다. 사례관리는 단일한 거대 기관 내에서도 할 수 있고 지역사회 내에서 여러 기관의 서비스를 조정함으로써 행할 수도 있다고 하였다.

한국사례관리학회에서는 사례관리를 만성적, 복합적 욕구가 있는 클라이언트와 가족의 사회적 기능 회복을 위해 운영체계를 확립하고 이를 기반으로 체계적 사정과 지역사회의 다양한 자원을 활용하여 지속적이고 효과적인 사회복지서비스를 제공하는 통합적 실천방법이라고 정의하였다(권진숙 외, 2012: 15).

이상에서 본 바와 같이 사례관리의 개념은 다소 상이하게 정의되고 있음을 알 수 있다. 이런 개념의 상이함은 바로 사례관리실천에서의 혼란과 갈등으로 이어질 수 있다. Rapp과 Clamberlain(1985)은 사례관리 개념의 무정형성을 강조하였다. 사례관리 개념의 무정형성이란 사례관리에 대한 구체적인 정의가 결여된 채 여러 가지 실천이 적용되어진 것을 특징으로 하는 프로그램이라는 것이다(권진숙, 2010). 이러한 무정형성으로 인해 사례관리자는 자신이 속해 있는 기관의 조직적 특성, 가용할 수 있는 자원이 내용과 유형, 그리고 그들이 지향하고 있는 사회복지실천의 가치와 철학 등에 따라 사례관리의 개념과 목표 등을 서로 다르게 인식하게 되었다는 것이다(권현수, 2016: 85).

다양한 학자들의 사례관리 개념을 검토한 권현수(2016: 92-101)는 사례관리의 정의와 관련된 쟁점을 크게 3가지 측면으로 정리하였다. 첫째, 용어 정의와 관련된 쟁점이다. 사례관리는 case management, care management, care coordination, service coordination 등 다양한 용어로 혼용되고 있다. 사례관리 용어와 관련된 쟁점은 크게 두 가지로 대별된다. 하나는 사례관리를 case management와 care management 중 어떤 용어로 사용할 것인가 하는 것이다. care management는 주로 영국과 미국에서 사용되고 있는데 이를 지지하는 측에서는 케이스란 용어가 클라이언트의 품위를 떨어뜨릴 뿐 아니라 임상적 차원에서 이용자와의 직접적 관계만을 강조하고 자원조정이나 서비스 전달은 덜 강조해서 통합적 접근을 강조하는 사례관리의 본질을 잘 드러내기 어렵다고 한다. 반면 case management는 주로 미국에서 많이 사용된다. 이를 지지하는 측에서는 care라는 용어가 이용자의 의존성과 서비스제공자와 이용자 간의 수동적 관계를 내포한다고 하였다. 반면 case는 특정 개인에게만 초점을 맞출 뿐 아니라 국제적으로도 널리 통용되기 때문에 바람직하다고 한다.

다른 하나는 사례관리라는 용어 자체의 타당성과 적합성에 관한 것이다. 사례(case)라는 용어에서 클라이언트를 인격적인 한 개인으로 취급하기보다는 한 사례로 볼 수 있다는 측면이다. 또한 관리라는 용어 속에서는 클라이언트가 중심이라기보다는 사회복지사가 중심이 되어 클라이언트를 대상화하고 통제, 지시, 관리하는 측면이 강조된다는 것이다. 따라서 사례관리라는 용어 자체가 클라이언트의 욕구충족과 사회적 기능 향상을 통해 클라이언트 스스로 살아갈 수 있도록 돕고자 하는 사례관리의 목적과는 상당한 거리가 있다는 비판이다.

반면 사례관리의 철학이나 정신에서 클라이언트를 인격적인 주체로 보고 사례관리 과정에서 클라이언트의 참여와 임파워먼트를 강조한다는 점을 고려해 볼 때 사례관리라는 용어가 갖는 한계가 있음에도 불구하고 사례관리는 훨씬 더 인간적인 접근이라는 주장도 있다(권현수, 2016: 92-95).

둘째, 사례관리의 주요 기능(직접 실천 대 간접 실천)과 관련된 쟁점이다. 사례관리의 주요 기능이 무엇인지에 대한 논쟁은 크게 3가지로 대별된다. 하나는 사례관리를 상담, 치료, 교육 등과 같이 클라이언트에게 직접 서비스를 제공하는 것이라는 것이다. 또 다른 하나는 사례관리를 서비스 중개, 조정, 연계, 개발과 같은 간접 서비스를 제공하는 것이라는 입장이다. 마지막 입장은 직접 서비스와 간접 서비스를 통합해서 제공하는 것이라고 본다. 미국의 경우 사례관리가 등장하는 초기에는 서비스 조정이나 연계와 같은 간접적 서비스가 강조되었으나 1990년 후반부터는 직접 서비스까지 제공하는 역할로 확대되었고, 이를 전문적 사례관리로 인정하였다. 최근 우리나라도 직·간접 서비스 모두를 통합해서 제공하는 것을 강조하는 추세이다.

셋째, 사회복지실천과 사례관리와의 관계에 대한 쟁점이다. 이것은 크게 사례관리를 전통적인 사회복지실천이 확장된 것으로 보는 입장과 사회복지실천의 하위 모델이나 방법으로 보는 입장으로 대별된다. 전자는 사례관리가 사회복지실천과 동일하다고 보는 관점으로 사례관리는 크게 사례관리실천과 사례관리체계로 구성된다고 간주한다. 최근 우리나라는 사례관리를 사회복지실천의 한 모델로 보는 입장이 우세하다. 그러나 이에 대한 비판도 만만치 않다. 사회복지실천은 주로 직접적인 서비스에 초점을 두기 때문에 결과적으로 개인치료, 즉 개인의 문제해결이라는 미시적 접근에 치중할 가능성이 높다. 따라서 자원개발이나 조정, 옹호와 같은 사회변화를 덜 강조할 우려가 크다는 것이다.

2) 사례관리의 목적

대부분의 휴먼서비스 기관들은 건강, 교육, 직업훈련, 상담, 주거 등 특정 영역과 관련된 전문화된 기관들이다. 이들은 상이한 법적 근거에 따라 각기 다른 기능과 조직, 서비스를 각자의 방식으로 제공한다. 반면 위기에 처한 클라이언트들은 복잡하고 이질적이며 다층의 욕구를 가진다. 즉각적인 지원과 도움이 필요하지만 자신이 이용할 수 있는 서비스가 무엇인지 잘 모른다. 설사 많은 서비스 정보가 제공된다 하더라도 어떤 서비스를 언제, 어떤 순서대로 받아야 하는지 결정하기 어렵다. 그 외 여러 가지 이유로 클라이언트가 필요한 욕구와 기관에서 제공할 수 있는 서비스가 일치되지 않는 경우가 많다.

가출, 학교폭력, 아동학대, 청소년성매매 등 청소년들이 당면하는 어려움은 다양하고 복합적인 환경적 요인이 오랫동안 지속적으로 작용해서 발생, 유지, 재발된다. 그러나 빈약한 사회적 지지와 사회적 배제 등으로 클라이언트가 제때 적절한 도움을 받지 못해 공적 시스템으로부터 더우더 소외되거나 배제되기 쉽다. 그 결과 기관이나 서비스 이용을 기피 또는 거부하게 되고 그 사이에 문제는 점점 악화된다. 반면 기관 측에서는 열심히 준비한 서비스가 적합한 사람들에게 제공되지 못해 효과적이지 못하거나 자원이 낭비될 우려가 있다. 클라이언트의 적응과 보호를 위해서는 클라이언트 자신의 적극적인 노력과 함께 정부 및 민간 등 다각적인 자원의 다양한 노력 및 지원이 수반되어야 한다. 최근 사례관리는 이런 접근 중 하나로 더욱 주목받고 있다.

사례관리는 공적 제도와 클라이언트 요구 간의 부조화를 극복하고 클라이언트에게 필요한 서비스를 계속적으로 보장하도록 하는 것이다. 이를 위해서는 클라이언트로 하여금 서비스에의 접근(accessing)을 용이하게 하고 클라이언트 욕구에 부합하는 심리, 사회, 재정 등 다각적인 지원을 공식적·비공식적 자원을 통해 제공한다. 또한 계획된 서비스가 성공적일 수 있도록 공급자들과 이용자에게 다각적인 지원을 한다.

사례관리는 여러 가지 목적과 목표를 추구한다. Woodside와 Mcclam(2006)은 사례관리가 두 가지 서로 상이한 목표를 추구한다고 하였다. 하나는 클라이언트 측면으로 클라이언트의 삶의 질 향상에 기여하고자 하는 것이다. 또 다른 하나는 공급자 측면으로 불필요한 비용을 줄이고 효과성 및 효율성을 극대화하려고 하는 것이다.

NASW(2013)에서는 전문사회복지사가 사회복지 사례관리의 1차적 제공자라고 명시하고 사례관리의 표준 지침을 제공하였다. 또한 사례관리의 목표도 제시하였는데 그 내용을 살펴보면 첫째, 클라이언트의 발달적, 문제해결과 대처능력을 강화시킨다. 둘째, 각각의 클라이언트의 가치와 목표를 존중하면서 클라이언트가 지역사회와 상호작용하고 참여할 수 있는 능력을 향상시킨다. 셋째, 사람들에게 자원과 서비스, 기회를 제공하는 시스템을 연결시킨다. 넷째, 서비스 전달체계의 범위와 능력을 향상시킨다. 다섯째, 서비스 체계의 효과적이며 인간중심적 활동을 창조하고 강화시킨다. 여섯째, 사회정책의 발달과 개선에 기여한다. 더불어 다른 영역에서의 사례관리와 달리 사회복지 사례관리는 인간중심의 서비스, 클라이언트와 사회복지사 관계 중시, 환경 속의 인간, 강점관점, 협력적 팀워크, 미시·중간·거시 수준의 개입이라는 특징을 갖는다고 하였다.

이상의 내용을 정리해 보면 사례관리는 이용자의 삶의 질 향상과 이용자를 둘러싼 환경의 최적화라는 이중적 목적을 지향함을 알 수 있다. 이는 이용자 측면과 공급자 측면을 동시에 고려함을 의미한다(〈그림 1-1〉 참고). 이용자와 공급자 양측을 모두 고려한다는 것은 이상적일 수 있지만 이를 실현하는 것은 쉽지 않다. 이용자와 공급자가 바라는 바가 항상 대립된다고 할 수는 없지만 경우에 따라 상충되는 경우도 많다.

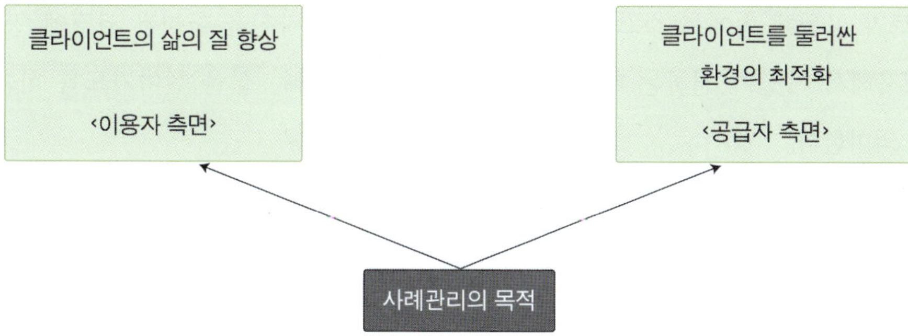

그림 1-1. 사례관리의 목적

특히 신자유주의의 영향으로 쉼없이 성과를 드러내고 치열한 경쟁 속에서 살아남아야 하는 현 사회복지의 풍토를 고려해 볼 때 이중적 목표를 지향하는 사례관리자는 끊임없는 질문과 고민을 하는 힘든 과정 중에 있음을 알 수 있다. 결과적으로 성공적인 사례관리는 사례관리자 한 사람의 노력이나 역량에 의해 좌우되는 것이 아니라 사례관리자 및 사례관리기관, 지역사회, 정부의 부단한 노력이 병행되어야 함을 알 수 있다.

사례관리는 클라이언트에게 어떤 점에서 유익할까요?

첫째, 일관적, 연속적, 다차원적, 문제해결 접근을 포함한다.
둘째, 클라이언트로 하여금 환경이 자신에게 적합할 수 있도록 영향력을 발휘하는 힘을 키우게 한다.
셋째, 지역사회 내 공식적·비공식적 자원과 소통하며 지지체계를 개발한다.
넷째, 클라이언트 자신 및 그를 둘러싼 환경 전반에 대한 변화를 유도한다.

기관 차원에서의 사례관리의 목표를 구체적으로 제시하면 크게 최종 목표와 중간 목표로 대별해 볼 수 있다. 최종 목표는 클라이언트의 역량강화와 더불어 클라이언트를 둘러싼 환경인 기관 및 지역사회의 역량강화이다. 클라이언트의 역량강화란 클라이언트가 공동체 속에서 스스로 생활의 통제권을 갖고 자신을 둘러싼 환경에 영향력을 행사해서 자신이 원하는 바를 관철시켜 자신이 원하는 삶을 살아가도록 하는 역량을 의미한다.

기관 및 지역사회 역량강화란 클라이언트가 속해 있는 기관이나 지역사회가 클라이언트가 원하는 삶을 살아갈 수 있도록 지원하고 더 나아가 적합한 환경을 조성하는 역량을 의미한다. 정리하면, 사례관리자는 클라이언트의 역량을 최대한 발휘하도록 하는 노력과 동시에 클라이언트를 둘러싼 환경이 클라이언트에게 최적의 환경이 될 수 있도록 역량을 끌어올리는 것을 지향한다.

중간 목표 역시 클라이언트 측면과 환경 측면으로 대별할 수 있다. 클라이언트 측면의 중간 목표는 크게 2가지로 정리할 수 있다. 첫째, 클라이언트의 자기보호 능력의 극대화이다. 클라이언트가 다른 사람에게 의지하지 않고 자기 스스로 보호할 수 있도록 하는 능력을 고양시키는 것이다. 둘째, 서비스와 자원을 이용하는 클라이언트의 영향력 극대화이다. 도움이 필요한 경우 자신의 힘으로 지역사회 서비스와 자원을

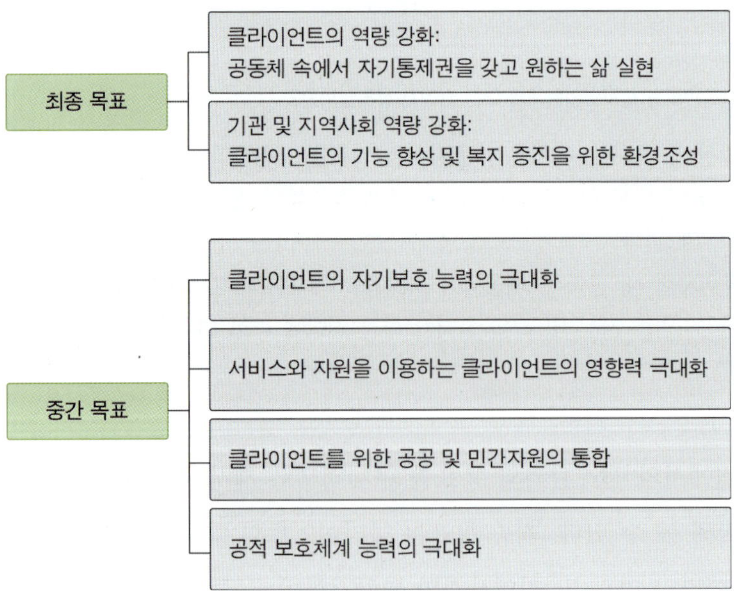

그림 1-2. 기관 차원의 사례관리 목표

찾아 이용하거나 요구해서 필요한 욕구를 충족시키는 힘을 향상시키는 것이다.

환경 측면의 중간 목표도 크게 2가지로 대별할 수 있다. 첫째, 공적 보호체계 능력의 극대화이다. 클라이언트의 다양한 욕구가 공적 보호체계 내에서 충족될 수 있도록 법, 제도, 정책을 바꾸거나 제도나 정책의 사각지대를 보완하도록 함으로써 공적 능력을 향상시키는 것이다. 둘째, 클라이언트를 위한 공공 및 민간자원의 통합이다. 공적 보호체계 내에서 적합한 보호를 받기 이전까지 클라이언트에 대한 지원을 위해 지역사회 내 다양한 자원을 적극 활용하는 능력을 의미한다.

사례관리에서 지역사회 역량강화의 중요성

- 만성질환, 폭력문제, 장애문제, 성매매피해문제, 중독문제 등은 단시간에 해결되는 것이 아니라 엄청난 시간과 노력을 필요로 한다. 당사자들은 변화를 위한 많은 노력을 하고 있지만 이들에게 완치나 장애를 극복하라고 요구하기는 매우 힘들다.
- 지금까지 대부분의 휴먼서비스직에서는 중독이나 알코올문제, 정신장애가 먼저 해결되어야 취업이나 자립을 할 수 있다고 전제해 왔다.
- 그러나 어떤 사례는 근본적인 변화는 힘들거나 불가능한 경우도 있고 어떤 사례에서는 이런 만성질환이나 장애를 가지고도 만족스러운 삶을 유지하는 사람들도 있다.
- 사례관리는 클라이언트의 역량강화와 더불어 조직, 지역사회나 환경이 이들에게 지지적인 환경이 될 수 있도록 조직, 지역사회를 역량강화시키는 것을 강조한다. 이들이 질환이나 장애를 가진 채로 지금보다 조금 더 나은 삶을 유지하도록 하기 위해서는 지역사회가 이들에게 힘이 되고 적응하기 쉬운 적합한 환경이 되도록 하는 것도 매우 중요하다.
- 클라이언트에 대해 지역사회가 바르게 이해하도록 클라이언트의 삶에 대해 알리고 클라이언트와 지역과의 교류를 활성화시킴으로써 지역사회의 인식을 전환시키고 지원을 동원하여 클라이언트에 대한 지지체계가 강화될 수 있도록 하는 것이다. 사례관리는 문제를 완벽하게 해결하는 것이 아니라 환경, 즉 시스템이 조금 더 할 수 있는 것을 하도록 하는 것이다.

2. 사례관리의 역사

1) 사례관리의 등장배경

사례관리는 1980년대 이후 영국과 미국을 중심으로 본격화되었다. 이러한 시대적 배경에는 탈시설화 및 지역사회보호의 강조, 복합적인 욕구를 지닌 인구 증가, 서비스의 효과성 및 효율성, 기관의 책무성 강조 등이 있었다. 먼저 탈시설화 및 지역사회보호의 강조이다. 이전까지 사회복지는 주로 개별 시설 중심으로 이루어졌다. 사회복지사들의 부단한 노력에도 불구하고 시설에서의 생활은 여러 가지 심리사회적 부적응, 시설병 및 인권문제 발생, 지역사회와의 소외, 사회복지에의 의존 등을 야기시켰다. 정부에서는 증가하는 사회복지 시설에 막대한 재정적 지원을 투입해야 하기 때문에 재정적 부담을 줄일 수 있는 방안을 모색하지 않으면 안 되었다. 또한 시설에서 생활하는 사람들이 궁극적으로 희망하는 것은 지역사회에서 가족이나 이웃들과 함께 삶을 영위하는 것이었다. 이는 사회복지의 궁극적인 목적과도 부합되는 것이었다. 이러한 과정에서 강조된 개념이 탈시설화와 지역사회보호이다.

다음으로 노인, 장애인, 빈곤가정 등 복합적이고 장기간의 보호가 필요한 인구가 증가하였다. 존엄성을 가진 한 인간으로서 보다 나은 삶을 살아가는 데 필요한 여러 가지 욕구 즉, 의료, 주거, 직업재활, 생계보장, 여가생활 등은 기존 특정 기관이나 조직만으로는 충족되기 어려웠다. 또한 이들은 시설 퇴소 이후에도 시설처럼 강도 높은, 보호는 아니더라도 적절한 보호와 지원이 계속적으로 필요하였다. 시설에서 지역사회로의 순조로운 복귀를 돕고 필요한 경우 지역사회 내에서 여러 기관을 찾아다니지 않고 한 곳에서 다양한 전문적 서비스와 지원을 제공받기를 희망하였다. 한 마디로 누군가가 클라이언트 및 기관들간의 경계를 넘나들며 클라이언트의 생의 주기에 맞게, 욕구에 맞게 지역사회 내에서 지속적이고 일관성 있게 관리해 주는 것이 필요하였다.

이 밖에도 사회복지 기관 차원에서는 효과적인 서비스 제공 및 효율적인 기관 운영이 강조되었다. 또한 사회로부터 부여받은 책임을 완수하는 기관의 책무성이 중시되었다. 사례관리는 이런 여러 가지 요인이 복합적으로 작용해서 등장한 것이다.

우리나라의 경우, 이러한 서구 사회복지의 영향 이외에도 신자유주의 도래, 중복서비스 방지를 통해 비용 효율성을 높이고자 하는 의도, 사회복지사의 전문적 정체성을 도모할 수 있는 새로운 대안의 필요성 등이 도입배경에 영향을 미쳤다(권현수, 2016).

이상의 내용을 정리해 보면, 사례관리는 복합적 서비스 욕구를 가진 클라이언트에게 서비스의 접근성을 향상시켜 포괄적인 서비스를 제공하고자 한 것임을 알 수 있다. 즉, 클라이언트에게 다양한 욕구를 충족시킬 수 있는 다양한 서비스 및 자원을 기관을 초월한 한 자리에서 통합적, 지속적, 체계적으로 받을 수 있게끔 하는 것이다.

2) 사례관리의 발달과정

사례관리는 클라이언트에 대한 맞춤 개별서비스, 다양한 서비스 및 기관간의 조정, 일관된 포괄적 접근을 강조한다. 또한 획기적인 사회 변화보다는 점진적인 서비스 개선 및 변화에 초점을 둔다. 즉 현 사회나 제도의 문제점이나 한계를 부분적으로 인정한 채 대안적 방법을 찾아가는 것이다.

사례관리는 특효약이 아니다. 그럼에도 불구하고 사례관리는 급속도로 확대되고 있고 사례관리자의 기능과 역할도 변해가고 있다. 사례관리를 필요로 하는 다양한 사회분화적 요구 및 상황들이 생겨나고 있는데 구체적으로 살펴보면 다음과 같다. 첫째, IT 및 인터넷 발전을 통한 서비스 전달체계의 급속한 변화이다. 클라이언트 추적 시스템(tracking system)의 발전, 빠른 문서 전송, 이중신난 클라이언트, 신속한 의사소통 능력 등으로 인해 서비스 전달체계는 불과 몇 년 전에 비해 급격히 변하고 있다. 정책 개발에서부터 실행까지의 시간은 점점 짧아지고 있다.

둘째, 경제위기로 인해 국가의 재정적 부담은 증가하는데 비해 사회적 보호를 필요로 하는 다양한 인구집단은 더 늘어나고 있다. 장기 불황 및 저성장으로 인한 실업 및 부채의 증가, 의료비 및 교육비 증가, 환경오염으로 인한 위기 등으로 국가의 재정적 부담이 늘어나고 있다. 반면 노인 증가 및 저출산으로 인한 인구 변화, 다문화 및 이민자 증가 등 사회적 보호가 필요한 인구층은 늘어나고 다양한 복지 욕구를 가진 대상자가 증가하고 있다. 이에 정부는 국민들의 욕구를 충족시키기 위한 정부의 역할, 중앙과 지방정부 간의 적절한 관계, 재정적 부담을 경감시키면서도 효과적, 효율적인 사회복지 접근방법 등에 대해 고민이 깊어졌다.

셋째, 사회복지기관 및 시설, 사회복지사들의 자각이다. 사회적 필요로 인해 사회복지기관 및 시설들이 지역사회에 많이 생겨나면서 기관의 정체성 및 전문성 확립에 대한 요구가 증가하는 반면, 정부 보조금에 의존하는 사회복지기관의 재정 문제는 기관의 생존을 위협하였다. 클라이언트의 인간 존엄성 존중, 효과적인 서비스 제공에 대한 요구가 높아지면서 기관 간 서비스의 중복 문제와 사각지대로 인해 서비스에서 제외되는 사람 등에 대한 개입이 필요하였다. 또한 사회복지사들은 역동적으로 변화하는 사회환경과 불확실성 속에서 일하는 현실을 직면하고 사회복지사로서의 정체성을 확립하고 전문성을 향상시키지 않으면 안 된다고 자각하였다. 그리고 보다 효과적인 개입 및 실천을 위해서는 기관의 경계를 초월하는 팀워크, 네트워크, 조정 등이 필요하다고 생각하였는데 사례관리는 이를 위한 적절한 접근이라는 인식이 높아졌다.

Woodside와 McClam(2016: 8-9)은 사례관리의 발달과정을 설명하였는데 그 내용을 간추려 정리하면 다음과 같다. 전통적인 사례관리 개념은 1970년대 정신보건서비스에서 주로 사용되었다. 당시 사례관리는 서비스 전달의 필수적 구성요소였고 주된 핵심은 클라이언트에게 필요한 서비스나 자원을 연결시키는 것이다. 왜냐하면 정신장애인들처럼 복합적인 욕구를 가진 클라이언트에게는 의료, 주거, 생활지원 등 다중의 서비스가 필요하였지만 한 기관이 이런 기능을 다 수행할 수 없었기 때문이다. 사례관리는 사정이라는 실천과정을 통해 이루어졌고 주된 목적은 사회복지의 개입을 계속 지속시키고자 하는 데 있었다.

1980년대에는 사례관리에 많은 변화가 있었다. 많은 전문가와 클라이언트들은 관리라는 말이 클라이언트를 통제하는 의미로 받아들여진다고 반대하였다. 클라이언트 참여 또는 역량강화를 강조하는 사회복지 정신이나 철학과 일치하지 못하는 느낌을 준다는 것이었다. 오히려 서비스 조정(service coordination) 또는 보호 조정(care coordination)과 같은 용어가 적합하다고 주장하였다. 서비스 조정이라는 용어가 클라이언트를 서비스에 연결하고 그 과정을 모니터링하는 사례관리의 1차적 과업을 더 정확하게 설명한다고 생각하였다(Woodside & McClam, 2016: 6).

1990년대 말과 2000년대 초 이후부터는 새로운 사례관리자의 역할이 강조되었고 사례관리의 초점과 영역도 보다 확대되었다. 그 내용을 구체적으로 살펴보면 첫째, 이중 역할의 강조이다. 전통적으로 사례관리에서 강조되었던 서비스 연결자의 역할과 더불어 직접적인 서비스 제공자로서의 역할을 수행하는 이중 역할(dual role)이 강조되었다. 한 마디로 사례관리자는 클라이언트에게 서비스나 자원을 연결하는 것뿐만 아니라 클라이언트를 직접 만나 상담, 교육, 정보제공, 물질적 지원 등 직접적 서비스를 제공하는 역할도 병행한다는 것이다. 이것은 사례관리자가 직접 클라이언트와 대면해 사회복지사로서의 지식과 기술, 시간과 자원을 제공함을 의미한다. 이처럼 두 가지 역할을 수행하는 것을 집중적인 사례관리라고 부르기도 한다.

둘째, 국가 및 사회, 서비스 영역에 따라 다소 차이는 있지만 전통적인 사례관리보다 더 광범위한 내용을 포함하였다. 사례관리는 클라이언트의 최적의 사회적 기능, 기관의 긍정적 성과(outcome)에 목적을 둔 창조적, 협력적 과정으로 인식하였다. 서비스 통합, 보호의 연속성, 서비스에의 동등한 접근성, 옹호, 질적 보호, 클라이언트 임파워먼트와 같은 원칙이 사례관리 서비스 전달에서 강조되었다. 또한 사정, 의사소통, 조정, 자문, 교육, 모델링, 옹호와 같은 다양한 기술이 포함되었다.

셋째, 서비스 전달체계의 한 부분으로 공식화되기 시작하였다. 사례관리가 클라이언트 및 가족들에게 휴먼서비스를 제공하는 공인된 방법으로 점차 인정되었다. 미국의 경우 사례관리는 법률에 근거해 제공되는 서비스의 일부가 되고 있다. 또한 원조전문직 사이에서도 장기적, 다중의 문제를 가진 사람에게 제공하는 독특한 방법으로 널리 인정되었다. 예를 들어 미국사회복지사협회에서는 BSW사회복지사에게 사회복지 사례관리자 자격을 주었다. 중독협회에서도 사례관리사 자격 및 사례관리 기능을 위한 포괄적인 가이드를 제공하였다. 미국의 많은 주에서는 지역별로 사례관리자의 역할, 책임, 역량, 기술 등을 구체화하였으며 최근에는 다문화 영역까지 확대되고 있다.

넷째, 다양한 전문직에서 다양한 형태의 사례관리를 행하고 있다. 사례관리는 사회복지 분야뿐 아니라 간호학, 보험 등 다양한 영역에서 활용되고 있다. 사례관리자(case manager)는 영역과 분야에 따라 집중적 사례관리자(intensive case manager), 서비스 조정자(service coordinator), 상담가(counselor), 사회복지사(social worker), 서비스 제공자(service provider), 케어 조정자(care coordinator), 개별사회복지사(caseworker), 연계자(liaison worker) 등 다양한 이름으로 불린다. 이들 중 일부는 서비스 조정이나 관리만 담당하기도 하고 일부는 직접 서비스를 제공한다. 또한 서비스를 받는 사람들은 클라이언트, 개인, 이용자 등 다양하게 불려지지만 아직 이에 대한 합의는 이루어지지 않고 있다. 이는 사례관리의 비중이 강조되고 있다는 일면과 함께 사례관리 실천 및 적용에 있어 상당한 혼란과 갈등이 있을 수 있음을 짐작케 한다. 한 마디로 사례관리는 진화 중인, 복잡하고도 다양한 과정임을 알 수 있다.

다섯째, 사회복지 영역 내에서도 사례관리는 매우 다양하게 적용되고 있다는 것이다. 기관, 분야, 클라이언트에 따라 상이하게 적용된다. 그럼에도 불구하고 서비스를 조정, 전달하고 인테이크에서 종결까지의 서비스 전달과정을 통해 클라이언트를 지원하기 위해 사례관리를 사용한다는 점은 공통적이다(Woodside & McClam, 2016: 5-6).

다양한 사회복지 실천 현장에서의 사례관리 적용사례

사회복지 분야에 따라 사례관리의 적용 및 사례관리자의 역할은 조금씩 차이점이 있다. 본 장에서는 3가지 서로 다른 유형을 설명하고자 한다.

첫째, 복합적인 의료문제를 가진 환자에 대한 병원 세팅에서의 사례관리이다. 사례관리자는 복합적인 의료문제를 가지고 있는 개인과 가족에게 집중적인 사례관리를 제공한다. 이 경우 사례관리의 궁극적 목표는 환자와 가족이 퇴원 후 자신들을 스스로 잘 돌보고 관리할 수 있도록 하는 것이다. 사례관리는 의료적 문제에 대한 진단과 함께 시작되었다가 클라이언트가 퇴원한 뒤 스스로 자신을 돌볼 수 있을 때 종결하게 된다. 사정, 계획, 조정과정을 통해 클라이언트를 지지하며 모든 계획과 서비스는 가족 강점에 초점을 두고 구축한다. 클라이언트의 니드와 제공된 돌봄의 효과성이 계속적으로 평가된다.

둘째, 청소년쉼터에서 제공되는 사례관리이다. 전통적으로 사례관리는 만성적인 어려움을 가진 사람을 시설이 아닌 지역사회에서 보호하는 데 초점을 두었다. 따라서 시설에 입소한 사람이나 일시적 보호를 받는 사람에게는 적합하지 않다고 생각되어 왔다. 그러나 최근에는 가출청소년을 일시적으로 보호하는 단기시설인 청소년쉼터에서도 사례관리가 행해진다. 청소년쉼터에서의 사례관리는 청소년이 쉼터에 입소한 기간 동안 일시적 보호와 더불어 사정 및 상담을 제공하고 필요한 경우 적절한 곳에 의뢰한다. 쉼터에서 청소년은 집중적인 신체적, 심리적 보호를 받고 자신에 대한 개입계획을 결정하는 데 참여한다. 개입목표와 계획은 쉼터에 입소한 날부터 청소년과의 면담을 통해 세워진 우선순위에 기초해서 만들어진다. 사례관리 과정은 청소년의 니드, 강점, 관심 등에 기초한다.

셋째, 정신건강, 노인성 질환 등 장기적, 만성적 문제를 가진 대상에 대한 개입이다. 지역사회에서 거주하는 심각한 정신건강 문제를 가진 사람들은 장기간 모니터링되고 지지적인 서비스 조정이 필요하다. 고혈압, 당뇨, 정신병 등 완치가 어려운 질병을 관리하며 지금보다 조금 더 나은 삶을 살 수 있도록 돕는 역할을 한다. 사례관리에서는 주기적으로 그들의 니드를 사정하고 계획을 조성하고 적절한 서비스를 제공한다. 이들에게 사례관리 기관은 클라이언트에게 유일한 생명줄이다. 돌아가실 때까지 사례의 종결이란 거의 없다. 사례관리자는 클라이언트가 돌아가시기 전까지 장기간 관계를 유지해야 하기 때문에 주기적으로 사정과 서비스 계획을 업데이트하는 방법을 개발한다.

우리나라의 경우 사례관리가 본질적으로 가지고 있는 무정형성의 특징과 더불어 외국의 사례관리 개념 및 경험 등을 국내에 소개하는 과정에서 주로 외국 문헌에 소개된 개념을 번역하여 개별 연구자별로 재정의하는 방식을 취함으로써 연구자별, 실천 영역별로 다양한 개념 정의가 이루어졌다. 이러한 방식은 우리나라 사회복지 환경의 특성이나 사회복지실천의 가치 지향, 사례관리를 실천할 수 있는 제반 환경적 특성을 반영하는 데 한계가 있었다(권현수, 2016: 87).

우리나라는 1990년대에 사례관리가 소개된 이후 사회복지서비스 전달 및 제공에서 효과적인 방법이라고 인식되면서 민간은 물론 공공 영역에까지 빠른 속도로 확대되고 있다. 민간 영역은 종합복지관의 재가서비스가 확대되면서 시작되어 현재는 장애인, 노인, 정신건강 영역은 물론 아동, 여성, 다문화가족 등 다양한 영역으로 확대되고 있다. 공공 영역은 비교적 짧은 기간에 사례관리가 급속도로 확장되고 있는 영역이다. 2006년 주민생활지원기능의 전달체계 개편과정으로 읍·면·동에서 시작한 것을 토대로 해서 현재는 시·군·구의 희망복지지원단에서 민간과 공공인력을 확대 배치하여 사례관리를 수행하고 있다(민소영, 2015). 이 밖에도 지역아동센터(박은미·박현선, 2012), 노인시설(박지영·김춘아·서창현, 2011), 장애인(박태정 외, 2008), 무한돌봄센터(서상목, 2010), 위기가정(안혜영 외, 2011), 지역자활센터(오민수 외, 2013), 청소년동반자(이대형 외, 2013), 발달장애인 가족(최복천 외, 2013), 장애인복지관(한국장애인복지관협회, 2013) 등 다양한 대상 및 시설을 위한 사례관리 매뉴얼이 제작, 보급되고 있다.

이상의 내용을 정리하면 사례관리는 태생적으로 무정형성의 특징을 가지고 있으며 지금도 진화하고 변화하는 과정에 있음을 알 수 있다. 또한 사례관리는 만병통치약이 아니다. 효과적인 사례관리를 위해서는 준비 및 실행에 있어 다양한 주체들 간의 합의 및 협력, 상당한 시간과 노력, 인내가 필요하다. 무엇보다 기존 제도나 기관들이 자신들의 전통적인 사업 수행 방법을 얼마나 기꺼이 변화시키고자 하는지에 따라 좌우된다고 하겠다.

Chapter 02 사례관리의 특징과 모델

1. 사례관리의 특징

사례관리는 기본적으로 무정형성의 특징을 가지고 있을 뿐 아니라 국가나 사회, 학자, 분야에 따라 다양하게 정의되고 있기 때문에 사례관리의 특징을 한마디로 설명하는 것은 쉽지 않다. 사회복지 분야의 선행연구를 토대로 사례관리의 특징을 간추려 보면 다음과 같이 정리할 수 있다.

⊙ 만성적, 복합적 어려움을 가진 클라이언트에 대한 중장기적 개입

사례관리는 기본적으로 치매노인, 중증 장애인 등과 같이 만성적이고 복합적인 문제 및 욕구를 가지고 있어 장기간의 서비스 제공이 필요한 대상자에 적합하다. 서비스 영역 및 기관의 특성에 따라 사례관리 기간은 매우 상이하다. 어떤 경우에는 클라이언트가 사망할 때까지 사례관리가 제공되기도 하지만 일시보호를 하는 시설의 경우에는 사례관리 기간이 상대적으로 짧다. 만성적, 복합적 어려움을 획일적으로 정의하기 어렵지만 적어도 3개월 이상의 개입이 가능한 경우, 사례관리를 적용할 수 있다고 하겠다.

⊙ 클라이언트의 자발적 참여 강조

사례관리는 사례관리자가 문제해결을 하는 것이 아니라 클라이언트의 참여를 기본으로 한다. 클라이언트의 자발적인 참여와 사례관리자와의 협력적 관계를 전제로 하기 때문에 효과성이 크다. 만약 클라이언트의 의지가 없고 참여를 거부한다면 사례관리는 시작될 수 없다. 복합적인 어려움이 있지만 참여의지가 없는 클라이언트는 잠재적 사례관리 대상자로 분류하여 상담, 교육 등을 통해 동기고양을 해서 자발적 의지가 생기도록 개입하는 것이 필요하다(〈그림 2-1〉 참조).

사례관리 대상자	복합적인 어려움이 있고 사례관리에 참여할 의지도 있는 클라이언트
잠재적 사례관리 대상자	복합적인 어려움은 있지만 여러 가지 이유로 참여 의지가 없는 클라이언트 → 상담, 교육 등을 통해 동기고양을 한 뒤 참여 의지가 생기면 사례관리 대상자가 될 수 있음

그림 2-1. 사례관리의 대상

⊙ 클라이언트 중심의 개별화된 접근

사례관리자와 클라이언트와의 긴밀한 상호관계를 기초로 클라이언트 중심의 개별화된 접근을 한다. 기존 서비스에서는 클라이언트가 기관의 서비스에 맞추는 경우가 많다면 사례관리는 클라이언트의 욕구에 기관의 서비스를 맞추는 것이다. 클라이언트의 욕구충족을 위해 할 수 있는 것은 무엇이든 한다(whatever it takes)는 정신에 근거한다.

⊙ 클라이언트의 기능 회복에 초점

사례관리는 클라이언트의 근본적인 문제해결에 초점을 두는 것이 아니다. 기존의 문제는 여전히 존재하지만 이전보다 조금 더 사회적 기능을 회복하고 일상생활의 삶의 질이 조금 더 나아지도록 돕는 데 초점을 둔다. 정신장애나 만성질환 등은 쉽게 고치기 어렵다. 그러나 이들 모두 불행하게 사는 것이 아니며 이들 중 일부는 질병을 잘 다스리며 조절해서 살아가기도 한다. 사례관리는 이런 만성적인 어려움을 가지고 있는 사람들의 현재의 삶이 지금보다 조금 더 만족스러울 수 있도록 돕는 것이다. 따라서 사례관리에서는 장애나 만성적인 문제가 모두 해결되는 것을 목적으로 하는 것이 아니라 클라이언트의 기능이 좀 더 나아지도록 하는 데 초점을 둔다.

⊙ 지역사회 기반에 근거

사례관리는 지역사회 기반에 근거한다. 이는 사례관리가 탈시설화를 배경으로 등장한 것과 관련이 깊다. 따라서 대부분의 사례관리는 지역 내 이용시설에서 행해진다. 그러나 최근에는 24시간 클라이언트를 보호하는 생활시설에서도 사례관리를 활발하게 적용하고 있다. 생활시설에서 사례관리를 하는 것은 적합하지 않다는 비판도 있지만 생활시설에서도 사례관리는 주요한 서비스로 자리잡고 있다. 설사 생활시설에서 사례관리를 한다고 하더라도 그것은 지역사회 토대의 접근이어야 한다. 시설에서 생활하는 거주인이 지역사회와 교류하고 상호작용하면서 삶의 지평을 넓혀 줄 수 있도록 하는 데 초점이 있다. 따라서 사례관리를 통해 지역주민과 시설 간 교류가 일어나도록 해야 한다.

⊙ 지역사회기관과의 협력 강조

사례관리는 기본적으로 지역사회를 기반으로 하는 것이므로 지역성과 지역사회와의 협력이 중요하다. 그러나 지역사회의 특성에 따라 사례관리의 편차가 클 수 있다. 사례관리에 대한 이해가 높고 지역자원이 풍부한 지역에서는 지역사회기관의 발굴 및 협력이 비교적 쉬울 수 있지만 그렇지 않은 지역에서는 지역사회기관의 협력을 이끌어내기 위해 상당한 에너지와 노력이 필요하다. 이 경우에는 단순한 서비스 제공이나 연결보다는 지역기관들과 만나 각 기관에 대해 알아가고 공통의 관심사에 대해 의논하고 신뢰를 쌓아 가는 것이 더 우선되어야 한다.

⊙ 직접적 개입과 간접적 개입 모두 활용

사례관리의 접근방법은 직접적 개입과 간접적 개입 모두를 포함한다. 직접적 개입은 클라이언트의 변화를 위해 사례관리자가 직접 클라이언트를 만나 상담, 교육, 활동지원 등을 제공하는 것을 뜻한다. 간접적 개입은 법적·제도적 지원, 조정, 중재, 옹호활동 등을 통해 사회적 서비스의 체계적 공급이 이루어지는 서비스 체계와 정책적 환경 변화를 야기시키는 것을 의미한다.

⊙ 충분한 사정과 개입계획

사례관리는 충분한 사정과 개입계획이 수립된 이후에 이루어진다. 그렇기 때문에 다른 실천에 비해 사정에 소요되는 시간이 길고 클라이언트의 자발적 참여가 더욱 중요하다. 따라서 자살이나 약물복용 등 심각한 위기에 있는 사람은 사례관리 대상에서 제외된다. 어느 정도의 위기가 진정되고 난 다음 사례관리에 포함시킨다.

⊙ 사례관리 운영체계의 구축

사례관리는 기존 사회복지실천의 인테이크, 사정, 실행, 종결의 과정 이외에도 전담사례관리자, 사례관리팀, 통합사례관리 운영팀, 통합사례관리지원단, 솔루션회의 등 다양한 사례관리 운영체계가 구축되어야 한다.

사례관리 개념에 대한 오해와 진실

- **사례관리(case management)는 클라이언트를 인간이 아닌 사례로 취급하거나 관리나 통제하는 것에 초점을 두는가? 아니다.**
  사례관리를 사례+관리라는 용어로 풀어서 설명하기보다는 하나의 고유명사로 생각하는 것이 필요하다. 사례관리는 클라이언트가 동의하지 않으면 서비스가 시작될 수 없고 반드시 서비스 시작 시 계약서를 작성하는 등 클라이언트의 참여가 필수적이다. 따라서 사례관리의 과정은 철저히 클라이언트 중심적이라고 할 수 있다.

- **여러 개의 서비스를 주거나 여러 개의 자원만 연계하면 사례관리인가? 아니다.**
  여러 개의 서비스를 제공하거나 여러 개의 자원만 연계한다고 해서 모두 사례관리는 아니다. 사례관리가 제대로 되기 위해서는 사례관리를 구성하는 여러 가지 요소가 잘 갖추어져야 한다. 즉 기관에서 제공하는 것이 사례관리인지 아닌지를 판단하는 것은 서비스 목표, 대상, 운영체계 등을 종합적으로 고려해서 판단해야 한다.

- **자원연결만 잘 하면 사례관리를 잘 하는 것인가? 아니다.**
  단순히 자원만 연결한다고 사례관리는 아니다. 클라이언트의 역량을 강화시키는 것과 더불어 클라이언트에게 적절한 지원과 반응을 하도록 지역사회의 역량을 강화시켜 주는 것도 중요하다. 예를 들어 경제적 어려움이 생길 때마다 지역사회자원을 활용해서 물질적 지원을 해주는 것만으로는 사례관리라고 할 수 없다. 자원연결 그 자체가 중요한 것이 아니라 자원연결을 통해 클라이언트가 임파워먼트하도록 하느냐가 더 중요하다.

- **클라이언트가 원하는 것을 다 들어주면 사례관리를 잘 하는 것인가? 아니다.**
  잦은 시설 입소와 퇴소를 반복하는 가출청소년이 문제가 생길 때마다 시설에 보내달라고 요청하거나 잦은 술과 스트레스로 수면장애가 있는 청소년이 수면제를 달라고 하는 요구 등에 서비스를 제공하는 것은 단순 서비스 제공에 불과하다. 이런 서비스가 중요하지 않다는 것이 아니다. 다만 이런 접근만으로는 사례관리라고 할 수 없다. 사례관리는 클라이언트로 하여금 자신의 삶을 지금보다 조금 더 낫도록 임파워먼트를 향상시키고 참여와 책임을 가질 수 있도록 돕는 것이다. 특히 단순한 니드를 욕구(want)로 전환하는 작업이 중요하다. 클라이언트가 수면제를 달라고 해서 무턱대고 수면제를 줄 게 아니라 수면장애가 맞는지 아니면 다른 증상으로 인해 생긴 것인지를 정확히 알고 그에 맞는 적절한 조치가 필요하다.

- **사례관리의 목표는 문제해결에 있는가? 아니다.**
  사례관리를 하는 과정에 문제해결이 되기도 하지만 기본적으로 완벽한 문제해결이 사례관리의 목표는 아니다. 사례관리는 클라이언트의 기능 회복에 초점을 둔다. 문제가 완벽하게 해결되는 데 초점을 두는 것이 아니라 여러 가지 문제와 어려움이 있는 생활 속에서도 지금보다 조금 더 나은 삶이 되도록 돕는 방법이다. 예를 들어 사례관리는 오랜 기간 동안 성매매에 노출되어 알코올 중독이나 외상 후 트라우마를 가진 사람에게 시험을 쳐서 정규직원이 되도록 하거나 완전한 탈성매매를 하도록 하는 것이 아니다. 클라이언트의 기능 중 할 수 있는 것들을 활용해서 자신이 원하는 삶을 조금 더 살 수 있도록 지원하는 것이다. 따라서 사례관리 목표에서는 단순히 취업 건수나 학업 복귀 건수가 중요하지 않다. 사례관리에서 지나치게 성과를 강조하게 되면 성과를 잘 낼 수 있는 사람에게만 사례관리를 적용하고 실제 사례관리가 필요한 사람은 사례관리에서 제외될 가능성이 높다는 점을 유의할 필요가 있다.

- 한 기관에서 다양한 서비스를 모두 제공하면 사례관리인가? 아니다. 사례관리는 복합적이고 어려운 문제에 개입하기 위해 여러 분야의 전문가들이 팀 접근을 하는 것이다. 마치 개별 병원에서 다루기 힘든 고위험 환자를 치료하기 위해 종합병원과 같은 시스템을 구축하는 것과 같다. 결과적으로 종합병원에서 단순 감기를 치료하는 것은 종합병원의 기능이 적합하지 않다. 사례관리는 기존 개별 기관의 서비스만으로는 할 수 없는 복합적이고 어

려운 문제에 대한 개입이어야 한다.

- 사례관리는 클라이언트가 원할 때 필요한 자원을 연결하면 되는가? 아니다. 사례관리는 클라이언트가 서비스가 필요하다고 요청할 때 비로소 지역사회자원을 발굴, 연계, 개발하는 것이 아니라 지역사회자원을 미리 개발해 놓고 필요한 클라이언트에게 바로 적합하게 연결하는 것이다. 따라서 사례관리자는 지역사회자원의 내용과 변화를 수시로 검토하고 잘 파악해야 한다.

- 소규모 개별기관만으로 사례관리가 가능한가? 아니다. 소규모의 기관들은 자체 사례관리를 하기보다는 여러 개의 기관 중 하나에 거점센터를 두고 그 안에 사례관리자를 배치하는 방법을 고려해 보는 것이 좋다. 예를 들어 시설마다 사례관리자를 두기보다는 시·도 거점기관에 사례관리자를 두고 지역 시설에 파견해서 일하도록 하는 것도 한 방법이다.

사례관리의 원칙

- 강점 중심(strength-focused)
- 클라이언트 중심(client-centered services)
- 다학문적 접근(multi-disciplinary collaboration and team work)
- 상호존중(mutual respect): 통합사례관리팀에 대한 존중
- 옹호(advocacy)

출처: Eustace & Clarke(2005: 28).

2. 사례관리의 구분 및 모델

1) 사례관리의 구분

(1) 대상에 따른 구분

사례관리는 어떤 대상에 초점을 두느냐에 따라 접근이 달라질 수 있다. 크게 공급자 중심의 사례관리와 클라이언트 중심의 사례관리로 대별된다(Moore, 2009). 공급자

중심의 접근은 효율성이 핵심이다. 이 접근은 기관의 목적, 정책, 예산 등을 고려해 이용자 선정, 서비스 성격 및 내용, 지속기간을 결정한다. 전문가의 판단에 비중을 두고 이용자의 욕구는 상대적으로 덜 중시된다.

클라이언트 중심의 접근은 서비스의 효과성을 강조한다. 이 접근에서는 이용자를 그들의 삶에 있어 전문가로 생각한다. 초점은 이용자와 사례관리자 간의 협력적 관계에 둔다. 사례관리자는 모든 사례관리 과정(즉 욕구와 강점을 확인하는 것에서부터 사례관리 평가까지)에 이용자와 함께 한다(〈표 2-1〉 참고).

표 2-1. 대상에 따른 사례관리의 구분

공급자 중심	클라이언트 중심
• 비용이 드는 서비스 배분을 위해 표준화된 욕구 사정을 행한다. • 전문가가 이용자의 욕구충족에 있어 서비스 취사선택의 범위를 엄격하게 제한한다. • 이용자가 욕구의 구체화와 목표 설정에 있어 자기 목소리를 낼 기회가 없다. • 효율성을 극대화하고 중복을 줄이기 위한 서비스 조정에 집중한다. • 고비용이 드는 전문가 지원은 비교적 저비용의 비공식적 지원으로 대체한다.	• 사례관리는 특정한 사회 상황에서의 개인의 욕구를 강조하는 개별화된 서비스 전달체계의 한 형태이다. • 소비자/클라이언트와 그들의 돌봄제공자는 그들의 상황, 선호 목표를 달성하는 데 적절하다고 결정되어진 계획수립에 적극적으로 참여한다. • 계획은 클라이언트와 함께 수립되며 사례관리와 관련된 모든 사람 및 기관들이 책임을 인식할 수 있도록 목적과 목표를 명확히 제시한다. • 사례관리자는 서비스 제공자(공식 또는 비공식)들이 계획에 맞춰 실행하도록 하는 데 명확한 책임을 진다. • 사례관리자는 계획을 모니터링하고 그것이 가능하도록 조정하고 그들의 활동에 제때 반응하도록 적극적인 역할을 해야 한다. • 사례관리자는 계획을 실행하기 위해 옹호자의 역할도 수행한다. • 사례관리자는 실천을 향상시키고 실천에 대한 지식을 확립하고 체계 옹호를 위해 기여하도록 하기 위해 실천지식을 사용해야 한다.

출처: Moore(2009: 40), Guransky 외(2012: 21)

Part I 사례관리의 이론적 기초

(2) 기관별 구분

사례관리는 사례관리를 하는 기관이 어떤 기관이냐에 따라 독립형, 정보제공 및 의뢰형, 직접 서비스형, 컨소시엄형, 협회형 등 상이하게 구분된다. 독립형(freestanding)은 기관의 목적이 사례관리만을 위해 설립, 운영된 기관에 해당 된다. 이 경우 사례관리 과정 및 내용을 점검하지만 직접적인 서비스를 제공하지 않는 경우가 많다. 기관의 독립성은 높지만 실무자가 자원을 직접 찾아다녀야 하는 단점이 있다.

정보제공 및 의뢰형(Information & referral)은 기관 고유의 기능은 별도로 있고 사례관리를 부분적으로 행하는 경우이다. 예를 들어 학교나 지역아동센터에서 사례관리가 필요한 클라이언트가 발견되는 경우, 클라이언트에게 단지 필요한 정보를 제공하거나 적합한 기관에 의뢰하기만 하는 경우이다. 이런 경우 대개 소속한 기관의 자원이나 자신들이 알고 있는 기관을 소개, 권유하는 단점이 있다.

직접 서비스형(direct service)은 독립형과 유사하지만 규모면에서 차이가 있다. 1~2명의 소규모로 운영되고 전화번호부에 등록되어 있다. 클라이언트가 비용을 직접 지불하기 때문에 경제력이 있는 클라이언트에게 적합한 유형이다. 미국의 사례관리기관 중 5%가 이런 유형에 해당된다고 한다.

컨소시엄형(consortium)은 사례관리자나 다양한 사례관리기관(복지관, 요양원, 병원, 서비스 기관 등)이 모여 컨소시엄 형태로 사례관리를 하는 경우이다. 미국의 경우, 정부 지원하에 행해지는 대부분의 시범사업(pilot project)은 주로 이 형태에 속한다고 한다.

협회형(membership association)은 특정 이해관계 당사자들이 모여 사례관리를 행하는 것이다. 예를 들어 의료보험공단에서는 막대하게 소요되는 의료비 절감을 위해 사례관리를 적극적으로 활용하고 있다. 이 밖에도 사례관리를 행하는 기관에는 중앙 및 지방정부가 일정기간 사례관리자를 고용해서 사례관리를 행하는 형태도 있다.

(3) 대상 자격 기준에 따른 구분

사례관리 대상의 자격기준(targeting criteria)이 무엇인지에 따라 구분이 상이하다. 특정한 욕구에 기초할 수도 있고(예를 들면 일정 소득 이하의 노인을 대상으로 하는 경우), 장애에 기초한 기준일 수도 있다(예를 들면 장애의 유무를 확인하는 경우). 또 관할 구역 또는 사는 지역에 따라 서비스가 제한될 수도 있고 당뇨병 환자, 치매노인 등 일정 요건을 갖춘 사람으로 한정할 수도 있다.

(4) 인력에 따른 구분

누가 사례관리를 하는지에 따라 일반 서비스 중개자형, 치료자형, 다학문적 팀, 자원봉사자형 등 구분이 상이하다. 일반 서비스 중개자(general service broker)형은 사례관리자가 주로 서비스 연계에 초점을 둔다. 이 경우 주로 인테이크에서 종결까지 한 사례관리자가 담당하기 때문에 클라이언트에 대한 이해가 높다.

치료자(primary therapist)형은 사례관리자의 기본적인 역할이 치료자이다. 직접적 서비스에 초점을 두고 부수적으로 사례관리를 병행한다. 다학문적 팀(interdisciplinary team)은 사회복지사, 간호사, 법조인들 등이 다학문적 팀을 이루어 함께 사례관리를 하는 경우로 크게 3가지 형태를 이룬다. 팀 중 한 사람이 이용자를 집중적으로 사례관리하는 경우, 다학문적 팀 모두가 이용자를 담당하는 경우(예를 들면 한 사람이 인테이크를 담당하면 다른 한 사람은 실행, 마지막 사람은 평가 등 적절한 역할분담을 한다), 클라이언트 집단을 동기와 위험수준에 따라 A(집중형), B(일반형), C(단순형) 집단으로 구분하고 집단에 따라 역할분담을 하는 경우 등이 있다.

자원봉사자(volunteer)형은 자원봉사자가 사례관리를 담당하는 경우이다. 자원봉사자 중 가족이 사례관리 교육 및 훈련을 받고 실제 사례관리사 역할을 수행하기도 한다. 어떤 경우에는 가족이 사례관리자 역할을 하지 않지만 교육을 통해 가족이 필요한 서비스가 있을 때 서비스를 신청하고 그 결과 서비스를 구매하고 돈은 정부에서 제공하기도 한다. 자원봉사자형은 주로 독일이나 스위스에서 행해진다.

2) 사례관리 모델[1]

(1) 중개 사례관리 모델

중개 사례관리 모델(brokerage model)은 표준(standard) 또는 일반(generalist) 사례관리로 불리기도 한다. 이것은 효율성과 비용 감소를 가장 중시한다. 사례관리자의 핵심 역할은 사람들의 욕구를 사정하고 돌봄 계획을 개발하고 외부 기관에 의해 요청된 서비스의 전달을 조정하거나 모니터링하는 것이다. 즉 이용자가 제때 적절한 서비스에 접근할 수 있도록 보장하는 데 초점을 둔다. 사람들의 부적절한 접근과 서비스 이용을 차단하고 서비스 중복을 최소화하여 서비스 비용을 줄이고자 한다.

중개 사례관리 모델의 특징

- 사례관리자의 핵심 역할은 서비스 조정에 있다.
- 아웃리치 활동은 하지 않는다.
- 서비스 이용자와의 접촉은 사무실을 중심으로 하고 덜 집중적이다.
- 평균 담당 사례관리 수는 35명이다.
- 지지의 기간은 다른 모델에 비해 짧다.

출처: Morse(1999)

(2) 임상 사례관리 모델

임상 사례관리 모델(clinical case management model)은 직접적 치료 작업에 사례관리의 다른 요소, 즉 계약(engagement), 사정, 계획, 개입을 결합한 것이다. 호주에서 일반적으로 사용되는 사례관리 모델이다. 이것은 임상기술의 적용, 기존에 임상가와 유지해 왔던 관계를 통한 클라이언트의 참여(involvement), 환경중심적 개입을 통합한 것이다. 후자의 요소로는 클라이언트와 지역사회 자원의 연결, 가족 및 다른 돌봄 제공자에

1) 이 부분은 Families ACT(2013)에서 발췌 및 요약한 것임.

대한 자문, 사회적 네트워크의 유지 및 확장을 돕는 것, 다른 전문가와의 협력, 옹호 등이 포함된다.

임상 사례관리 모델의 원칙

- 보호의 지속성
- 사람, 가족, 돌봄 제공자와 진정한 파트너십
- 변화하는 클라이언트의 욕구에 맞추기 위해 사회적 지지와 공식적 지지를 수단으로 함
- 융통성 : 클라이언트의 욕구와 바람에 개입의 빈도, 지속성, 위치를 맞춤
- 클라이언트의 자원이 풍부하도록 촉진함

출처: Kanter(1989).

임상 사례관리 모델의 특징

- 사례관리자는 치료자의 역할 수행
- 클라이언트와 사례관리자와의 관계에 초점
- 클라이언트와 장기적 관계 유지
- 직접 서비스와 다른 서비스의 조정
- 아웃리치의 사용
- 평균 사례담당건수는 10명

출처: Mores(1999), Simpson et al.(2003)

(3) 강점 사례관리 모델

강점 사례관리 모델(strengths case management model)의 목적은 클라이언트로 하여금 자신의 목표를 구체시하고 지역사회에서 살아가기 위해 필요한 자원을 습득하고 유지하도록 함으로써 그들의 삶을 회복하고 변화하도록 돕는 데 있다. 자원이란 외적(관계, 기회, 물질적 자원)과 내적(자신감, 열망, 능력) 자원 모두를 포함한다. 이것은 단지 외적 자원에만 초점을 두는 중개자 모델(brokerage model)과는 대조적이다. 강점 모델은 클라이언트의 병리적인 환경보다는 자기결정과 강점을 강조한다. 초점은 회복성

(resilience), 가능성, 변화, 이용자와의 협력에 둔다. 이 모델에서는 모든 사람이 그들의 재능을 개발할 능력, 가능성과 강점을 가진다고 본다. 기관의 서비스 체계는 이용자가 그런 강점을 드러내고 이용하고 개발할 기회를 가질 수 있도록 한다.

강점 사례관리 모델의 6원칙

- 사람은 자신의 삶을 회복하고, 다시 일구고 탈바꿈할 수 있다.
- 초점은 개인의 결점보다는 강점과 가능성에 둔다. 이것은 문제에 초점을 두기보다는 강점을 강화하고 진작시키는 것이다.
- 지역을 자원의 오하시스로 간주한다. 공식 또는 전문가 서비스에만 집중하기보다는 가족, 이웃, 친구, 자원봉사자 기회, 스포츠, 다른 클럽, 예술집단과 같은 자연발생적 지역사회 지지와 자원에 우선순위를 둔다.
- 클라이언트는 원조과정의 감독자이다. 사례관리자는 클라이언트 및 다른 사람의 안전에 중요한 문제가 되지 않는 한 클라이언트의 승인 없이 어떤 것도 해서는 안 된다. 클라이언트는 사례관리의 모든 과정 및 활동에 포함되어져야 한다.
- 사례관리자와 클라이언트 관계는 1차적이고 본질적이다.
- 1차적 활동 세팅은 지역사회이다.

출처: Rapp & Goscha(2006)

강점 사례관리 모델의 특징

- 전문가는 사정과 목표 설정을 하는 동안에도 계속해서 강점을 강조하고 강점에 근거해야 한다.
- 적극적인(assertive) 아웃리치(outreach)를 사용한다.
- 클라이언트와 사례관리자의 관계를 중시한다.
- 서비스 질을 보장하기 위해 사례관리자 대 클라이언트 비율을 1대 평균 15명 정도로 낮게 산정한다.
- 사례관리자는 직접 서비스와 서비스 조정을 행한다.
- 사례관리 기간 중 지지는 계속된다.

출처: Morse(1999).

(4) 적극적 사례관리 모델

적극적 사례관리 모델(assertive case management model)은 적극적 지역사회 치료(assertive community treatment) 또는 집중적 사례관리(intensive case management)로 불리기도 한다. 주로 다학제적 팀 접근으로 행해지며 명확한 개념 정의 및 실행기준, 엄격한 평가, 통일된 구조 또는 서비스를 중요시한다. 기본적으로 지역 정신건강을 위해 개발된 이 모델은 노숙자와 심각한 정신질환을 가진 사람들에게 적용해 왔다.

적극적 사례관리 모델의 특징

- 다학제적 팀 접근(teams of multidisciplinary practitioners)
- 모든 팀성원은 클라이언트에 대해 각각 개별적인 책임을 갖는 것이 아니라 포괄적인 구체적 지지와 서비스를 제공한다.
- 자주 접촉하고 집중적인 돌봄 제공을 위해 사례관리자 대 클라이언트 비율은 1대 평균 10명으로 한다.
- 응급상황에 신속하게 대처하기 위해 24시간 직원과 연락이 될 수 있도록 한다.
- 다른 조직과 연계가 아닌, 대부분 지역사회 토대의 직접적 서비스 급여를 제공한다.
- 가정 또는 지역사회에서 클라이언트와 만난다.
- 서비스 이용에 대해 거부감을 갖는 사람들을 위해 클라이언트와의 관계형성과 구체적인 지원(재정과 주거 등)을 강조하는 적극적인(assertive) 아웃리치를 행한다.
- 시간 제한이 없고 종결이 없다.

출처: Coldwell & Bender(2007), Salyers & Tsemberis(2007)

(5) 집중적 사례관리 모델

집중적 사례관리 모델(intensive case management model)은 실행에 있어 덜 표준화되어 있다는 점을 제외하고는 적극적 사례관리와 상당부분 유사하다. 두 모델 간에 가장 큰 차이점은 적극적 사례관리 모델이 팀 접근인데 반해 집중적 사례관리 모델은 1명의 사례관리자에 의해 행해진다는 점이다. 집중적 사례관리는 주로 복합적인 정서적, 행동적 지지 니드를 가진 아동·청소년을 위한 포괄(wraparound) 모델이다. 1980년대에 개발되어져 구금 또는 거주 치료에 대한 대안으로 크게 사용되어져 왔다. 이것은 광범위한 지역사회 토대의 장에서 실행되었고 가족 중심과 강점 토대 모두에 초점을 둔 다학제적 접근이다. 지정된 돌봄 조정자는 수많은 공식적 서비스와 개입뿐만 아니라 비공식적, 자연적 지지를 함께 짠다. 집중적 사례관리는 사례관리자 대 클라이언트 비율을 평균 1대 12명으로 한다.

집중적 사례관리 모델의 원칙

- 가족 목소리와 선택
- 팀접근
- 자연적 지지
- 협력
- 지역사회 토대
- 문화적 능력(culturally competent)
- 개별화
- 강점 토대
- 성과 토대

출처: Suter & Bruns(2009)

(6) 연합 사례관리 모델

연합 사례관리 모델(Joined-up case management model)은 호주의 홈리스, 실직 청소년을 위해 행해진 사례관리이다. 이것은 서비스 이용자에게 기본적으로 주거, 고용, 개인적 지지를 통합된 패키지 형태로 지원하고 그 외 필요한 서비스를 제공한다. 이것은 집중적이고 클라이언트 중심적인 접근이며 지역에 따라 융통성 있게 적용된다.

연합 사례관리 모델의 원칙

- 주거, 고용, 개인적 지지는 통합된 패키지 형태의 지원으로 연결되고 전달된다.
- 주거, 고용, 개인적 지지 지원의 통합은 단지 사회복지실천뿐만 아니라 체계 및 구조적 차원에 이르는 모든 수준에서 행해진다.
- 고용의 유지는 매우 중요한 목표로서 이를 통해 다른 형태의 지지를 어떻게 제공할지를 결정한다.
- 중요한 것은 관계(relationship)이지 거래(transaction)가 아니다.
- 해결책은 지역에 따라 독특하며 또한 지역을 토대로 연합된다.
- 핵심은 조정된(coordinated) 사례관리이며 개별화되며(individualized), 적절한 시기에 (timely), 융통성 있는(flexible) 반응을 충분히 보장하도록 자원이 잘 제공되어져야 한다.

출처: Grace & Gill(2008)

연합 사례관리 모델의 특징

- 통합된 패키지 형태로 자원이 제공되는 사례관리이다.
  - 실무자는 융통성 있는 자원의 풀에 접근성이 있다.
- 청소년과 신뢰로운 관계를 개발하는 데 중요한 시간을 투자한다.
- 강점 토대의 초점
- 단일 접촉 지점을 통한 직접적 서비스 제공과 부가적 서비스의 중개
- 지지의 기간은 2년
- 다른 서비스 기관과의 관계 구축에 상당한 노력을 함 : 각 사례관리자는 19~67개의 지역 서비스와 관계를 갖는다.

출처: Grace & Gill(2008)

Chapter 03 사례관리의 관점

어떤 관점에서 사례관리를 접근하느냐에 따라 사례관리는 매우 다를 수 있다. 본 장에서는 다양한 관점 중 사회복지에서 강조되고 있고 생태체계적 관점, 강점 관점, 임파워먼트 관점, 옹호 관점, 여성주의 관점, 네트워크 이론을 소개하고자 한다.[1] 사회복지 영역에서는 사례관리를 행할 때 단지 하나의 특정 관점에 근거하기보다는 생태체계적 관점, 강점 관점, 여성주의적 관점 등 여러 개의 관점에 근거해서 접근할 수 있다(〈그림 3-1〉 참고).

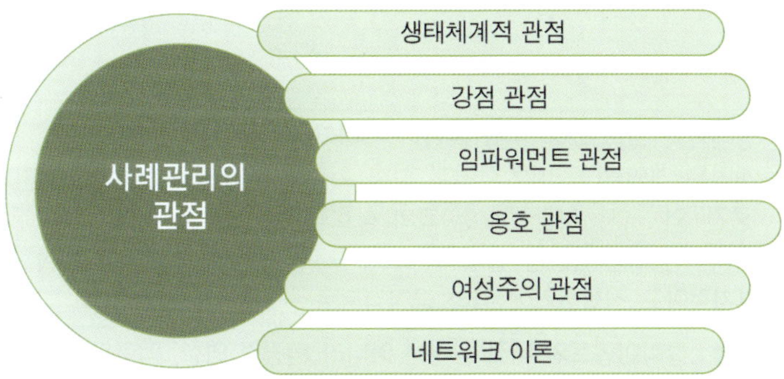

그림 3-1. 사례관리의 관점

1) 이 부분은 권지숙 외(2012: 34-49)의 일부 내용을 발췌, 요약한 뒤 여성주의 관점을 추가하여 수정, 보완하였다.

1. 생태체계적 관점

생태체계적 관점은 생태학과 일반체계이론을 통합한 것이다. 이 관점은 클라이언트의 역량이 클라이언트의 노력 이외에도 그들이 속한 환경이 얼마나 지지적이고 적합한가에 따라 긍정적으로 변화된다고 가정한다. 즉, 개인과 환경의 상호작용에 초점을 둔다.

생태체계적 관점은 사정, 계획 수립, 실행, 평가 등 사례관리 전 과정에 적용할 수 있다. 사정에서는 클라이언트의 내적 원인 뿐 아니라 환경의 영향, 기존 지지망 및 자원 탐색 등을 검토할 수 있다. 계획 수립 및 실행에서는 공식적 및 비공식적 자원을 점검하고 활용할 수 있다. 또한 평가에서는 개인의 변화와 더불어 환경 변화에 대한 평가도 행할 수 있다.

생태체계적 관점에서 사정할 경우 다음과 같은 질문할 수 있다. "문제와 관련해서 이전에 도움을 주신 주변분들이 있나요?", "어려움이 생기면 상의하거나 도움을 줄 사람이 있나요?"

특징	• 생태학과 일반체계이론을 통합한 것이다. • 개인은 개인을 둘러싼 환경과 상황 속에서 이해되어야 한다. 개인과 환경(미시·중간·외·거시·시간체계 등)과의 상호작용에 초점을 둔다. • 클라이언트의 역량은 클라이언트의 노력 이외에도 그들이 속한 환경이 얼마나 지지적이고 적합한가에 따라 긍정적으로 변화된다고 가정한다.
사례관리에의 적용	• 사정 : 클라이언트의 내적 원인뿐 아니라 환경적 영향, 맥락도 함께 고려한다. 환경 및 자원에 대해 사정 파악한다. • 계획 수립 및 실행 : 공식적·비공식적 자원을 활용, 점검한다. • 평가 : 환경 변화에 대해 평가한다.
사례관리에서의 응용질문	• 기존 지지망 및 자원 탐색 : 이 문제와 관련해서 이전에 주변에서 도움을 주신 분들이 있나요? 평소 친하게 지내거나 가끔 도움을 주고받는 지역 주민이 있나요? 어려움이 생기면 상의하거나 도움을 줄 사람이 있나요? • 잠재 지지망 및 자원 탐색 : 이 문제와 관련해서 주변의 누구로부터 도움을 받을 수 있을까요? 누구의 도움을 받고 싶나요? 조금이라도 나에게 도움이 될 수 있는 사람은 누구일까요?

2. 강점 관점

강점 관점은 학대, 억압, 차별, 역경을 겪었던 사회적 약자에게도 희망, 인내, 회복력, 긍정적 기대 등 강점이 있다고 전제한다. 클라이언트가 자신의 삶의 전문가이지 실무자가 아니라는 것이다. 이런 관점을 사례관리에 적용하면 클라이언트의 문제나 약점에 초점을 맞추는 것이 아니라 지금까지 살아오면서 성공한 경험, 잠재력, 문제를 해결한 경험 등에 초점을 맞춘다. 클라이언트가 당면한 문제도 검토하지만 클라이언트가 어려움 속에서도 잘 견디어 온 점, 도움이 되었던 자원이나 사람, 동기 등에 더 많은 비중을 둔다. 강점이란 엄청나게 대단하거나 가시적인 것이 아니라 클라이언트가 어느 정도 할 수 있다고 인정하는 것이어야 하며 클라이언트에게 중요한 것이어야 한다. 사례관리자의 눈에 강점이라고 생각하더라도 클라이언트가 강점이라고 느끼지 않고 그것을 잘 활용하지 못한다면 강점이라고 할 수 없다.

강점 관점은 사회복지 사례관리의 전 과정 즉 인테이크, 사정, 계획 수립 및 실행, 평가에서 널리 사용할 수 있다. 클라이언트와 사례관리자가 처음 만나는 인테이크 시에 협력적 관계형성을 위해 클라이언트의 강점을 파악하고 지지할 수 있다. 사정에서는 클라이언트의 강점인 대처능력, 회복력, 자긍심, 관심, 꿈 등을 검토할 수 있다. 계획 수립 및 실행에서는 목표 달성을 위해 클라이언트에게 동기를 부여하고 문제해결에 적극적으로 참여하고 실천할 수 있도록 활용할 수 있다.

사례관리 적용 시 강점 관점에 입각한 질문은 생존 질문, 지지 질문, 예외 질문, 자긍심 질문 등을 활용할 수 있다. 예를 들면 "힘든 역경 속에서도 지금까지 이렇게 버티어 온 것은 어떻게 그렇게 할 수 있었나요?", "당신이 잘 하는 것은 무엇입니까?", "당신의 삶에서 조금이라도 자랑스러운 부분은 무엇입니까?"라고 질문할 수 있다.

특징	• 클라이언트의 자립을 위해서는 클라이언트의 역량강화에 초점을 두어야 하며 이를 위해서는 약점이 아닌 강점에 초점을 두는 것이 더 효과적이라고 본다. • 클라이언트가 자신의 삶의 전문가이지 실무자가 아니라고 본다. • 학대, 억압, 차별, 역경을 겪었던 사회적 약자에게도 희망, 인내, 회복력, 긍정적 기대 등 강점이 있다고 전제한다. • 클라이언트가 지금까지 살아오면서 성공한 경험, 잠재력, 문제를 해결한 경험 등에 초점을 맞춘다. 문제를 전혀 안 보는 것이 아니라 문제를 검토하지만 문제와 관련해서 이용자가 잘 다루어왔던 능력, 자원, 동기, 사람 등을 중시한다. • 컴퓨터를 잘 다루는 것은 장점도 되지만 하루 종일 게임만 하여 가족에게 스트레스를 주고 일상생활 및 학업에 심각한 문제를 야기하고 그로 인해 자신도 스트레스를 받는다면 강점이라고 보기 어렵다. • 강점의 상대성 : 강점은 반드시 성공한 것만이 아니라 실패한 것도 강점이 될 수 있다. 반면 가난했던 어린 시절은 강점이 될 수도 있지만 그것을 클라이언트 자신이 수치라고 생각한다면 단점이 될 수 있다.
사례관리에의 적용	• 역경 속에 있는 클라이언트가 역경을 어떻게 생각하고 삶을 통해 터득한 교훈, 대처능력, 어떻게 더 나빠지지 않고 견디어 오는지 등에 대해 파악하는 것이 필요하다. • 클라이언트와 함께 발견한 강점을 명확화하고 공고히 하고 강점과 회복력에 대해 새로운 언어로 재구조화하고 주변의 자원을 이용, 접근하는 능력을 향상시킨다. • 강점은 실무자가 아닌 클라이언트 스스로 자신의 강점이라고 인정하는 것이어야 한다. 종전의 방식에서는 가장 바람직한 무엇인가를 실무자가 제시하는 경우가 많았다. 즉 정신과 치료를 받아야 하고 부모교육을 받아야 하고 술을 끊어야 한다는 등. 그러나 강점관점에서는 실무자에게 중요한 것이 아니라 클라이언트에게 중요한 것, 흥미를 갖는 것 등에 초점을 맞춘다. • 인테이크 : 클라이언트와의 협력적 관계형성을 위해 클라이언트의 강점을 파악하고 지지한다. • 사정 : 클라이언트의 강점(대처능력, 회복력, 자긍심, 관심, 꿈, 지지망) 및 자원 사정 시 활용한다. 강점을 실무자가 찾는 것이 아니라 이용자가 강점이라고 인식하고 그 강점을 활용할 수 있어야 한다. 실제 이용자는 강점이라고 느끼지 않고 그 강점을 활용하지 못한다면 강점이라고 할 수 없다. • 계획수립 및 실행 : 클라이언트의 동기부여, 참여유지 및 문제해결을 위한 임파워먼트 강화를 위해 사용된다. • 평가 : 클라이언트의 자원에의 접근 및 활용 능력, 회복력, 사례관리의 효과를 유지하는 능력 파악 등에 사용된다.

사례관리에서의 응용질문	• **생존질문** : 힘든 역경 속에서도 지금까지 이렇게 버티어 온 것은 어떻게 그렇게 할 수 있었나요? 역경 속에서도 당신이 지탱할 수 있었던 생각, 행동, 신념은 무엇이었나요? 역경을 지나면서 당신이 자신과 세상에 대해 터득한 것은 무엇입니까? • **지지질문** : 어려운 상황에서도 나에게 조금이라도 도움이 되어준 것 또는 사람은 무엇입니까? 어떤 도움을 받았나요? 그런 도움을 받게 된 것은 어떤 이유 때문일까요? • **예외질문** : 힘든 환경 속에서도 지금보다 조금 나았을 때는 언제였나요? 그때는 지금 하고 무엇이 달랐나요. 그때는 어떻게 그렇게 할 수 있었죠? • **가능성 질문** : 당신의 삶에서 당신이 희망하는 것은 무엇입니까? 무엇을 하고 싶습니까? 그것이 왜 당신에게 중요한가요? 그런 방향으로 되기 위해서는 당신의 어떠한 것이 도움이 됩니까? • **자긍심 질문**: 당신이 잘 하는 것은 무엇입니까? 당신의 삶에서 조금이라도 자랑스러운 부분은 무엇입니까? 그런 것을 유지하기 위해 당신은 어떤 노력을 했습니까? 현재 생활에서 그래도 나에게 즐거움을 주는 것은 무엇입니까? 그 이유는 무엇 때문입니까?

3. 임파워먼트 관점

임파워먼트 관점은 클라이언트가 현재 생활에서 당면하는 어려움은 개인 내면의 문제가 아니라 개인이 속한 환경의 구조적 문제나 자원 부족에서 기인하는 것으로 간주한다. 이 관점은 클라이언트로 하여금 당면문제를 해결하고 환경체계를 활용할 수 있는 능력을 함양하도록 하는 데 초점을 둔다. 기본적으로 강점 관점과 맥을 같이 한다. 클라이언트를 변화 주체로 보고 클라이언트의 역량이 내면화되도록 한다. 또한 일상생활에서 필요할 때 자신이 원하는 바를 관철시킬 수 있도록 주변 환경에 영향력을 발휘하고 실제 성취할 수 있게 한다. 이것은 클라이언트 내면의 역량강화는 물론 사람들과 적절한 관계를 맺고 필요한 경우, 정치나 지역사회에서 영향력을 발휘하는 것까지를 포함한다. 따라서 진정한 임파워먼트란 사례관리자와의 면담을 통해 일시적으로 위로받기보다는 클라이언트 권리가 생취가 되었을 때, 부당한 처우에서 벗어나 정당한 처우를 받을 때, 클라이언트가 외부 환경에 대한 통제력이 생겼을 때를 의미한다.

임파워먼트 관점은 사회적 약자 즉 여성, 청소년, 다문화가족, 성소수자 등에 대한 사례관리에 적극적으로 활용될 수 있다. 또한 사회복지 사례관리의 전 과정, 즉 인테이크, 사정, 계획 수립 및 실행, 평가에서 널리 사용할 수 있다. 사정에서는 클라이언트의 강점 및 자원 사정 시 활용할 수 있다. 계획 수립 및 실행 단계에서는 개인 내면의 역량, 대인관계 역량, 정치 및 지역사회 행동 등까지 역량강화가 될 수 있도록 한다. 또한 자원에의 접근성 및 활용할 수 있는 능력을 강화시킬 수 있다.

사례관리 적용 시 임파워먼트 관점에 입각한 질문으로는 "여러 가지 어려움 중 우선적으로 도움이 필요한 것은 무엇입니까?(클라이언트의 선택권 보장)", "이웃 또는 지역주민의 도움을 계속 받기 위해서는 당신이 할 수 있는 것은 무엇일까요?(자기 책임 강조)" 등이 있다.

특징	• 임파워먼트는 권한부여, 역량강화 등으로 불린다. 클라이언트로 하여금 당면문제를 해결하고 환경체계를 활용할 수 있는 능력을 함양하게 하는 것이다. • 임파워먼트의 범위는 클라이언트 개인 내면의 역량은 물론 대인관계 역량, 정치 및 지역사회 행동 등까지 포함한다. • 임파워먼트 관점에서는 클라이언트가 현재 생활에서 당면하는 어려움은 개인 내면의 문제가 아니라 개인이 속한 환경의 구조적 문제나 자원 부족에 기인하는 것으로 간주한다. • 강점 관점과 맥을 같이하며 클라이언트를 변화의 주체로 하고 클라이언트의 역량이 내면화될 수 있도록 한다. • 사례관리자는 클라이언트가 속한 환경에서 다양한 자원을 발굴하여 클라이언트가 접근할 수 있도록 하고 향후 타인, 정치 및 지역사회 자원에의 접근성을 높이고 활용할 수 있도록 한다. • 진정한 임파워먼트는 사례관리자와의 면담을 통해 일시적으로 위로받기보다는 클라이언트 권리가 쟁취가 되었을 때, 부당한 처우에서 벗어나 정당한 처우를 받을 때, 클라이언트가 외부 환경에 대한 통제력이 생겼을 때이다.

사례관리에의 적용	• 사정 : 클라이언트의 강점(대처능력, 회복력, 자긍심, 관심, 꿈, 지지망) 및 자원 사정 시 활용한다. • 계획 수립 및 실행 : 개인 내면의 역량은 물론 대인관계 역량, 정치 및 지역사회 행동 등까지 역량강화가 될 수 있도록 한다. 자원에의 접근성 및 활용할 수 있는 능력을 강화시킨다. • 평가 : 클라이언트의 자기지향성, 자원에의 접근 및 활용능력, 대인관계 역량, 정치 및 지역사회 행동 파악 등에 사용된다.
사례관리에서의 응용질문	• 여러 가지 어려움 중 우선적으로 도움이 필요한 것은 무엇입니까?(클라이언트의 선택권 보장) • 취업 관련된 서비스에는 ~ 것들이 있습니다(각각에 대해 설명 후). 이 중 어떤 서비스가 제공되기를 원하십니까?(서비스의 선택권 보장) • 이웃 또는 지역주민의 도움을 계속적으로 받기 위해서는 당신이 어떤 일을 할 수 있을까요?(자기 책임 강조)

4. 옹호 관점

옹호 관점은 사례관리자가 클라이언트를 둘러싼 환경에 클라이언트의 이해와 입장을 대변해서 환경이 클라이언트에게 적절한 반응을 하거나 변화하도록 하는 데 초점을 둔다.

사례관리 과정 중 옹호 관점을 적용하는 방법으로는 사례옹호, 계층옹호, 정책옹호 등이 있다. 사례옹호는 클라이언트가 적절한 서비스를 제공받지 못하거나 부당한 처우를 받을 때, 기관이나 정부에 대해 문제를 제기하고 토의, 설득, 촉구 등을 행하는 것이다. 계층옹호는 클라이언트 집단 및 지역 주민들의 공동 문제를 해결하기 위해 일반 대중여론에 영향을 미치는 활동 즉 강의, 연설, 자료 제공, 일일캠프 개최 등을 행하는 것이다. 정책옹호는 특정 법안의 통과를 제안하거나 지지하기 위한 로비, 클라이언트를 위해 법성 출시, 장애인 이동권 보장 등 근본적인 제도상의 변화를 위한 캠페인 등이 해당된다.

특징	• 옹호는 사례관리자가 클라이언트의 삶이 조금 더 나아지기 위해, 또는 적절한 환경 변화와 자원 확보를 위해 클라이언트의 이해와 입장을 대변하여 문제해결을 돕는 노력을 의미한다. • 클라이언트가 속한 환경에 클라이언트의 입장과 의견을 전달해 클라이언트와 함께 체계의 변화를 이끌어 내도록 한다. • 옹호에는 사례옹호, 계층옹호, 정책옹호 등이 있다.
사례관리에의 적용	• **사례옹호** : 클라이언트 개인 및 집단이 스스로 자신을 옹호하거나 자조집단을 구성해서 활동하도록 돕기 위해 회의실 제공, 자원봉사자 지원, 격려 및 정보 제공 등을 할 수 있다. 클라이언트가 적절한 서비스를 제공받지 못하거나 부당한 처우를 받을 때 토의, 설득, 촉구 등을 행한다. • **계층옹호** : 클라이언트 집단 및 지역주민들의 공동 문제를 해결하기 위해 일반대중 여론에 영향을 미치는 활동을 행한다. 예를 들어 강의, 연설, 자료 제공, 일일 캠프 개최 등이 해당된다. • **정책옹호** : 특정 법안의 통과를 제안하거나 지지하기 위해 로비, 클라이언트를 위한 법정 출석, 장애인 이동권 보장 등 근본적인 제도상의 변화를 위한 캠페인 등이 포함된다.

5. 여성주의 관점

여성주의 관점은 여성 개인이 겪는 차별과 고통은 여성 집단이 겪고 있는 사회적 차별이며 사회구조적 폭력이라고 본다. 여성은 가부장적 제도나 사회구조적 폭력의 피해자라고 간주한다.

이 관점은 여성과 관련된 사례관리의 전 과정, 즉 인테이크, 사정, 계획 수립 및 실행, 평가에서 널리 사용할 수 있다. 인테이크에서는 여성 클라이언트를 여성주의적 관점에서 이해 및 지지함으로써 협력적 관계형성을 할 수 있다. 사정에서는 여성으로서의 삶과 경험을 인정하고 여성주의적 시각에서 성역할 분석 및 권력 분석을 행할 수 있다. 계획 수립 및 실행에서는 자기 표현을 증진시키고 자원을 활용할 수 있는 능력을 강화하는 등 여성 클라이언트가 원하는 변화를 실현시키고 원하는 권력을 가질 수 있도록 한다.

사례관리 적용 시 임파워먼트 관점에 입각한 질문으로는 성역할 분석이나 권력 분석을 행할 수 있다. "어린 시절 가족들이 당신에게 강요한 역할이 당신에게 미친 긍정적 결과는 무엇입니까? 부정적 결과는 무엇입니까? 그런 성역할이 주는 메시지 중 어떤 것을 변화시키고 싶나요?(성역할 분석)", "당신은 가정에서 어느 정도의 영향력을 가지고 있으며 앞으로는 어떤 힘을 갖고 싶습니까?(권력 분석)"

특징	• 여성주의에서는 여성 개인이 겪는 차별과 고통은 여성 집단이 겪고 있는 사회적 차별이며 사회구조적 폭력이라고 본다. • 가정폭력, 성폭력, 성매매 등 여성관련 문제들은 여성을 성적 도구로 삼는 가부장적 제도의 산물이며 여성은 사회구조적 폭력의 피해자로 간주한다.
사례관리에의 적용	• 인테이크 : 여성주의적 관점에서 클라이언트를 이해 및 지지함으로써 협력적 관계 형성을 한다. • 사정 : 클라이언트를 자신의 문제에 대한 전문가로 존중하고 여성주의적 시각에서 문제를 재조명한다. 여성주의적 관점에서 성역할 분석 및 권력 분석을 한다. • 계획수립 및 실행 : 자기 표현을 증진시키고 자원을 활용할 수 있는 능력을 강화하는 등 클라이언트가 원하는 변화를 실현시키고 원하는 권력을 가질 수 있도록 한다. • 평가 : 여성주의적 시각에서 성매매여성의 현재와 미래를 재조명하는 인지적 재구성 여부, 내적 및 정치적 역량강화 등
사례관리에서의 응용질문	• 어렸을 때 가정이나 학교에서 주로 어떤 역할을 하였고 주변 사람들은 당신이 남자가 아닌 여자라는 이유로 당신에게 어떤 역할을 기대했습니까? • 성역할 분석 : 어린 시절 가족들이 당신에게 강요한 역할이 당신에게 미친 긍정적 결과는 무엇입니까? 부정적 결과가 무엇입니까? 그런 성역할이 주는 메시지 중 어떤 것을 변화시키고 싶나요? • 권력 분석 : 당신은 가정에서 어느 정도의 영향력을 가지고 있습니까? 앞으로는 당신의 삶에서 어떤 힘을 갖고 싶습니까? 권력(역할, 자원, 법적, 제도적, 규범적, 신체적 등)을 확장시키기 위해 무엇을 할 수 있을까요?

6. 네크워크 이론

네트워크는 자원, 기술, 사회관계, 지식, 신뢰 등을 서로 공유할 수 있는 사람 또는 단체의 공식적 또는 비공식적 망을 의미한다. 정보, 인력, 설비 등 자원의 공유를 통해 클라이언트의 욕구를 충족시키고 서비스의 중복 및 단절을 최소화하고 서비스의 효과성, 효율성을 높일 수 있다. 더불어 지역사회 간의 네트워크는 소속감과 공동체 의식을 증진시킬 수 있다.

네크워크 이론은 사례관리를 위한 운영체계 구축은 물론 사례관리 과정에 널리 사용될 수 있다. 사례관리를 위한 운영체계 구축에서는 지역사회기관과의 협력, 통합사례관리팀 구축, 인적·물적 지원망 구축 등에 적용될 수 있다. 사례관리 과정 중 계획 수립 및 실행에서는 공식적·비공식적 지지망을 구축하고 지역사회기관과 연계 및 협력을 행하는 데 적용 가능하다. 평가에서는 클라이언트에게 제공된 공식적·비공식적 자원, 서비스에 참여한 지역사회기관과의 연계, 협력 정도를 파악하는 데 활용할 수 있다.

특징	• 네트워크란 자원, 기술, 사회관계, 지식, 신뢰 등을 서로 공유할 수 있는 사람 또는 단체의 공식적 또는 비공식적 망이다. • 네트워크를 통해 서비스의 중복 및 단절을 최소화하고 부족한 자원을 동원하고 정보, 인력, 설비 등 자원의 공유를 통해 서비스의 효과성, 효율성을 높인다. • 네트워크를 통해 클라이언트의 욕구충족, 자원 부족 문제, 소속감, 공동체 의식을 증진시킬 수 있다.
사례관리에의 적용	• 운영체계 구축 : 지역사회기관과의 협력, 통합사례관리팀 구축, 인적·물적 지원망 구축 • 인테이크 : 공식적·비공식적 자원(사회복지사 전담공무원, 직업훈련원, 친인척, 이웃 등)을 통한 정보수집 • 사정 : 지역사회기관과의 정보교환, 통합사례관리팀과의 협력을 통한 사정, 솔루션 위원회에서의 사정 • 계획 수립 및 실행 : 공식적·비공식적 지지망 구축, 지역사회기관과의 연계 및 협력, 통합사례관리팀과의 역할 분담에 의한 서비스 제공 • 평가 : 클라이언트에게 제공된 공식적·비공식적 자원, 서비스에 참여한 지역사회기관과의 연계, 협력 정도

Chapter 04

사례관리의 윤리와 경험

1. 사례관리와 관련된 윤리적 이슈와 실천

사례관리자는 국가나 사회로부터 사회적 약자를 보호하는 책임을 위임받아 수행한다. 따라서 높은 책임성과 윤리성이 요구된다. 사례관리는 다양한 욕구와 상황에 놓여 있는 이용자, 이해관계가 다를 수 있는 가족, 지역사회기관 및 단체, 여러 전문직 등과 함께 일해야 하기 때문에 여러 가지 윤리적 갈등과 어려움이 생길 수 있다.

사례관리자는 다양한 상황과 관련된 법적, 윤리적, 도덕적 측면을 고려하여 윤리적 결정을 내려야 한다. 이를 위해서는 클라이언트와 관련된 법률, 관련 부처의 운영규정, 해당 기관의 규칙이나 지침, 사회복지사의 가치 및 윤리 등에 대해 명확하게 이해해야 한다. 여기에서는 사례관리에서 생기는 여러 가지 윤리적 이슈와 그에 대한 대응에 대해 살펴보고자 한다.

1) 사례관리와 윤리적 실천

사례관리자가 적절한 실천을 하기 위해서는 관련 기관의 운영규정, 정책 및 절차, 전문가 윤리와 의무, 관련 이론 및 지식, 실무자 개인의 경험과 지혜, 수퍼바이저 및 동료의 경험과 지혜 등을 총체적으로 사용한다.

클라이언트와 관련된 많은 법과 규정이 있지만 이러한 법적 의무는 항상 명료한 것도 영구적인 것도 아니다. 새로운 법과 정책의 출현으로 법적 의무와 윤리도 바뀔 수 있다. 따라서 사례관리자는 자신이 담당하고 있는 클라이언트에 대한 관련법, 기관의 의무, 전문가 윤리, 사회복지 및 청소년관련 지식 등을 계속해서 점검하고 이를 토대로 윤리적 결정 및 실천을 해야 한다.

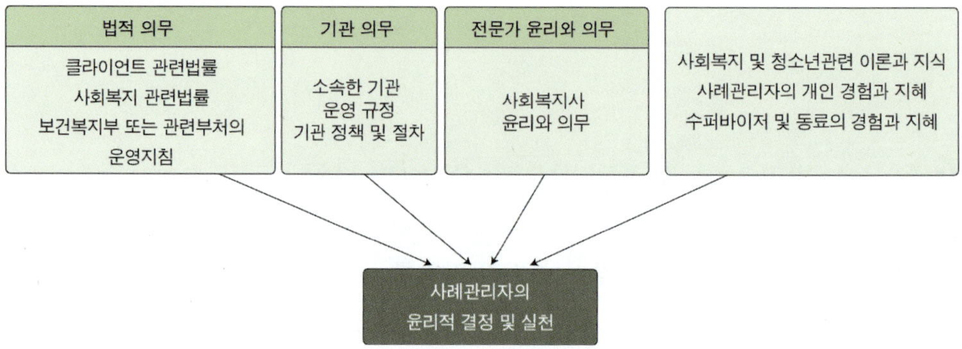

그림 4-1 사례관리자의 윤리적 결정 및 실천

2) 사례관리와 관련된 윤리적 이슈

(1) 사례관리자의 부적절한 실천

사례관리자가 윤리적 실천을 행한다는 것은 기본적으로 불법적인 행동은 하지 않는다는 것을 뜻한다. 역으로 법을 위반하거나 법에 저촉되는 행동은 부적절한 실천을 의미한다고 하겠다. 사례관리자가 일으킬 수 있는 부적절한 실천에는 크게 불법행위, 과실, 의무 불이행이 있다.

사례관리자의 부적절한 실천	불법행위 : 타인에게 해를 끼치는 행위에 의도적으로 관여(법위반)
	과실 : 업무를 행하는 과정에 실수를 저지르는 것(법위반)
	의무 불이행 : 전문가가 업무를 행할 수 있는 상황에서 적절한 업무를 행하지 않는 것(태만)

이 밖에도 사례관리자는 원조전문직에서의 일반적인 법적 의무를 지켜야 하며 이러한 의무를 다하지 못할 때 적절한 실천을 하지 못한다. 일반적으로 원조전문직이

지켜야 하는 의무로서는 보호의 의무, 사생활 존중의 의무, 비밀보장의 의무, 고지의 의무, 보고의 의무, 경고의 의무 등이 있다.

보호의 의무는 사례관리자가 클라이언트 및 주변 사람들을 보호해야 한다는 것이다. 이것은 기본적으로는 클라이언트를 위해 법적으로 보장한 보호기준을 준수하는 것을 의미한다. 보호의 의무에 저촉되는 부적절한 실천의 예를 살펴보면 자살위험이 있는 클라이언트의 자살을 예방하지 못한 것, 클라이언트 자살에 원인을 제공하는 것, 클라이언트가 제3자를 해칠 가능성을 제3자에게 알리고 적절한 조치를 취하지 못한 것, 부당한 강금이나 배치, 클라이언트에 대한 폭행이나 폭언, 클라이언트에게 적절한 보호를 하지 않고 방임, 방치하는 경우 등이 해당된다.

<table>
<tr>
<td>보호의 의무에 저촉되는 부적절한 실천사례</td>
<td>
• 클라이언트의 자살을 예방하지 못함 : 자살 충동 방지를 위한 적절한 조치를 취하지 않은 점
• 클라이언트 자살의 원인 제공 : 실무자의 말과 행동이 클라이언트의 자살을 부추겼다고 가족이 주장하는 경우
• 제3자를 보호하지 못함 : 클라이언트가 제3자를 해칠 가능성에 대해 알리지 않고 적절한 조취를 취하지 못한 경우
• 부당한 강금이나 배치 : 강제 입소 및 불법 체류, 부적절한 배치
• 클라이언트에게 적절한 보호를 하지 않음 : 입소자를 방임하거나 부적절한 보호를 했다고 외부에서 주장(적절한 병원 치료나 자살예방 개입 등을 하지 못함)
• 실무자의 폭행이나 폭언 등 학대, 성적 부당행위
• 클라이언트와의 계약 위반
• 전문성이 결여되거나 부적절한 개입
• 다른 전문가에게 자문을 구하거나 적절한 의뢰를 하지 않음
• 클라이언트가 필요할 때 적절한 개입이나 대응을 하지 못함 (위기상황에서 요청하였는데 적절한 개입을 하지 못함)
• 부적절한 종료(갑작스럽게 서비스를 종료하는 경우)
</td>
</tr>
</table>

사생활 존중의 의무는 사례관리자가 클라이언트의 사생활을 존중해야 한다는 것이다. 사생활 존중의 의무에 저촉되는 부적절한 실천사례를 구체적으로 살펴보면

클라이언트에게 사전 동의 없이 개입하는 것, 종교적 신념을 클라이언트에게 전도하는 행위, 몸수색, 사물함 검사, 사전에 동의 없이 감시카메라로 촬영하거나 비디오 및 오디오 녹음하는 행위 등이 해당된다.

사생활존중의 의무에 저촉되는 부적절한 실천사례	• 클라이언트에게 사전 동의 없이 개입하는 것 • 현재 문제해결과 관련없는 정보 요청 (성적 취향, 좋아하는 이상형, 비밀번호 등) • 종교적 신념을 클라이언트에게 전도하는 행위 • 몸수색, 사물함 검사 • 사전에 동의 없이 감시카메라로 촬영하거나 비디오 및 오디오 녹음을 하는 행위 • 클라이언트와 관련된 내용을 보고서, 인쇄물, 언론매체에 배포(이런 행위들은 클라이언트의 사생활 권리뿐 아니라 가족, 친구, 이웃의 사생활 권리를 침해할 우려가 있음)

비밀보장의 의무는 사례관리자가 사례관리 과정에서 알게 된 클라이언트에 대한 모든 내용을 비밀보장함을 말한다. 비밀보장의 의무에 저촉되는 부적절한 실천사례로는 사례관리 과정 중 클라이언트에 대해 알게 된 내용을 의도하든 의도하지 않든 외부에 노출하는 것, 클라이언트의 이름, 주소, 전화번호, 주민번호 등 신원을 밝힐 수 있는 정보를 유출하는 경우가 해당된다.

비밀보장의 의무에 저촉되는 부적절한 실천사례	• 클라이언트에 대한 내용을 다른 사람들에게 알리는 경우 • 개인정보 보호를 위반할 경우 (이름, 주소, 전화번호, 주민번호 등 개인의 신원을 밝힐 수 있는 정보를 유출하는 경우)

고지의 의무는 사례관리자가 사례관리 중 클라이언트에게 중요한 영향을 미칠 내용에 대해 미리 알려 클라이언트가 자신에게 향후 어떤 일이 생길 수 있는지를 알고 준비하도록 돕는 것이다. 고지의 의무에 저촉되는 부적절한 실천사례로는 클라이언트에게 비밀보장의 한계를 미리 알려주지 않을 경우이다. 사례관리자는 클라이언트

에게 면접 중 알게 된 사실에 대해 비밀보장한다는 사실과 더불어 클라이언트가 자신이나 타인에게 해를 끼칠 의도가 있거나 그런 사실을 알게 되면 더 이상 비밀보장을 할 수 없다는 점을 미리 알려 클라이언트가 스스로 보호할 수 있도록 해야 한다. 따라서 비밀보장의 한계를 미리 알려 주지 않는 것은 고지의 의무를 위반한 것이다. 이외에도 기관에서 제공되는 서비스 내용과 범위를 충분히 미리 알려주지 않았거나 사례관리자의 자격, 전문분야, 경험 등에 대해 클라이언트에게 알려주지 않았을 경우, 서비스를 의뢰하거나 중단하거나 할 때 클라이언트에게 사전에 충분히 알려주지 않은 경우 등이 해당된다.

고지의 의무에 저촉되는 부적절한 실천사례	• 클라이언트에게 비밀보장의 한계를 미리 알려주지 않았을 경우(클라이언트가 자신이나 타인에게 해를 끼칠 의도가 있거나 그런 사실을 사례관리자가 알게 되면 더 이상 비밀보장을 할 수 없다는 점을 미리 알려 클라이언트가 스스로 보호할 수 있도록 해야 함) • 기관에서 제공되는 서비스 내용과 범위를 충분히 미리 알려주지 않았을 때(기관에서의 생활이 자신들에게 어떤 영향을 미칠지에 대해 충분한 정보를 제공해야 함) • 사례관리자의 자격, 전문분야, 경험 등에 대해 클라이언트에게 알려주지 않았을 때 • 서비스를 의뢰하거나 중단하거나 할 때 클라이언트에게 사전에 충분히 알려주지 않은 경우

보고의 의무는 클라이언트의 인권을 침해할 징후에 대해 보고할 의무를 말한다. 사회복지사는 아동학대 관련 의무신고자이다. 따라서 사례관리 과정 중 클라이언트의 학대나 방임 사실을 알게 되면 보고 또는 신고를 해야 한다.

보고의 의무에 저촉되는 부적절한 실천사례	• 학대나 방임 사실을 인지하였는데도 보고하지 않는 경우(사례관리 중 클라이언트의 학대나 방임 사실을 인지한 경우 보고 및 신고를 해야 한다.) ※ 사회복지사는 아동학대 관련 의무신고자이다.

경고의 의무는 사례관리자가 사례관리 중 다른 사람의 안전에 중요한 영향을 미칠 수 있는 정보를 획득한다면 잠재적 피해자에게 경고를 해서 생명을 보호할 책임을 갖는 것이다. 즉 위험에 있는 처해 있는 사람에게 위험을 알려 경고하고 필요한 경우 당국에 신고해야 한다. 경고의 의무에 저촉되는 부적절한 실천사례를 구체적으로 살펴보면 면담 도중 클라이언트가 학대한 의붓아버지를 해칠 구체적인 의도가 있다는 사실을 알았음에도 이를 무시하는 경우, 클라이언트가 어떤 사람이나 기관에 위해를 가할 것이라고 암시했는데 아무 조치도 하지 않는 경우 등이 해당된다. 이럴 경우 사례관리자는 클라이언트의 말이나 몸짓, 관련 증거 등 충분한 증거를 확보하고 기록하는 것이 필요하다.

경고의 의무에 저촉되는 부적절한 실천사례	• 면담 도중 클라이언트가 학대한 의붓아버지를 해칠 구체적인 의도가 있다는 사실을 알았음에도 이를 무시한 채 넘어간 경우 • 클라이언트가 어떤 사람이나 기관에 위해를 가할 것이라고 암시했는데 아무 조치도 하지 경우

(2) 사례관리자의 윤리적 실천에서 고려되어야 할 주요 요소

① 자율성(autonomy)

사회복지사는 클라이언트가 자기결정권을 최대한 행사할 수 있도록 도와야 한다. 또한 클라이언트의 이익을 최대한 대변해야 한다. 사회복지사는 사회복지 증진을 위한 환경 조성에 클라이언트를 동반자로 인정하고 함께 일해야 한다(한국사회복지사 윤리강령).

자율성은 사례관리의 가장 기본적 가치인 동시에 사례관리 과정의 목표이기도 하다. 사례관리자는 클라이언트의 임파워먼트와 참여를 촉진하기 위해 노력해야 한다(Woodside & McClam, 2016: 138). 이를 위해서는 클라이언트가 얼마나, 어떻게 자율적일 수 있는지, 원하는 것은 무엇인지, 희망하는 것을 막는 장애물을 무엇인가? 등에 대해 질문, 관찰, 측정도구의 활용 등 다양한 방법을 통해 검토할 필요가 있다. 또한 사례관리 과정 중 클라이언트가 자율성을 최대한 발휘하도록 촉진, 보장해야 한다.

② 가족 간 의견 불일치

가족은 클라이언트에게 중요한 지지자인 동시에 고통의 원인이 되기도 한다. 특히 청소년의 경우 가족이 미치는 영향은 매우 크다. 문제는 클라이언트와 가족의 욕구가 항상 같을 수 없고 가족이 클라이언트를 항상 위하는 것은 아니라는 점이다. 특히 청소년이 바라는 것이 가족과 다른 경우가 종종 있다. 뿐만 아니라 가족구성원들 간의 의견이 일치되지 않는 경우도 종종 있다. 자녀 진로에 대해 아버지와 어머니의 의견이 다르거나 청소년을 돌보고 있는 할머니와 삼촌의 의견이 다를 수 있다. 가족 및 친인척들은 오랫동안 클라이언트를 돌봐왔거나 향후에도 클라이언트 보호에 포함되기 때문에 사례관리 과정에 자신들의 의견이 중요하게 반영되기를 원하고 적극적으로 참여하기를 바랄 수 있다. 사례관리자는 가족들과의 의견이 일치되지 않을 때 어떻게 할지에 대한 지침을 미리 마련해 놓은 것이 필요하다. 특히 클라이언트가 청소년이거나 정신건강에 어려움이 있거나 노숙자인 경우 사례관리자는 클라이언트를 옹호하는 측면과 가족들의 참여를 촉진하는 것, 클라이언트의 이익이 무엇인지를 사정하는 것 사이에 균형을 유지하는 것이 필요하다.

가족과 클라이언트가 사례관리 계획에 동의하지 않는 상황이 생길 수도 있다. 이때 가족구성원 모두 자신의 의견을 표현할 기회를 주는 것이 중요하다. 가능한 참여한 가족들이 모두 동의하는 계획을 수립하는 것이 좋다(Woodside & McClam, 2016: 106-141). 특히 사례관리 대상자가 청소년인 경우, 가족의 의견을 고려하지 않을 순 없지만 청소년의 욕구와 입장이 반영될 수 있도록 각별한 노력이 행해져야 한다.

의견 일치가 되지 않는 가족들에 대한 사례관리자의 전략

- 사례관리자 또는 사례관리자팀과의 회의에 가족을 초대한다.
- 클라이언트의 현재 상황에 대해 간단히 설명한다. 가족이 쉽게 이해할 수 있도록 설명한다.
- 함께 논의해야 할 이슈를 명확히 한다.
- 행해져야 할 결정과 선택에 대한 개요를 정한다.
- 이와 관련된 도전 또는 문제점을 명확히 한다. 각 가족구성원에게 이슈에 대해 어떻게 생각하는지를 질문하고 취사선택을 하도록 한다.
- 가족이 합의를 이끌어 낼 수 있도록 한다.
- 가족들 간에 합의에 도달하기 어려우면 가족구성원 중 한 사람씩 취사선택을 하도록 한다. 배우자에게 우선적으로 기회를 준다.
- 결정에 대해 계속적으로 재평가한다.

출처: Woodside & McClam(2016: 110-111)

③ 공격적인 클라이언트와 일하기

사회복지사들이 현장에서 종종 만나는 사람 중에는 공격적인 클라이언트가 있다. 폭력은 때와 장소와 관계없이 일어날 가능성이 있기 때문에 폭력을 예방하는 것이 무엇보다 중요하다. 사례관리자는 돌봄을 제공하는 클라이언트에게서 폭력 성향이 있는지를 스스로 또는 관련된 사람과 함께 검토할 책임이 있다. 사례관리자는 클라이언트에 대한 많은 정보를 수집하고 클라이언트 개입과정을 모니터링하기 때문에 클라이언트가 폭력적 성향을 가지고 있는지를 알 수 있다. 또한 개입과정 동안 전조증상을 알 수 있는 위치에 있다. 클라이언트가 폭력적일 경우를 대비해 개입 목표에 합의하는 방법, 폭력상황을 예방하거나 대처하기 위한 개입 기술, 폭력에 대한 기관 및 팀의 반응 등을 검토해야 한다(Woodside & McClam, 2016: 106-141).

공격적인 클라이언트에 대한 사례관리자의 전략

- 사전에 클라이언트의 폭력 가능성에 대한 사정이 필요하다.
- 잠재적으로 폭력 가능성이 있는 클라이언트를 구체시하고 사례관리팀이나 관련기관들이 이 사실을 공유할 수 있게 한다.
- 폭력이 일어날 수 있는 징후들에 대해 알고 폭력 발생 시 어떻게 대처할 것이라는 계획을 미리 세운다.
- 기관 차원에서 업무 중 폭력문제가 생겼을 때 대처하는 정책과 절차를 개발한다.
- 동료 직원이 당신의 스케줄을 알도록 한다.
- 잠재적으로 폭력성을 가진 청소년과 만날 때는 동료에게 미리 알린다.
- 위험한 상황에서 동료 직원이 비상벨을 누를 수 있도록 요청한다.
- 수퍼바이저에게 도움을 요청한다.
- 잠재적으로 폭력성이 있는 클라이언트는 동료나 수퍼바이저와 함께 만난다.
- 폭력성이 있는 클라이언트와 상담할 때 사무실에는 한 명 이상의 직원이 있도록 한다.
- 필요한 경우 안전요원이나 경찰의 도움을 구한다.
- 클라이언트를 자극, 비난하는 말과 행동은 금물이다.
- 지원이 불가능하거나 다른 기관으로 안내할 경우 클라이언트가 거절이나 거부, 좌절과 같은 부정적인 느낌이 들지 않도록 유의해야 한다.
- 클라이언트를 자극하는 말을 하지 않도록 하며, 새로운 논쟁거리를 제공하지 않는다.

출처: 남미애 외(2014: 218-219)의 내용을 사례관리에 맞게 발췌 및 요약하였음.

④ 비밀보장

사회복지사는 클라이언트의 사생활을 존중하고 보호하며 직무 수행과정에서 얻은 정보에 대해 철저하게 비밀을 유지해야 한다(한국사회복지사 윤리강령). 비밀보장은 사회복지사의 윤리 중 가장 널리 알려진 원칙이지만 이를 지키는 것은 쉽지 않다. 특히 사례관리의 경우 클라이언트 뿐만 아니라 가족, 친척, 이웃이 참여하기도 하고 자원 연계를 위해 여러 기관 및 단체가 협력하기도 한다. 이런 과정에 클라이언트와 관련된 정보들이 의도치 않게 전달되는 경우가 있다. 기관 내에서도 직원들과의 잡담이나 사례회의 중에 유출되기도 하고 기관의 보고서, 이메일, 자료 등을 통해 공개되기도 한다. 따라서 사례관리 과정 중 비밀보장을 유지하기 위해서는 각별한 관심과 노력이 필요하다.

비밀보장을 위한 사례관리자의 전략

- 클라이언트와 어떤 내용까지 비밀보장할 것인지에 대해 협의한다. 클라이언트가 특별히 더 비밀이 유지되었으면 하고 바라는 부분이 있는지, 만약 있다면 누구에게 어떤 부분을 비밀유지하고 싶은지, 그것이 클라이언트에게 왜 중요한지를 충분히 이야기한다.
- 클라이언트에게 비밀보장을 할 수 없는 경우에 대해 명확히 설명하고 이에 대한 동의를 구한다. 비밀보장과 관련해서 기관에서 유지할 수 있는 것과 없는 경우를 명확히 설명한다. 예를 들어 자신 및 타인에게 위해를 행하는 일이나 법에 저촉되는 행위를 한 경우, 법률에 의해 전문가로서 정보를 공개해야 하는 경우에는 비밀보장을 할 수 없다는 것을 설명한다. 이에 대한 동의를 구하고 정해진 양식에 사인을 받고 각자 한 부씩 보관한다.
- 사례관리를 위해 여러 기관이 연계, 협력하는 경우, 비밀보장에 대한 협의를 하고 이에 대한 내용을 문서로 명확히 한다.
- 전화나 공공장소에서의 대화처럼 무심코 한 이야기 속에서 정보가 누설되지 않도록 한다.
- 시장이나 보건소 등 클라이언트를 만나는 경우 쉽게 다가가 말을 걸기보다는 클라이언트가 어떻게 해주기를 바라는지 먼저 살피고 배려한다.

⑤ 개인정보 보호

개인정보란 살아 있는 개인에 관한 정보로서 이름, 주민등록번호 및 영상 등을 통하여 개인을 알아볼 수 있는 정보(해당 정보만으로는 특정 개인을 알아볼 수 없더라도 다른 정보와 쉽게 결합하여 알아볼 수 있는 것을 포함한다)를 말한다(개인정보보호법 제2조 제1호). 예를 들어 이름, 주민등록번호, 주소, 전화번호, 학력, 출생지, 금융정보 등 개인신상에 관한 모든 사항을 의미한다.

개인정보 보호는 정보사회, 전자정부에 진입함에 따라 필수적인 조건이다. 특히 개인정보의 유출로 인하여 개인 프라이버시 침해, 개인 ID 도용 또는 전자문서의 위·변조 등으로 인한 범죄문제 발생위험이 높아지고 있다. 이에 개인정보보호법 제69조에서는 관계 중앙행정기관의 장의 권한을 위탁한 업무에 종사하는 관계 기관의 임직원이 개인정보 보호 책임을 이해하지 못할 경우 벌금을 내도록 규정하였다.

한국사회복지사 윤리강령에서도 개인정보 보호에 대한 규정을 명시하였다. 즉 사회복지사는 문서·사진·컴퓨터 파일 등의 형태로 된 클라이언트의 정보에 대해 비밀보장의 한계·정보를 얻어야 하는 목적 및 활용에 대해 구체적으로 알려야 하며 정보공개 시에는 동의를 얻어야 한다. 또한 클라이언트가 받는 서비스의 범위와 내용에 대해 정확하고 충분한 정보를 제공함으로써 알 권리를 인정하고 존중해야 한다(한국사회복지사협회, 2001).

개인정보 보호와 관련해서 사례관리자가 주의해야 할 내용을 정리하면 다음과 같다(남미애 외, 2014: 149-153). 첫째, 개인정보 보호에 대한 이해이다. 직무상 알게 된 개인정보를 누설 또는 권한 없이 처리하거나 타인의 이용에 제공하는 등 부당한 목적을 위하여 사용하여서는 안 된다.

둘째, 개인정보 처리에 대한 사전고지 및 동의이다. 개인정보 수집 시 만 14세 미만 청소년의 정보를 수집할 경우 법정대리인(보호자)의 동의가 있어야 한다. 개인정보 수집 시 장애로 인해 의사결정 능력이 취약한 자에 대해서는 법정대리인(보호자)의 동의가 있어야 한다. 개인정보 수집 시 사전 고지 및 안내에 정보 주체가 동의할 시 별도의 동의서를 통해 반드시 정보 주체의 동의와 더불어 이용 계약 체결 이후에 수집되어야 한다. 단, 범죄예방의 목적으로 설치된 CCTV 등은 설치 안내문으로 대체한다. 주민등록번호를 비롯해 개인정보 수집은 업무 수행에 있어 꼭 필요한 사항만을 수집하여야 한다.

셋째, 개인정보 관리이다. 개인정보를 처리하는 PC를 안전하게 관리해야 한다. 개인정보 파일은 별도로 지정된 장소에 보관해야 하며, 잠금장치를 실시하여 관리한다. 업무 특성상 별도로 개인정보 파일을 가공하여 생성, 관리하는 경우 반드시 문서화하

사전 고지를 위한 사례관리자의 전략

- 사전고지는 비밀보장의 원칙을 지키지 못할 수 있음을 미리 알리는 것이다.
- 첫 만남 후 본격적인 사정단계로 들어가기 전 비밀보장의 원칙과 한계, 정보공개에 대해 설명한다.
- 업무상 정보를 외부에 공개해야 할 경우 이용자에게 충분히 설명하고 동의를 받는다. 정보공개 동의서를 받는다.
- 이용자가 정보에 대해 충분히 알 수 있도록 쉬운 말로 설명하고 이와 관련된 정보를 문서로 제공한다.
- 제공한 정보에 대해 궁금한 점, 걱정되는 점이 있는지 확인한다.
- 녹음, 녹화, 녹취, 관찰 등이 필요한 경우 이용자에게 동의를 얻는다.
- 응급상황의 경우 사전 동의의 절차가 생략될 수 있음을 알린다.

여 결재를 얻어야 한다. 결재 시에는 생성 목적과 사용기간, 담당자, 파기 시점과 방법에 대해 명시해야 한다. 개인정보 보유기간은 서비스 제공기간을 기준으로 하며, 서비스 종결자에 대한 정보는 규정에 의한 기간 내에 파기해야 한다.

넷째, 웹사이트를 통한 개인정보 관리이다. 웹사이트를 통한 개인정보 노출이란, 일반 인터넷 이용자가 해킹 등 특별한 방법을 이용하지 않고 정상적으로 인터넷을 이용하면서 타인의 개인정보를 취득할 수 있도록 방치되어 있는 것을 말한다. 웹사이트를 통해 개인정보가 노출되지 않도록 게시판 등에 글을 올리거나 파일 업로드할 경우 개인정보가 포함되었는지를 점검하고 구글 등과 같은 외부 검색엔진에 개인정보가 노출되었는지 점검해야 한다. 자세한 것은 공공기관 웹사이트 개인정보 노출방지 가이드라인(행정안전부, 2012)을 참고하기 바란다.

3) 윤리적 의사결정과 선택

사례관리자는 클라이언트와 기관에 대한 이중 책임을 가진다. 윤리강령, 법규와 절차, 전문가 가치 등이 서로 일치되지 않을 경우가 있다. 이런 경우 어떻게 처리할 것인지를 사전에 검토해야 한다. 사례관리자는 사례관리를 실행하는 과정에 많은 윤리적 갈등에 직면하고 도전을 받는다.

윤리적 딜레마는 사례관리사가 사례관리 과정에서 전문가로서 지켜야 할 윤리와 책임이 서로 맞지 않아 한 방향을 선택해야 하거나 선택한 대안이 어떤 사람에게 바람직하지 못한 결과를 초래할 수 있을 때 어떤 선택이 적합한지 판단하기 어려운 상태를 의미한다. 이것은 가치의 충돌, 의무의 상충, 클라이언트 체계의 다중성, 결과의 모호성 등 여러 유형이 있다. 가치의 충돌은 쉼터에서 생활하는 청소년이 친구들과 함께 원룸에서 살겠다고 하는 경우, 청소년의 자기결정권 보장과 위험으로부터 미성년자를 보호해야 하는 원칙 간의 갈등이 해당된다. 의무의 상충은 클라이언트가 바라는 것과 기관에서의 요구가 상이한 경우에 해당된다. 클라이언트 체계의 다중성은 클라이언트가 여러 명이지만 자원이 부족해서 누구의 이익을 먼저 고려해야 할지 판단하기 어려운 경우에 해당된다. 결과의 모호성은 아버지가 장기간 병원에 입원해 자녀에게 돌봄이 필요할 경우, 형제들을 분리해서 시설에서 생활하는 것과 자녀들끼리 지내면서 지역에서 돌봄을 제공하는 것 중 어떤 방법이 효과적인지 모호할 경우에 해당된다.

윤리와 관련된 주요 개념

- **전문직 가치**: 가치는 A보다 B를 더 좋아하거나 선호하는 것을 의미한다. 전문직 가치는 전문직에 따라 상이할 수 있다. 기업인은 이윤, 성장, 효율에 가치를 더 두는 반면 사회복지사들은 인간의 존엄성, 사회정의에 더 가치를 둔다
- **전문가 윤리강령**: 윤리는 옳고 그름에 초점을 둔다. 전문가 윤리는 전문직 가치에 맞게 실천할 수 있도록 방향과 우선순위를 제시한 것이다. 따라서 전문가 윤리는 전문직이 추구하는 가치와 조화를 이루어야 한다. 전문가 윤리강령은 전문가들이 지켜야 할 전문적 원칙과 행동기준을 제시한 것이다. 즉 전문가 윤리를 실천하는 보다 구체적인 지침을 제시한 것이다. 사회복지사 윤리강령은 사회복지사가 사회복지의 가치에 맞게 실천했는지

를 알게 하는 행동 및 판단기준이 된다. 또한 클라이언트 및 사회복지사를 보호하는 방어막이 된다.

- **윤리적 딜레마** : 윤리적 딜레마는 사례관리사가 사례관리 과정에서 전문가로서 지켜야 할 윤리와 책임이 서로 맞지 않아 한 방향을 선택해야 하거나 선택한 대안이 어떤 사람에게 바람직하지 못한 결과를 초래할 수 있을 때 어떤 선택이 적합한지 판단하기 어려운 상태를 의미한다.

로웬버그와 돌고프는 윤리적 딜레마가 생길 때 윤리적 의사결정을 하기 위해 윤리원칙 준거틀을 제시했다. 총 7가지 원칙으로 구성되는데 여러 가지 가치가 상충할 때는 상위의 원칙을 더 우선해서 적용해야 한다는 원칙을 제시하였다. 예를 들어 아기를 낙태하고자 하는 청소년을 보호하는 경우에는 아기의 생명보호와 청소년의 자율성 보호에서 딜레마에 빠질 수 있다. 이 경우에는 생명보호의 원칙(1번 원칙)이 자율과 자유의 원칙(3번 원칙)보다 우선한다.

로웬버그와 돌고프의 준거틀

구분	내용
윤리원칙 1) 생명보호의 원칙	클라이언트를 비롯한 인간의 생명을 보호한다.
윤리원칙 2) 평등과 불평등의 원칙	능력이나 권력이 같은 사람은 평등하게 대할 권리가 있고 능력이나 권력이 다른 사람은 다르게 대할 권리가 있다.
윤리원칙 3) 자율과 자유의 원칙	클라이언트의 자율성, 자유, 독립성을 중시한다. 그러나 자신이나 타인의 생명을 위협할 경우에는 제한될 수 있다.
윤리원칙 4) 최소 손실의 원칙	선택할 수 있는 대안들이 모두 문제의 여지들이 있을 경우 그중 가장 유해한 것이 작은 것을 선택한다.

구분	내용
윤리원칙 5) 삶의 질 원칙	클라이언트는 물론 관련된 사람, 지역사회의 삶의 질을 증진시킬 수 있는 선택이어야 한다.
윤리원칙 6) 사생활 보호와 비밀보장의 원칙	클라이언트의 사생활을 보호해야 하며 클라이언트와 관련된 비밀을 외부에 누설하지 않아야 한다.
윤리원칙 7) 진실성과 정보개방의 원칙	클라이언트 및 관련된 사람들에게 진실을 말하고 관련 정보를 공개한다.

윤리적 딜레마에 적절하게 대처하기 위해 사례관리자는 수시로 자신에게 다음과 같은 질문을 제기해야 한다. 또한 관련법, 기관방침, 윤리상령, 서비스 절차 및 매뉴얼 등을 꼼꼼히 살펴보아야 한다.

윤리적 의사결정을 위해 사례관리자의 자기검토 질문

- 클라이언트의 요구와 입장은 정당한가?
- 기관 및 관련 환경의 요구와 입장은 정당한가?
- 어떤 대안이 클라이언트의 이익을 최대화하는가?
- 선택한 대안은 윤리적으로 옳은가?
- 가족 및 환경들의 요구는 진정 클라이언트에게 도움이 되는가?
- 법에 저촉되는 부분은 무엇인가?
- 나의 선호나 가치가 대안의 선택에 우선적으로 영향을 미치는 것은 아닌가?
- 대안 중 피해가 가장 적은 것은 무엇인가?

2. 사례관리 경험 및 효과

1) 사례관리 이용자의 경험

사례관리를 이용한 사람들은 사례관리를 통해 어떤 경험과 생각을 할까? 최근 사례관리 이용자의 경험에 대한 여러 가지 선행연구들이 발표되고 있다. 교육 및 직업훈련에서 이탈될 위기에 있는 청소년을 위한 펜슬페니아 청소년 만남프로그램(connection program)의 평가에 따르면 사례관리자가 개별화된 서비스를 제공하고 청소년에게 주도권을 주는 개인적 지지가 매우 중요하다고 하였다. 이용청소년들은 서비스 평가에서 사례관리자의 행동 중 청소년에게 친근한 비공식적 의사소통, 개별화된 그리고 구체적 지지, 청소년들이 적절하다고 느끼는 시간 내에서 어려운 과제와 씨름하도록 격려해 주는 것 등에 높은 가치를 두었다. 이 프로그램의 가장 큰 특징은 청소년이 필요한 시기에 사례관리를 이용하도록 하고 상황이 변화하면 재등록(re-enroll)할 수 있도록 하는 데 있다. 이러한 융통성은 청소년과 사례관리자 간의 강한 관계를 개발하도록 촉진하고 청소년에게 적절한 시기에 재고용이 일어나도록 촉하였다고 한다.

청소년구금센터에서 생활한 12명의 청소년을 대상으로 질적 연구를 한 Moore 외(2008)는 구금시설에서 지역사회로 복귀하는 경험을 연구하였다. 이 연구의 일부로 청소년들에게 사례관리에서 만족스러웠던 점과 향후 더 지원되기를 바라는 점에 대해 질문하였다. 그 결과 이용청소년들은 교육, 훈련과 고용의 연결, 낮 시간 동안 긍정적인 경험을 제공하는 지원, 스포츠 활동과의 연계, 이야기할 대상의 제공, 경제적 지원 및 주거 지원, 생활기술 개발을 위한 지원 등이 만족스러웠다고 하였다. 또한 향후 더 제공되었으면 바라는 점으로는 강점에 근거한 지원, 현실적이면서 자신들의 욕구에 근거한 지원, 청소년의 선택권 및 참여의 촉진, 연속적인 돌봄 제공 등이 필요하다고 하였다.

이용청소년들이 생각하는 만족스런 사례관리 경험

- 효과적인 AOD프로그램과 연계되는 것
- 교육, 훈련과 고용을 연결하는 것
- 낮 시간 동안 긍정적인 경험을 하도록 지원하는 것
- 스포츠활동과의 연계
- 건강과 관련된 지원
- 청소년들이 이야기할 수 있는 대상을 제공하는 것
- 필요할 때 소득보조금(income support)과 숙소를 지원하는 것
- 생활기술을 개발하도록 돕는 것

이용청소년들이 사례관리에서 향후 더 제공되기를 바라는 것

- 강점 토대의 접근
- 현실적이면서 청소년의 니드와 바람에 보다 민감한 접근
- 청소년에게 선택할 기회 제공
- 연속적인 돌봄
- 참여 기회의 제공

출처: Moore et al.,(2008)

가출청소년들이 청소년쉼터와 같은 가정 밖 돌봄을 받는 동안 의사결정에 참여한 경험을 연구한 Bessell(2011)의 질적 연구에 따르면 청소년들은 시설에서 보호받는 동안 자신들의 의견이 잘 경청되지 않고 반영되지 않았다고 응답하였다. 이들에 따르면 기관에서 청소년들의 의견을 듣는 시간은 거의 없었고 별로 가치없이 간주하거나 잘 수용되지 않았다고 하였다. 연구에 참여한 대부분의 청소년들은 그들의 삶에서의 중요한 변화에 대해 설명을 듣지 못했다고 하였다. 돌봄과정에서 청소년들이 자신의 의견을 밝히고 싶었던 부분은 시설 배치(placement), 담당자 선택, 부모 및 친구와의 접촉 및 지속적인 관계 유지, 학교 선택 등에 대한 것이었다

청소년들은 사례관리자나 돌봄제공자가 자신들의 말을 경청하고 활동할 때, 스스로 가치있다고 느끼고 보다 긍정적으로 생각하였다. 반면 자신들의 의견이 고려되지 않을 때 자아존중감과 존엄성이 저하된다고 생각하였다. 또한 보다 진정한 참여의 기회가 주어진다면 사례관리자와의 청소년의 관계는 보다 긍정적이고 성공적일 것이라고 보고하였다. 이러한 내용은 사례관리에서 클라이언트의 참여를 촉진하고 자신의 목소리를 갖도록 하는 것이 얼마나 중요한지를 다시금 확인하게 한다.

사례관리에서는 가족들의 참여와 생각도 매우 중요하다. 가족들이 사례관리에서 어떤 점을 만족스럽게 생각하고 어떤 점에 불만족하였는지를 아는 것은 향후 사례관리의 실천과정에서 매우 중요하다. 선행연구 결과를 정리해 보면 사례관리 과정 중 가족들은 사례관리자와 좋은 관계를 맺는 것, 모든 가족의 욕구가 사정과정에서 충분히 고려되는 것, 사례관리를 통해 가족의 강점을 느끼고 새롭게 발견하는 것, 더 나은 삶을 위한 통찰력을 갖게 하는 기회 제공, 필요한 구체적, 물질적 지원(예: 음식 바우처, 교통, 주거 지원 등), 중요한 결정에 가족을 참여시키고 가족의 의견을 밝힐 기회를 주는 것, 비공식적 · 공식적 지지의 제공 등에 만족하였다.

가족들이 만족스럽다고 생각한 사례관리 경험

- 사례관리자가 가족과 좋은 관계를 맺는 것
- 모든 가족의 욕구가 사정과정에서 고려되는 것
- 가족의 강점이 인식되고 개발되는 것
- 클라이언트나 가족에게 더 나은 삶을 위한 통찰력을 갖게 하는 기회 제공
- 구체적인 물질적 지원(예: 음식 바우처, 교통, 주거 지원 등)
- 사례관리자가 정서적, 사회적 지지를 제공해 주는 것
- 중요한 결정에 가족을 참여시키고 가족의 의견을 밝힐 기회를 주는 것
- 가족의 이야기를 경청하고 표현하도록 촉진하고 가족의 의사를 존중하는 것
- 가족의 목표달성을 위해 관련된 모든 사람들과의 팀 접근
- 서비스 체계와 협상하도록 돕고 공식적 지지와 연계하는 것
- 비공식적 사회지지(다른 부모, 돌봄 제공자, 지지 집단 등)와 네크워크를 확대하도록 하는 것

반면 사례관리 과정 중 만족스럽지 못한 것은 사례관리자와의 관계가 신뢰롭지 못한 경우, 사례관리자가 가족이 당면한 현실적 위험에 대해 충분한 이해를 하지 못할 때, 가족의 우선순위나 가족 상황에 우선적으로 관심을 두지 않을 때, 의사소통이 원활하게 이루어지지 않을 때, 클라이언트 및 가족의 문화를 이해하지 못하는 경우, 단순한 서비스만 지원할 때, 비밀보장이 충분히 이루어지지 않을 때라고 하였다.

가족들이 만족스럽지 못하다고 생각한 사례관리 경험

- 사례관리자와 신뢰로운 관계가 형성되지 못한 것
- 사례관리자가 현 가족이 당면한 현실적 위험에 대한 이해 부족
  (예를 들어 주거문제, 생계비 부족 등의 문제가 가족들에게 얼마나 어려운문제인지를 이해하지 못할 경우)
- 사정과 계획 단계에서 가족의 우선순위나 가족상황을 포괄적으로 다루지 못하고 관심을 두지 않음
- 약물이나 알코올 사용 등의 질문에 사례관리자와 의사소통이 잘 되지 않을 경우
- 사례관리자가 문화적 민감성이 낮아 클라이언트 및 가족의 문화를 이해하지 못하는 경우
- 단순히 필요한 서비스 연계만 하는 단순한 지원을 행하는 경우
- 클라이언트 및 가족의 변화와 좌절에 사례관리자가 민감하지 못할 경우
- 동의를 얻지 않고 자신들에 대한 자료가 외부에 보내지는 경우

2) 사례관리의 효과 및 성과[1)]

사례관리에 대한 효과 및 성과가 강조되면서 평가를 위한 노력이 다각적으로 행해졌다. 사례관리 평가는 정신건강 및 물질남용 영역에서 보다 활발하다. 그러나 일반적으로 사례관리 평가는 쉬운 일이 아니다. 왜냐하면 다양하고 중복된 사례관리 모델 사용, 사례관리 정의에 대한 합의 부족, 사례관리자 개입을 정확하게 파악하기 어려운 점, 클라이언트 또는 프로그램 속성 등 복합적 요인이 작용하기 때문이다.

1) 이 부분은 Families ACT(2013)에서 발췌, 요약한 것임.

Part I

사례관리의 이론적 기초

지금까지 사례관리의 효과나 성과에 대한 연구 결과를 정리하면 다음과 같다. 8편의 지역사회 정신건강 사례관리에 대한 문헌 검토를 한 연구에서는 직접 서비스(임상 및 지지 서비스 모두를 제공함) 전달을 제공하는 사례관리와 다른 모델(중개/의뢰 모델과 혼합 모델)과 비교해 서비스 이용자의 성과에서 차이가 있는지를 검토하였다(Bedell et al., 2000). 혼합(hybrid) 모델은 집중적 사례관리와 개인의 강점 접근을 병행한 것이다. 중개 모델은 최소한의 직접적 서비스만을 제공하고 광범위한 지역사회 정신건강 시스템에서 서비스를 찾아 연결하는 데 초점을 둔 것이다. 연구결과에 따르면 포괄적 서비스(full service) 사례관리는 치료 유지 및 준수, 입원기간 감소, 클라이언트의 긍정적 만족, 서비스 비용 감소 등 보다 나은 성과를 보였다. 포괄적 서비스를 많이 한 혼합 모델의 경우에는 그렇지 않은 집단에 비해 성과가 높았다. 반대로 중개 모델은 사람들을 계속 치료받도록 하는 데는 실패하였고 입원율과 비용은 다소 증가하였다. 연구자는 포괄적 서비스를 한 사례관리가 가장 최선의 실천이라고 제시하였고 중개서비스에 치중한 다른 서비스들은 바꿀 필요가 있다고 주장하였다.

44개 연구를 메타분석한 Ziguras와 Stuart(2000)의 연구는 적극적인(assertive) 지역사회 치료와 임상적(clinical) 사례관리의 성과를 비교하였다. 연구 설계는 무작위 대조군 연구(randomized controlled trial)와 일치된 통제연구(match-control studies)였다. 두 가지 사례관리 형태 모두 정신건강 서비스를 이용하는 사람들에게 있어 일정 부분 향상이 있었다. 연구자에 따르면 두 사례관리 모델 모두 이용자의 증상 완화와 사회적 기능과 만족에서 유사한 효과를 가졌다. 또한 서비스에 대한 가족의 만족도에서도 유사한 효과를 보였다. 다만 적극적 사례관리는 임상적 사례관리보다 병원 입원율 감소에 보다 효과적이었다.

심각한 정신질환을 가진 사람들에 대한 집중적 사례관리와 비집중적 사례관리, 표준 지역사회 돌봄을 비교한 Dieterich 외(2011)는 38개의 무작위 대조군 연구(randomized controlled trial)였다. 집중사례관리의 연구는 사례관리자 1명당 20명 또는 그 이하의 사례에 해당되며 비집중적 사례관리는 사례관리자 1명당 20명 이상인 경우에 해당된다. 연구결과에 따르면 표준 돌봄에 비교해 집중 사례관리는 병원 입원율이 다소 적거나 짧았으며 돌봄의 유지가 증가하였고 사람들의 주거와 고용 상태도 향상되었다. 그러나 사람들의 정신건강과 삶의 질을 향상시키는 데 집중적 사례관리가 표준 돌봄보다 더 효과적이라는 근거는 발견하지 못하였다. 또한 집중적 사례관리와 비집중적 사례관리의 경우, 입원기간, 정신건강의 개선 정도, 고용과 주거 상태, 삶의 질 간에는 유의미한 차이가 없었다.

Coldwell과 Bender(2007)에 의해 실시된 메타분석에서는 심각한 정신질환을 가진 홈리스 청소년의 적극적 지역사회 치료의 효과성을 측정하기 위한 10개의 무작위 대조군 연구(randomized controlled trial)와 4개의 관찰연구를 검토하였다. 이들에 따르면 적극적인 지역사회 치료는 심각한 정신병을 가진 홈리스에게 다른 모델 이상으로 유의미한 효과가 있는 것으로 나타났다. 이들 유형의 서비스를 받은 사람들은 통제 집단의 주거 상태와 비교해 홈리스가 37% 이상 감소하였다. 또한 정신병 증상의 심각성도 유의미하게 감소하였다. 이 연구는 분석한 샘플이 작지만 적극적 사례관리 모델의 유용성을 발견하였다는 점에 기여하였다.

Hwang 외(2005)는 홈리스의 건강을 개선시키기 위한 효과적 개입에 대한 체계적 검토를 실시하였다. 여기서는 주로 정신병 또는 문제적 물질남용을 가진 홈리스를 대상으로 이루어진 45개의 연구를 검토하였다. 단지 일부의 연구에서는 가족과 아동뿐만 아니라 홈리스 청소년도 포함되었다. 이들 연구 중 17개는 단독 개입에다 보조금 제공/주거제공/임시 주거, 드롭인 센터에의 접근, 재활서비스와 같은 다른 개입도 포함되어졌다. 연구 설계는 무작위 대조군 연구, 다른 치료집단에 대한 비무작위 할당의 종단연구, 다른 개입에 포함된 집단의 건강과 비교한 회고적 연구들(retrospective studies)이 포함되었다. 연구 결과에 따르면 다른 개입과 연계된 사례관리(예를 들면 주거의 제공 등)는 정신병적 증상을 개선시켰고 적극적 사례관리는 정신병원 입원을 감소시켰지만 건강 개선에서는 일치되지 않았다. 또한 사례관리를 받은 사람들은 물질남용이 줄어들었다고 보고하였다.

물질남용 문제를 가진 사람들의 사례관리에 대한 메타분석 검토를 한 Vanderplasschen 외(2011)는 물질남용 문제를 가진 사람에 대한 표준 돌봄 또는 다른 개입과 사례관리의 효과성을 비교하고자 한 15개의 무작위 대조군 연구를 검토하였다. 연구결과 사례관리는 다른 개입 또는 표준 돌봄과 비교해 타켓 집단에 지역사회와 치료서비스를 효과적으로 연계하는 것으로 나타났다. 그러나 연계 범위는 연구에 따라 다양하였다. 연구자들에 따르면 사례관리의 효과성은 서비스 접근성 여부에 따라 달라진다고 하였다. 성공적인 연계에 영향을 미치는 요인으로는 직원들의 훈련 가능성, 정기적인 수퍼비전, 사례관리 접근의 형태, 지역사회 네트워크에 사례관리의 통합 정도 등이 해당되었다.

전체적으로 다양한 사례관리 모델의 효과성을 경험적으로 검토한 연구들에 따르면 중개 모델을 제외한 어떤 모델이 다른 모델에 비해 일방적으로 우세하다고 단정짓기 어렵다는 것을 알 수 있다. 또한 직접서비스 전달(포괄적인 임상과 구체적 지지)을 제공하는 사례관리 모델은 이용자에게 보다 유익한 것으로 나타났다.

효과적인 사례관리를 위한 핵심 요소

- 책임성(accountability)
- 총체적 접근(holistic approach)
- 의사결정의 공유(shared decision-making)
- 주도적 활동(proactive action)
- 지속성(continuity)
- 전환기에 대한 계획(planning for transitions)
- 최소한의 강제(intrusive)와 집중적 개입

성공적인 사례관리를 위한 개입방향

1) 사례관리는 클라이언트를 존중해야 한다.

사례관리의 성공은 청소년이 계획 수립에 얼마나 참여하는지와 공동의 주도권을 갖는지에 따라 좌우된다. 계획의 성공 보장에는 많은 이해관계가 있다. 클라이언트의 관심이나 걱정을 전혀 고려하지 않은 전략들은 좋은 결실을 거두기 어렵다. 대상자가 청소년인 경우에는 더욱 그러하다. 사례관리의 모든 측면에서 클라이언트를 단지 한 사례나 청소년이 아니라 성숙하고 책임 있는 주체로 간주해야 한다.

2) 사례관리는 예측 가능(predictability)해야 한다.

불리한 상황에 있는 청소년들은 그들이 전혀 통제할 수 없는 우연한 사건의 연속 속에서 살아간다. 성공적인 시례관리체계는 청소년들이 계획을 만들고 목표를 정하고 이들 목표를 달성하는 체계적 과정을 수행하도록 도움으로써 통제감(sense of control)과 예측성(predictability)을 재구축하도록 돕는다. 사례관리를 통해 청소년들은 스스로 선택할 수 있다는 점과 행동으로 구체화할 수 있다는 것을 배울 수 있다.

3) 사례관리는 책무성이 중요하다.

클라이언트의 신뢰와 효과적인 조정은 약속된 서비스의 전달 여부에 의해 결정된다. 클라이언트, 사례관리자, 기관들과 함께 일하는 사례관리의 경우 그들의 역할과 책임을 명확히 하는 것이 중요하다. 과제 및 과제실행표를 서면으로 작성하고 명백한 동의를 통해 모호함을 없애야 한다. 책임이 명확하지 않으면 사례관리 시스템이 작동하기 어렵다.

4) 사례관리는 파트너십(partnership)이 필요하다.

사례관리는 사례관리자와 클라이언트 간의 파트너십, 조직 간의 파트너십과 같은 파트너십의 체계이다. 효과적인 사례관리 체계의 경우, 사례관리자는 클라이언트를 위해 일하는 것이 아니라 클라이언트와 협력해서 일하고 책임을 나눈다. 이것은 일을 대신하기보다는 일을 나눠서 하는 것이다. 또한 사례관리자는 기관 간의 파트너십에 포함된다. 사례관리에 참여하는 기관들은 어느 수준에서 융통성을 발휘할 수 있고 서로 서비스 또는 자원에 대한 접근할 수 있어야 한다. 사례관리자는 관련 기관들이 클라이언트에 접근하도록 돕고, 클라이언트가 필요한 서비스를 제공하는 기관들과 클라이언트가 연결되도록 모든 파트너와 일한다.

CASE MANAGEMENT

Part II

사례관리의 구성요소

Chapter 05
사례관리 이용자

1. 사례관리 이용자의 분류

사례관리는 어떤 사람이 이용할까? 어떤 사람이 사례관리에 적합할까? 사례관리 이용자가 누구인지를 아는 것은 매우 중요하다. 기본적으로 사례관리는 치매노인, 중증장애인 등과 같이 만성적이고 복합적인 문제 및 욕구를 가지며 장기간의 서비스 제공이 필요한 대상자에 적합하다. 그러나 기관의 여건이나 정책, 분야에 따라 사례관리 대상자의 기준은 상이할 수 있다. 가출청소년과 같이 이동이 많은 청소년을 보호하는 시설의 경우 청소년이 만성적인 문제를 갖고 있다고 해도 언제든지 청소년이 쉼터를 나갈 수 있기 때문에 1년 이상 장기간 사례관리를 할 수 없다. 따라서 기관이나 분야에 따라 다소 차이가 있을 수밖에 없는데 본 서에서는 적어도 3개월 이상의 개입이 가능해야 사례관리를 할 수 있다고 간주하고자 한다.

사례관리 서비스를 받는 사람들과 관련된 명칭으로는 서비스 이용자, 잠재적 사례관리 대상자, 사례관리 대상자, 위기관리 대상자 등이 있다. 각각의 특징이 다르고 사례관리자의 개입도 달라진다(〈표 5-1〉 참고).

서비스 이용자는 사회복지시설이나 기관의 서비스를 이용하는 클라이언트를 말한다. 서비스 이용자가 바로 사례관리 대상자가 되는 것은 아니다. 왜냐하면 이들은 기존 개별기관의 서비스를 통해 그들의 욕구를 충족시킬 수 있기 때문이다. 기존 서비스로 욕구를 충족할 수 있는 사람들은 사례관리와 상관없이 그대로 서비스를 이용하면 된다.

잠재적 사례관리 대상자는 여러 가지 이유(클라이언트가 참여를 거부하거나 기관의 선정기준 조건에 적합하지 않는 등)로 현재는 사례관리 대상자가 아니다. 그러나 복합적이고 만성적인 욕구를 가지고 있고 통합적이고 지속적인 사회적 지원이 필요한 클라이언트이다. 이들은 어려움에 노출될 가능성이 크기 때문에 계속적인 점검을 통해 필요하면 즉각적으로 사례관리 대상자로 진입할 수 있다. 만약 여러 가지 조건은 충족되지만 클라이언트가 사례관리를 거부하는 경우도 해당된다. 이때 사례관리자는 상담, 교육 등을 통해 클라이언트의 동기를 고양시키는 것이 필요하다.

사례관리 대상자는 잠재적 사례관리 대상자 중 기관의 사례관리 운영지침의 선정기준에 부합하며 클라이언트 역시 사례관리 참여에 대한 의지를 가지고 있고 사례관리 참여를 승인한다는 동의서를 작성한 사람이다. 사례관리 대상자는 위험의 정도에 따라 집중 사례관리 대상자와 일반 사례관리 대상자로 구분할 수 있다. 이들에게는 사례관리 서비스를 제공한다. 집중 사례관리 대상자는 욕구나 문제가 심각해서 집중적인 개입이 필요한 사람들이다. 사례관리자는 주 2~3회 정도 집중적으로 개입할 수 있다. 일반 사례관리 대상자는 사례관리가 필요하지만 욕구나 문제가 상대적으로 덜 심각한 사람들이다. 월 1~2회 정도의 개입이 필요하다.

위기관리 대상자는 심각한 위기상태에 노출되어 있는 사람이다. 심각한 위기에 있는 사람에게는 사례관리가 적합하지 않다. 오히려 이들에게는 생존과 안정을 위한 위기개입이 필요하다. 심각한 위기상태를 지나 어느 정도 안정화 단계에 도달되면 사례관리 대상자로 등록이 가능하다.

표 5-1. 사례관리 대상자 구분

구분		개념	개입방법
서비스 이용자		기존 기관 및 시설의 서비스를 이용하는 클라이언트	• 사례관리가 필요한 단계가 아니거나 기존 개별기관의 서비스로 충족이 되는 경우 기존 서비스를 계속 유지하도록 한다.
잠재적 사례관리 대상자		• 복합적이고 만성적인 욕구가 있어 현재는 아니지만 향후 사례관리 대상자로 진입할 가능성이 높은 상태	• 현재 진행 중인 개별 기관의 기존 서비스를 유지한다. • 필요한 경우 사례관리 대상자로 진입할 수 있게 계속적인 점검한다.
사례관리 대상자	집중 사례관리 대상자	1) 잠재적 사례관리 대상자 중 기관의 사례관리 운영지침에 의해 선정기준에 부합한다. 2) 사례관리 참여에 대한 의지를 가지고 있고 사례관리 참여를 승인한다는 동의서를 작성한 클라이언트 3) 고위험에 있는 있음(욕구와 문제가 심각한 수준)	1) 사례관리 매뉴얼 및 지침에 따른 사례관리자 개입 2) 집중적인 개입이 필요(주2~3회 이상) ※ 이용자의 사례관리 동의서 작성이 필수이다.
	일반 사례관리 대상자	• 위 1)과 2)는 동일함 • 3) 저위험에 있음(욕구와 문제의 심각성이 상대적으로 낮음)	• 위 1)과 2)는 동일함 • 일반적인 수준의 개입이 필요 (월 1~2회 정도)
위기관리 대상자		• 심각한 위기상태에 노출 • 긴급한 사회적 지원이 없으면 신체, 심리, 정서적 안전상에 위험에 노출된 클라이언트	• 긴급지원 또는 위기개입 서비스를 제공한다. ※ 심각한 위기에 노출되어 있는 사람은 바로 사례관리 대상자로 부적합하다. ※ 심각한 위기상태를 지나 어느 정도 안정화 단계에 도달하면 사례관리 대상자로 등록이 가능하다.

출처: 권진숙 외(2012: 99)의 표 내용을 일부 수정·보완하여 제시하였음.

권진숙 외(2012: 200)는 사례관리 대상자를 긴급, 집중, 일반사례대상자로 구분하고 각 대상별 수준 판정기준 및 예시를 제시하였다(〈표 5-2〉 참고).

▮표 5-2. 사례관리 대상자 수준 판정기준 및 예시

관리수준	사례관리 수준 판정기준 및 예시
긴급	• 대상자, 가족 혹은 의뢰자의 판단으로 긴급개입이 요청된 경우 • 의식주 관련 긴급 상황이 발생했을 경우(예: 결식-1일 이상, 주거 상태의 응급상황-난방시설, 위생상태 등, 3개월 이상 관리비 체납 등) • 폭력사건(아동학대, 가족폭력, 성폭력, 자살 등)이 일어난 직후 또는 발생 위험성이 높다고 판단된 경우 • 질병의 급격한 재발과 건강의 악화로 치료가 필요한 경우(예: 정신질환의 재발로 인해 자해 및 타해의 위험성이 있어 의료적 치료가 필요한 경우) • 위의 상황으로 인해 법적, 의료적 치료가 필요한 경우 • 대상자나 가족을 위한 긴급개입이 요청되나 가족 등 자연적 지지체계가 적절한 작동을 하지 못하는 경우 • 갑작스러운 사고(실직, 사고, 가족원의 사망 등)로 인해 경제적 및 사회적으로 위기 상황에 직면한 경우
집중	• 부채 관련 문제가 가족의 생계비에 직접적인 영향을 끼치고 있으나 적절한 관리를 위한 전문적, 법적 체계와 연결되어 있지 않은 경우 • 대상자 혹은 가족을 위해 긴급한 의료적 진단과 개입이 요구되나 현 시점에서 자연적 자원 연결이 불가능한 경우 • 대상자 혹은 가족을 위해 정신의료적 사정과 개입이 요구되나 현 시점에서 자연적 자원 연결이 불가능한 경우 • 대상자 혹은 가족이 심각한 의료적 문제, 물질중독 문제(알코올과 마약중독 등), 행태중독 문제(오락, 게임, 도박중독 등), 정신질환 문제(정신분열병, 우울증 등)가 있으나 치료를 위한 적절한 지원체계와 연결되어 있지 못한 경우 • 대상자 혹은 가족원이 가족폭력(성학대를 포함하여 방임과 학대) 사건에 연루되어 있거나 학대 가능성이 있으나 현 상황에서 가족원의 안전계획(safety plan) 문제 해결을 위해 관련 기관의 충분한 협력을 얻을 수 없는 경우 • 사정을 위해 3개 이상의 전문체계의 연계가 요청되나 현 시점에서 주 사례관리체계와 주 사례관리자에 대한 동의가 이루어지지 않는 경우 • 대상자나 가족원이 법적 체계(예: 보호관찰 대상자, 수감자 등)와 직접 연결되어 있는 경우 • 복합적인 욕구사정으로 인해 초기면접 후 1개월 이상 가정방문을 포함하여 주 2회 이상 대면상담이 이루어진 경우 • 긴급 사례관리 대상자로서 긴급개입 이후 위기 상황이 종료되었으나 일정 기간 집중적 개입이 요청되는 경우 • 기타 대상자, 가족 혹은 의뢰자에 의해 집중적 개입이 요청된 경우
일반	• 긴급 및 집중 사례관리 수준에 해당되지 않는 대상자로서 장기적인 사례관리가 필요한 경우

출처: 권진숙 외(2012: 200).

2. 아동·청소년에 대한 이해 1)

역사적으로 청소년이란 용어가 등장하기 시작한 것은 그리 오래지 않다. 농경사회에서는 어른 아니면 아이였고 청소년이라는 개념은 존재하지도 않았다. 그러나 산업혁명과 의무교육의 등장은 인간의 발달단계에서 청소년기를 고유한 발달시기로 인식하게 하는 데 결정적인 영향을 미쳤다. 산업화는 교육받은 노동력을 필요로 하였으며 특히 학교교육의 의무화는 청소년들이 교육기간 동안 노동시장에 유입되지 않고 경제활동에서 제외되는 특권을 주었는데 이러한 요인들이 본격적으로 청소년기를 인식하게 하는 계기가 되었다. 청소년의 개념은 사회·문화·시대적 상황에 따라 상이하게 정의되어지고 있다. 사회·문화적 배경에 따라 청소년기는 짧을 수도, 길 수도 있고 심지어 존재하지 않을 수도 있다. 청소년기가 뚜렷하게 존재하지 않는 문화나 사회에서는 아동이 그 사회의 고유한 통과의례(rite of passage)를 거치면 성인으로 받아들여졌다. 예를 들어, 몇몇 원시문화에서의 사냥의식이나 할례의식, 과거 우리나라의 성인식 등이 여기에 해당된다. 반면에 현대사회에서는 고등교육으로 인한 재학기간의 연장, 직업훈련기간의 연장 등으로 인하여 청소년기가 점점 길어지는 것이 보편적인 현상이다.

우리나라의 경우 그동안 법의 성격에 따라 청소년의 연령이 다소 상이하게 규정되고 있었다. 청소년기본법에 명시되어 있는 청소년은 '9세 이상 24세 미만의 자'이며, 민법에서는 미성년자는 19세 미만으로 규정하고 있다. 또한 청소년보호법에서는 '19세 미만'을 보호의 대상인 청소년으로 규정하고 있었다. 뿐만 아니라 아동복지법에서는 아동을 18세 미만으로 규정하고 있었다.

본 책에서는 아동 및 청소년 중심의 사례관리에 초점을 두고자 하기 때문에 사례관리의 주요한 특성인 자기결정과 자발적 참여가 가능한 연령이라고 판단되는 초등학교 4학년부터 24세까지를 주된 대상으로 간주하고 이들을 아동·청소년으로 지칭하고자 한다.

1) 이 부분은 홍봉선·남미애(2018)에서 일부 발췌하여 재인용 및 수정한 것이다.

우리나라 청소년의 연령기준

- 민법상 성인은 만 19세부터다. 부모의 동의가 있다면 결혼은 만 18세부터 가능.
- 흡연·음주·성인 영상물 시청은 만 19세부터 가능(청소년보호법)
  만 19세 미만의 청소년에게 음주, 흡연, 성인 영상물을 제공하는 것은 불법
- 투표는 만 19세부터 가능(선거법)
- 자동차 운전면허는 만 18세부터, 오토바이 면허는 만 16세부터 가능(도로교통법)
- 13세 미만과의 성관계는 미성년자의제강간죄(형법)
  13세 이상 18세 미만과의 성관계는 성희롱 등 성적 학대 행위(아동복지법)
- 청소년이 법에 저촉되는 행위를 하면 소년법의 적용을 받음.
  소년법상 소년은 만 18세까지.
  10세에서 만 18세까지 청소년이 범죄를 저지르면 형법이 아닌 보호처분 대상(소년법)
  만 14세 미만은 범죄를 저질러도 처벌이 면제됨(형사미성년자에 해당됨)

1) 청소년기의 특성

청소년기는 부모의 보호가 절대적으로 필요한 아동기에서 성인기로 이행하는 과도기에 해당된다. 이 시기는 의존적인 아동기와 독립적인 성인기의 심리적 특성을 함께 공유하여 아동도 성인도 아닌 양 집단 사이에 존재하는 주변인(marginal person)으로서의 특질을 갖는 시기라는 점에서 인간에게 있어 다른 어떤 발달단계보다도 중요성을 많이 내포하고 있다. 청소년기는 인생에서 단순히 스쳐가는 하나의 과정이 아니라 독특한 요구와 도전을 함축하는 시기이기 때문에 특별한 관심을 필요로 한다. 특히, 산업사회에서 기술이 고도화되고 사회구조가 복잡해질수록 직업과 사회적 역할 수행에 필요한 준비기로서의 청소년기가 길어지게 된다(한국청소년연구원, 1993: 1).

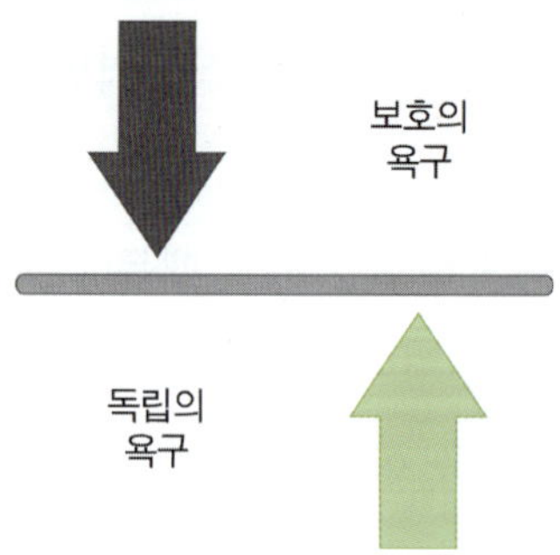

그림 5-1. 청소년기의 욕구

이로 인해 경제적 부담은 물론 청소년들로 하여금 사회역할 구조에 흡수되지 못함으로써 갖는 소외감, 사회·심리적 독립성과 자율성을 제약받음으로써 갖는 좌절감, 불만 등을 갖기 쉽다. 뿐만 아니라 사회구조가 복잡해지고, 개인별 직업과 사회적 역할이 다양해지면서 이 시기 동안 겪는 청소년의 욕구와 갈등 또한 다양해지고 있다. 구체적으로 청소년기의 특성을 신체·생리적 특성과 심리·사회적 특성으로 대별해서 살펴보면 다음과 같다.

(1) 신체·생리적 특성

청소년 시기에 나타나는 신체·생리적 변화로는 첫째, 호르몬의 변화이다. 안드로겐(androgen, 남성 호르몬)과 에스트로겐(estrogen, 여성 호르몬)이 왕성하게 분비된다. 남자의 경우 외부 생식기, 신장의 증가, 목소리 변화 등, 여자의 경우 가슴과 자궁의 발달, 뼈대의 변화 등 제 2 차 성징이 나타난다.

둘째, 신장과 체중의 증가이다. 청소년기는 유아기 이후 인간의 발달단계에서 가장 왕성한 신체적 발육이 일어나는 시기로서 남녀 모두 신장과 체중이 급격히 증가한다.

셋째, 성적 측면에서의 성숙이다. 남녀를 구분하는 데 중요한 요인인 2차 성징들이 발달하게 된다. 남자의 경우 음낭이 나타나고 고환이 자라면서 체모가 나타나고 정자의 사정을 하게 되며, 여자의 경우 내부의 성기관(2개의 난소, 나팔관, 자궁, 질)이 성장하면서 월경이 시작되고 유두가 발달되고 음모가 자라게 된다.

넷째, 뇌발달과 구조의 변화이다. 최근 뇌과학의 발달로 청소년의 뇌에 대한 연구가 활발해지면서 청소년의 뇌활동이나 구조가 아동이나 성인의 뇌와 다르다는 것이 보고되고 있다. 청소년의 뇌활동을 연구한 학자들에 따르면 청소년의 뇌는 성인처럼 이성적으로 사고할 수 있는 장치가 아직 구비되어 있지 않다는 것이다(강수정 역, 2004 재인용).

즉, 청소년의 뇌는 완성된 것이 아니라 계속 리모델링 중에 있다는 것이다. 이처럼 뇌가 변화과정 중에 있다는 사실은 문제행동을 하는 청소년들이라 할지라도 교육과 환경적 지원을 통해 변화할 가능성이 높다는 것을 시사한다고 하겠다.

이러한 신체·생리적 특성은 청소년에게 다음과 같은 영향을 미친다. 첫째, 유아기나 아동기에 비해 청소년기는 자신의 신체 변화에 대해 자각을 하게 되므로 자신의 신체에 대한 관심이 많다. 둘째, 자신의 신체 변화와 친구들의 변화 정도를 비교함으로써 자신의 신체발달이 정상적인지 아닌지를 고민하게 되고 심지어는 신체적 열등감을 갖기도 한다. 셋째, 성호르몬의 분비는 성적 욕구의 발달을 동반하며 성적 욕구는 죄의식과 충동조절의 문제를 초래한다. 상당수의 청소년은 성적 욕구를 가지고 있는 것에 대해 심리적인 불안감이나 수치심, 죄책감 등 부정적인 정서를 가지고 있다. 특히 성적 충동을 제대로 조절하지 못하면 임신, 근친상간, 이상성행위, 성폭행 등의 문제를 일으킬 수 있다.

(2) 인지적 특성

Piaget의 이론에 따르면 청소년기는 형식적 조작기에 해당된다(이춘재 외, 1988). 이 시기는 눈앞의 현실세계를 뛰어넘어 자신이 경험해 보지 못한 이상이나 가능성의 세계, 추상적인 것에 대한 사고가 발달하게 되고 조합적 사고가 발달하여 어떤 문제에 직면하였을 때 여러 가지 요인을 고려하여 논리적이고 체계적으로 문제해결을 시도한다. 이러한 인지발달은 청소년의 심리와 행동에 다음과 같은 영향을 미친다.

첫째, 자아정체감(self identity)이 형성, 발전하는 동시에 정체감 형성의 위기를 경험한다. 자아정체감은 전생애에서 인간이 획득해야 할 발달과업인 동시에 청소년기의 중요한 과업이다. 자아정체감 형성은 자신과 타인에게 신뢰감을 주고, 정신적 안정감을 주고, 삶의 가치를 명료화하게 한다.

그러나 정체감 형성에 따른 위기를 극복하지 못하는 경우에는 자신을 있는 그대로 수용하지 못하고 미래의 전망에 대하여 불안해지고 이에 대처할 자신의 잠재력에 자신을 갖지 못하게 된다. 이에 자신에게 부과되는 역할로부터 도피하거나 때로는 반발함으로써 자신의 갈등을 해소하려 한다(정영윤, 1992: 48).

둘째, 자기중심적이다. 청소년기의 자아중심성은 가상청중(imaginay audience)과 개인적 우화(personal fable)라는 개념에서 잘 나타난다. 가상청중이란 청소년기에 나타나는 과장된 자의식을 반영하는 개념으로 자신이 타인의 집중적인 관심과 주의의 대상이 되고 있다고 생각하는 것을 말한다. 개인적 우화란 청소년이 자신을 특별한 존재로 여기는 경향을 의미한다(김진숙 외, 1998). 예를 들어, 청소년들이 성관계를 할 때 자신에게는 임신 문제가 생기지 않을 것이라고 임신의 위험에서 자신을 제외시키는 경우이다.

셋째, 도덕성의 발달이다. 청소년기의 도덕적 사고와 행동은 아동기와는 질적으로 다르며 그들의 인지적 성숙과 사회환경적 역할 변화에 의해 크게 영향을 받게 된다. 청소년기의 도덕성 발달 특성은 Kohlberg의 도덕성 퇴행 문제, 도덕적 상대주의 개념, Gilligan의 대인지향적 도덕성 이론에 의해 설명된다.

넷째, 사회적 이해력이 발달함으로써 자신이 경험하지 않았더라도 상대방이 갖고 있는 감정이나 느낌을 정확하게 파악하게 되고, 더 나아가 상대방의 감정이나 느낌을 그대로 느끼기도 한다. 따라서 사회적 상호작용이 활발하게 된다.

(3) 정서적 특성

청소년기는 급격한 신체발달과 더불어 사회적으로 요구되는 과다한 과업으로 인해 정서적으로 불안정한 상태이다. 첫째, 감정의 기복이 심하고 예민하다. 쉽게 우울하며 낙담에 빠진다. 화를 잘 내기도 하고 불안정하게 보인다. 둘째, 수줍음이 많다. 지나치게 남을 의식하기 때문에 마음과 행동이 자유롭지 못하다. 종종 수줍음을 감추기 위해 겉으로는 과장된 행동을 보이기도 한다. 셋째, 열성적이며 호기심과 모방성이 강하다. 어떤 일에 쉽게 흥분하며 관심있는 일에 열중한다. 관심사가 가정에서 지역사회로 확대되어 외출이 잦으며 특히 우상을 만들어 맹목적으로 추종하는 경향도 있다.

(4) 사회적 특성

청소년기는 사회적 관계에서도 특징적인 면이 나타난다. 첫째, 부모로부터 개별화하고자 한다. 개별화란 청소년이 부모와 정서적인 유대를 지속하면서 자신을 부모와는 다른 독특한 한 사람의 인격체로 인식하고 경험해 가는 심리적인 과정이다. 이러한 영향으로 애착 대상이 부모에서 친구들로 바뀌며 부모와는 상이한 가치관이나 생각들을 하게 되고 그것을 내면화하게 된다. 부모들이 이러한 과정을 자연스런 성장과정으로 인정하지 않고 부모에 대한 도전이나 반항으로 인식할 때 부모와 자녀 간의 갈등이 증폭될 수 있다.

둘째, 동성이나 이성친구 등 또래집단(peer group)에 몰입한다. 비슷한 발달단계에서 비슷한 경험을 하고 있는 또래와의 관계는 청소년으로 하여금 자신의 정체감을 형성하고 유지하는 데 필요한 심리적·사회적 지지를 얻게 한다. 반면 그렇지 못하면 부정적인 자아상 확립은 물론 사회적 거부와 배척의 감정 또는 고립감을 갖게 되기도 한다.

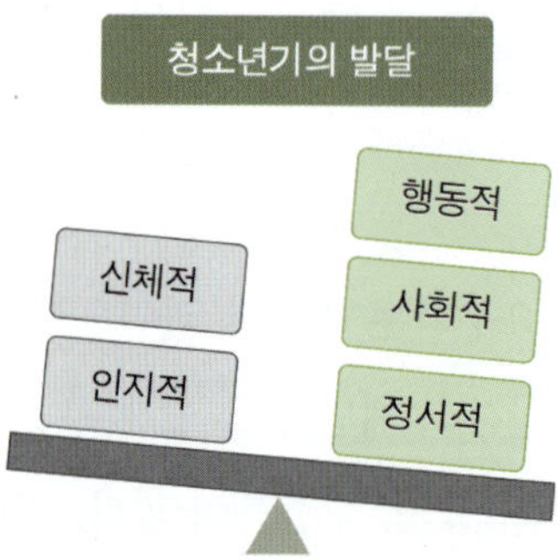

▮그림 5-2. 청소년기의 특성

이상에서 청소년기의 일반적인 발달 특성을 살펴보았다. 그러나 이러한 발달은 개인차가 클 뿐 아니라 또한 개개인에 있어서도 여러 측면에서의 발달이 동시에, 그리고 동일한 속도로 일어나지 않는다는 점을 유의해야 한다. 따라서 이상에서 언급한 일반적인 발달 특성만으로 청소년 개개인을 이해하기에는 제한적이며 이러한 보편적인 특성을 토대로 하면서도 청소년 개개인의 독특한 경험과 개별성을 고려하는 것이 무엇보다도 중요하다.

2) 청소년 발달 및 복지에 영향을 미치는 환경

청소년을 이해하고 효과적으로 지원하기 위해서는 전술한 바와 같이 청소년기의 신체·생리적 특성 및 심리·사회적 특성에 대한 이해는 물론 그들의 현재 행동에 영향을 미치고 있는 환경에 대한 이해가 필수적이다. 특히 청소년기는 아동기와는 달리 환경과의 상호작용이 양적·질적으로 급격히 증가하고 있지만 성인처럼 스스로 환경을 통제하고 조절하기보다는 환경으로부터 절대적인 영향을 받는다는 점에서 청소년을 둘러싼 환경에 대한 이해는 매우 중요하다고 하겠다. 즉, 환경은 청소년들이 건강하게 성장할 필수적인 에너지를 공급해 주기도 하지만 청소년에게 치명적인 해를 끼침으로써 삶의 질에 부정적인 영향을 미치기도 한다. 그중에서도 가정, 학교, 지역사회, 대중매체, 청소년관련법과 행정은 매우 중요하다.

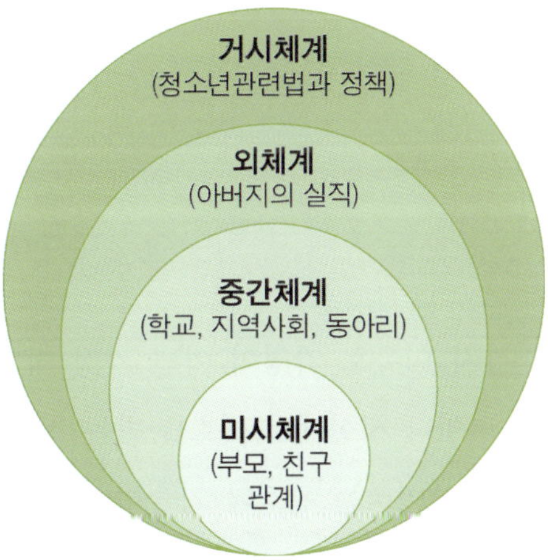

▮그림 5-3. 생태체계적 관점에서 청소년에게 영향을 미치는 환경

지금까지 청소년의 양육과 지도는 주로 가정에 의존해 왔다. 그러나 산업화, 핵가족화로 인해 가정의 기능이 약화되고 가족이 해체되는 상황에서 가정에만 책임을 돌릴 수 없다. 청소년의 인격형성은 청소년이 일상생활을 영위하고 있는 가정, 학교 및

지역사회에서 행해지지만, 가정이나 학교가 충분히 그 역할을 수행하기 위해서는 지역사회와의 제휴, 협력이 필요하다.

특히 '청소년기본법' 제1장 제1조의 '목적' 규정에서는 청소년 육성에 관하여 가정, 사회, 국가와 더불어 지방자치단체의 책임을 분명하게 명시함으로써 청소년정책의 수립 및 집행에 있어 지방행정체계의 역할과 비중을 강화시켰다(한국청소년연구원, 1992: 2). 이처럼 청소년복지는 지역의 상황과 특수성을 고려하여 지역 청소년에게 적합한 청소년정책을 수립, 집행하고 지역사회로부터의 피드백을 통해 개선될 수 있다. 따라서 지역사회는 각종 복지시책이나 서비스 등이 실현되는 곳일 뿐 아니라 현재 사회 구성원인 청소년의 사회참여가 발휘되는 곳이다. 결과적으로 가정, 학교, 지역사회, 청소년관련법과 정책들이 모두 청소년의 삶의 질에 중요한 영향을 미친다.

3. 아동·청소년기에 당면하는 어려움과 위기: 다양한 아동·청소년의 모습[2)]

1) 가정 밖 청소년

청소년들 중에는 여러 가지 이유로 가정이 아닌 가정 밖에서 지내는 청소년들이 있다. 대표적으로 가출청소년이나 시설에서 보호를 받는 청소년이다. 가출에 대한 시각은 크게 가출 그 자체가 비행이라는 관점과 가출이 비행은 아니지만 비행을 낳는 전제조건이 된다고 보는 관점으로 대별된다. 실제 모든 가출을 비행으로 간주하기는 어렵지만 가출 전·후로 비행으로 연결될 가능성은 매우 높다. 선행연구에 따르면 가출이 진행됨에 따라 청소년들이 폭력비행이나 재산비행 등 다른 유형의 비행에 관심을 돌리게 되고, 특히 성비행의 경우에는 가출을 많이 할수록 증가하는 것으로 보고

2) 이 부분은 홍봉선·남미애(2018)에서 일부 발췌하여 재인용 및 수정한 것이다.

되었다(김준호·박정선, 1993: 69-89).

가출의 유형에는 크게 시위성 가출, 유희성 가출, 방랑성 가출, 추방성 가출, 생존형 가출 등이 있다. 이는 가출이 단지 청소년들이 놀고 싶어서 집을 나가는 것이 아니라 다양한 원인과 상황에 의해 다양한 형태의 가출이 생겨남을 짐작케 한다. 즉 가출은 청소년을 집 밖으로 내쫓는 방출 요인(가정이나 학교적 요인)과 집 밖으로 끌어내는 유인 요인(사회·환경적 요인)과 가출행위를 실제로 유발시키는 촉발 요인(따분함, 충동, 친구들의 유인)의 상호 복합적이고 역동적인 작용에 기인됨을 알 수 있다.

최근 들어 가출청소년에 대한 소극적·부정적 접근에서 탈피하여 조력적·발달적 관점에서 보호와 지원 쪽으로 새롭게 변화되어야 한다는 연구(김성경, 1997; 안창규 외, 1995: 김향초, 1998: 이옥란 외, 1998)가 제기되었다. 또한 가출청소년이란 용어보다는 가정 밖 청소년으로 부르자는 주장이 제기되고 있다. 김지연·정소연(2014: 15-17)은 가출이라는 용어가 집을 나온 행위에 초점을 두기 때문에 가출청소년들을 지위비행청소년으로 보거나 가정폭력이나 학대 등 가출청소년이 당면한 다양한 상황을 간과하기 쉬우므로 가정 밖 청소년으로 부를 것을 제안하였다. 인권위원회에서도 경찰이나 언론에서 가출청소년들이 비행청소년이나 예비범죄자로 간주됨을 확인하고 이들에 대한 실질적인 보호와 지원 대책을 마련하기 위해서는 '가정 밖'이라는 상황에 초점을 두어야 하며 따라서 명칭도 가정 밖 청소년으로 대체할 것을 권고하였다. 또한 가출청소년을 소위 '우범소년'으로 규정하여 가출 자체를 잠재적 범죄로 낙인찍는 「소년법」 제4조 제1항 제3호 나목의 규정 삭제를 법무부 장관에게 권고하였다(한국인권신문, http://blog.naver.com/wecanhelp/220919528659 검색일: 2017. 2.14.).

가출청소년들은 정서적 문제, 고용 및 주거문제, 교육문제, 성문제 및 건강문제, 약물남용문제, 비행문제, 가정 및 학대문제 등 여러 가지 복합적인 심리사회적 어려움을 갖는다. 이들은 부적절한 숙식과 길거리 생활에 의해 흡연 및 음주, 약물남용, 성병 및 성건강 문제 등 심각한 건강문제를 가질 우려가 높다. 또한 고된 가출기간 동안 외로움, 불안감, 두려움, 분노, 절망감, 자살생각을 경험한다. 기거할 장소가 없어

친구자취방, 여관, 빈 집, 공터 등에서 지내기도 하고 가출청소년들로 구성된 가출팸을 만들어 지내기도 한다. 돈을 벌고 싶어도 합법적으로 일할 곳이 적을 뿐 아니라 세차장, 주유소 등 임시직이나 불안정한 곳에서 일하기 때문에 노동착취의 대상이 되기도 한다. 일부는 잠잘 곳이나 먹을거리를 위해 성매매 피해자가 되기도 한다. 가출청소년들은 정상적으로 학교를 다니기 어렵기 때문에 가출 전·후로 학생의 신분을 잃게 된다. 학업 단절로 인해 저임금의 일자리에 내몰리게 되고 성인이 된 후에도 복지에 의존하고 살 가능성이 높다. 모든 가출을 비행으로 간주하기 어렵지만 가출 전이나 후에 생존을 목적으로 한 비행에 연결될 가능성이 높고 사법체계에 노출되기 쉽다. 가출청소년들 중에는 돌아갈 가정이 없는 경우가 많다. 가출 원인의 상당부분은 가정문제가 중요한 비중을 차지하는 경우가 많았고 일부의 경우에는 가출 이전 가정으로부터 지속적인 방임이나 학대에 노출된 경우가 많았다. 다시 가정으로 들어간다고 해도 변화하지 않는 가정환경은 결국 반복적인 가출을 초래한다.

2) 학교 밖 청소년

우리나라에서 한 해 약 6~7만 명 정도의 청소년이 학교를 다니지 않는다. 이들은 학업중단 청소년, 학교중단 청소년, 중퇴청소년, 학교 밖 청소년 등으로 불린다. 이 중 가장 광범위하게 사용되는 용어가 학교 밖 청소년이다. 학교 밖 청소년은 학업 중단 청소년과 비슷하게 학교 재학 중 여러 가지 이유로 휴학이나 자퇴 등의 형식을 통해 학교를 중퇴한 청소년뿐만 아니라 학교에 진학하지 않은 비진학 청소년, 학업이 아닌 근로현장에서 종사하고 있는 근로 청소년, 무직 청소년 등을 모두 포함한다. 또한 일반 학교에 재학 중은 아니지만 독학이나 홈스쿨링, 검정고시 등 다른 경로를 통해 학업을 지속하고 있는 청소년도 포함하는 포괄적인 개념이다(백혜정 외, 2015: 13). 우리나라 학교 밖 청소년지원에 관한 법률 제2조에서 정의한 학교 밖 청소년은 9세에서 24세까지의 청소년 중 국가가 규정한 교과과정을 가르치는 정규학교에 다니지 않는 모든 청소년을 포함하고 있다.

청소년과 중·고등학교 학생을 거의 동일하게 생각하는 우리 사회에서 학교 밖 청소년이란 위치는 주변인 중의 주변인이다. 학교 밖 청소년은 청소년들이 발달과정상에 갖는 어려움은 물론 문제아 또는 실패자라는 낙인과 소외감, 좌절감 등으로 인하여 이중의 고통을 겪기 쉽다. 학교 밖 청소년에 대해서는 긍정적인 시각도 있으나 일반적으로 학업중단은 직업선택의 기회 제한에서부터 실업, 복지에 대한 의존, 비행행동까지에 이르는 부정적인 결과를 초래한다고 본다(Helen et al., 1997: 395-415).

학업중단 그 자체를 비행이라고 보기는 어렵다. 그러나 우리나라의 경우 청소년 범죄 중 중·고등학교를 그만둔 청소년들이 저지르는 범죄는 이미 상당한 비율을 차지하고 있을 뿐 아니라 해마다 비율이 높아지고 있다. 중학교까지 의무교육이 되면서 이전보다 학교 밖 청소년이 줄어들고 있지만 학교부적응 청소년들이 하교 등교거부를 하거나 자퇴 형식의 학업중단 문제는 여전히 심각하다.

우리 사회에서 학업중단이 문제가 되는 것은 청소년이 학교를 다니지 않는 이유가 청소년 자신들의 자발적인 선택이라기보다는 외부적 요인에 의해 선택될 수밖에 없는 청소년이 많기 때문이다. 또한 학교를 그만둔 이후 청소년의 삶은 급격히 열악해지지만 다른 삶을 살 수 있도록 돕는 사회적 지원은 매우 빈약하기 때문이다.

다양성이 결여된 교육과정, 학생의 인권이 존중되지 않는 학교환경에서 적응하지 못하였다고 해서 무방비 상태로 학교 밖으로 내모는 것은 청소년의 복지권에 위배된다. 또한 개인적으로 누구나 누려야 하는 성장과 발달을 위한 교육기회의 박탈을 초래함으로써 '의미있는 자아'를 형성할 수 있는 기회를 빼앗을 뿐만 아니라 장기적으로는 진로개척에 심각한 문제를 야기시켜 안정적인 직업을 갖기 어렵게 한다. 특히 우리나라의 경우 교육수준이 사회·경제적 계층 형성에 중요한 변수인 학력위주의 사회이며 진학 이외에는 다른 특별한 대안도 없는 현실을 감안해 볼 때 학교 밖 청소년에 대한 사회적 지원은 무엇보다 중요하다.

1989년 UN총회에서 만장일치로 통과된 '아동의 권리에 관한 국제협약'은 국제법의 효력을 가지고 있는 것으로 우리나라에서도 1991년에 협약하여 서명함으로써 협약에 대한 준수가 의무화되었다. 이 법의 내용 중 제28조에는 청소년의 교육권을 보장하고 있는데, 구체적으로 교육의 기회균등권, 고등교육의 기회부여, 등교고취와 중도탈락 방지가 그것이다.

학교 밖 청소년을 위한 사회적 지원은 다음과 같은 방향으로 행해져야 한다. 첫째, 학교 밖 청소년에 대한 시각의 전환이다. 학교 밖 청소년에 대한 지원은 시혜가 아닌 권리에 입각한 것이어야 한다. 낭비가 아니라 투자 개념으로 전환되어야 한다. 청소년의 욕구에 기초해야 하며 청소년의 자율성을 최대한 존중해야 한다. 청소년들이 누리는 일반적인 권리가 학교 밖 청소년에게도 보장되어야 한다.

둘째, 복지, 노동, 교육, 문화 등의 통합적 지원이다. 학교 밖 청소년은 외부 환경에 크게 영향을 받기 때문에 가족만으로 감당하기 어렵다. 또한 사회와 노동시장에 진입하거나 적응할 수 있는 시기가 아니기 때문에 공적 영역에서 통합적이고 폭넓은 지원정책이 요구된다. 단순한 학업 유지나 일자리 제공이 아니라 복지, 노동, 교육, 여가 등의 통합적 지원이 필요하다. 특히 청소년이 원할 때 노동, 복지, 교육, 여가 등의 수평적 이동이 가능하도록 보장하기 위해서는 평생교육시스템의 확충, 취업 전 단계에서 생활에 필요한 기본소득을 보장하는 청소년기초연금의 실시가 행해져야 한다. 특히 용돈이나 생활비 마련을 위해 아르바이트를 하는 경우가 많으므로 올바른 진로지도와 직업체험 및 직업선택 또는 건전한 아르바이트를 할 수 있도록 인프라 구축이 필요하다(남미애 외, 2013: 263).

셋째, 학교 밖 청소년의 라이프스타일을 고려한 맞춤식 지원이다. 전 세계적으로 청소년기에서 성인기로의 기간이 연장되고 있고 개인의 라이프스타일도 매우 다양해지고 있다. 학교 밖 청소년은 학교문제, 가정문제, 경제문제, 정서적 문제 등이 복합적으로 있을 수 있어 학교에 복귀한다고 해서 모든 문제가 한꺼번에 해결되지 않는다. 학교 밖 청소년의 자립시기 및 방법은 개인의 라이프스타일에 따라 상이할 수 있다. 사회가 정형화된 방법을 고집해서 제시하기보다는 복합하고 다양한 학교 밖 청소년의 개별 욕구 및 특성을 고려하며, 청소년들이 자신의 삶에 맞게 선택할 수 있도록 해야 한다(남미애 외, 2013: 262).

넷째, 학교 밖 청소년의 발달 및 다양한 사회참여 확대를 통한 역량강화이다. 학교 밖 청소년에 대한 지원은 단순한 일자리 연결이 아니라 사회구성원으로서 자신의 존재 의미를 확인할 수 있는 다양한 활동에 참여함으로써 보다 폭넓은 노동관, 직업관을 형성하도록 하는 기회 및 경험을 제공하는 것이 중요하다. 일반적으로 자산이 많은 사람은 위기도 잘 극복하고 기회도 잘 포착하고 개인적 역량도 잘 발휘할 수 있다. 따라서 학교 밖 청소년의 신체적, 심리적, 사회적 발달 및 자산증진을 통해 역량강화를 하는 것에 초점을 두는 것이 필요하다(남미애 외, 2013: 262-263).

다섯째, 점진적인 자립유예 기간의 인정 및 지원이다. 청소년기의 자립은 한번만에 되는 것이 아니라 자립과 의존 사이를 반복하면서 통상 20대 후반이나 30대 초에 종료된다. 따라서 학교 밖 청소년의 경우에도 자립과 의존을 반복할 수 있는 안전한 완충지대가 마련되는 것이 필요하다. 외국의 경험적 연구에 따르면 대체로 학교를 다니면서 장시간 노동시장에 참여하는 것은 청소년에게 해롭다고 한다. 특히 현재와 같이 단순하고 보상이 적은 직종에서 장시간 일을 하면서 학업을 제대로 수행하지 못하고 기술과 교육적 자격을 보장받는 데 실패하는 것이 청소년들에게 질적인 고용을 보장해 줄 것인지는 미지수라는 견해도 있다(문성호, 2003). 자립유예 기간을 인정하여 학교 밖 청소년들이 생존의 절박함에서 벗어나 자신의 미래와 진로를 위해 일정 기간 여러 가지 시도와 도전을 해보도록 기다려주는 것이 필요하다. 이 기간 동안 다양한 진로탐색 및 체험, 장기 해외연수, 인문학 교육, 능력 개발 등 다양한 지원책을 통해서 자립을 준비할 수 있도록 해야 한다(남미애 외, 2013: 262-263).

여섯째, 성급한 학교복귀나 취업보다는 평생교육이 강화되어야 한다. 학교 밖 청소년은 학교를 그만둔 것일 뿐 학업을 포기한 것이 아니다. 기존 학교 밖 청소년 조사결과에 따르면 학교 밖 청소년들은 학업중단 이후 다양한 삶의 궤적을 살아가면서도 학업유지 및 상급학교 진학에 대한 욕구가 높았다. 따라서 평생교육의 주된 대상으로 학교 밖 청소년들이 강조되어야 하며 지역의 평생교육기관에 학교 밖 청소년에 맞는 다양한 교육과정 개설 및 부가적인 지원들이 확대되어야 한다. 또한 학교 밖 청소년 지원기관들과 평생교육 기관과의 연계가 강화되어야 한다(남미애 외, 2013: 264).

3) 학교폭력 청소년

우리나라에서 학교폭력은 집단괴롭힘, 집단따돌림, 왕따, 또래폭력 등 다양한 용어로 혼용되어왔다. 일반적으로 학교폭력은 학교 내외에서 힘의 불균형 상태에 있는 학생들 간에 발생하는 의도적이고 반복적인 폭력이라고 할 수 있다. 「학교폭력예방 및 대책에 관한 법률」에 따르면 학교폭력은 학교 내외에서 학생을 대상으로 발생하는 상해, 폭행, 감금, 협박, 약취·유인, 명예훼손·모욕, 공갈, 강요·강제적인 심부름 및 성폭력, 따돌림, 사이버따돌림, 정보통신망을 이용한 음란·폭력 정보 등에 의하여 신체·정신 또는 재산상의 피해를 수반하는 행위를 의미한다. 이 법에서는 상해, 폭행, 감금, 협박, 약취·유인, 명예훼손, 강요(형법), 성폭력(성폭력범죄의 처벌 등에 관한 특례법), 정보통신망을 이용한 음란·폭력 정보(정보통신망 이용촉진 및 정보보호 등에 관한 법률)와 같이 형사처벌을 받는 폭력 이외에도 따돌림, 사이버따돌림, 정보통신망에서의 폭력 등을 포함해 광범위하게 정의하였다.

청소년들의 폭력문제가 어제, 오늘의 문제는 아니지만 최근의 학교폭력은 다음과 같은 특징을 갖는다. 첫째, 과거의 학교폭력은 소위 '일진회'를 비롯한 폭력서클이 조직적, 집단적으로 저지르는 폭력이 주를 이루었으나 최근의 학교폭력은 일반청소년 혹은 소그룹이 집단으로 행하는 폭력으로 형태가 변화하고 있다. 둘째, 과거의 학교폭력은 1회성의 단기적 성격을 띤 경우가 많았으나 최근의 학교폭력은 특정 상대방을 대상으로 계속적, 집중적으로 행사하는 경우가 많다는 점이다. 셋째, 과거의 학교폭력은 연령이 상대적으로 높은 학생들에 의해 저질러졌으나 최근의 학교폭력은 주로 중학생에 의해 저질러지고 초등학생도 적지 않게 발생하는 등 저연령화 현상이 뚜렷하다는 점이다(박병식, 2005: 17-18). 넷째, 폭력 가해청소년의 상당수가 폭력피해 경험을 가지고 있다는 것이다. 피해청소년이 가해청소년이 되기도 하고, 가해청소년이 피해청소년이 되기도 한다(김준호 외, 1997).

학교폭력은 청소년의 생명권, 신체의 안전권과 학습권을 위협하는 심각한 문제이다. 원만한 또래관계 형성 및 유지가 중요한 발달과업인 청소년기에 있어서 지속적이고 반복적인 학교폭력에의 노출은 외로움, 억울함, 분노, 우울 등과 같은 부정적 정서는 물론 공격적 행동, 등교거부, 자살충동 등 외현화 문제행동을 비롯하여 심한 경우 자살시도, 정신장애 등을 초래하기도 한다(권재기, 2011; 김혜원, 2011; 박종효, 2007). 또한 학교폭력이나 따돌림을 목격한 청소년들은 자신도 학교폭력의 피해를 당하지 않을까 두려워하기도 하고 학교폭력을 묵인한 것에 대해 양심의 가책을 느낀다. 이처럼 학교폭력은 청소년의 인권을 침해하고 도덕성 발달과 가치관 형성에 부정적인 영향을 미치고 건강한 공동체 형성을 저해한다.

학교폭력은 여러 가지 요인이 작용해서 발생한다. 근본적으로는 공격성과 심리적 불안정성이 높은 청소년기 특성 자체가 영향을 미치고 여기에 학교폭력을 일으키는 청소년의 개별적 성격이나 성향 등이 폭력을 유발할 수 있다. 그러나 청소년기에 모든 청소년이 폭력행동을 하는 것은 아니고 공격적 성향이 높은 청소년이라고 해서 늘 폭력적이지 않다. 여기에는 폭력행위를 자극하고 조장하는 유해환경, 폭력적 문화 및 분위기, 주변의 반응 등 환경적 요인들이 복합적으로 작용된다.

학교는 일상적으로 갈등이 일어나는 곳이며 학교폭력의 발생 및 해결 지점이기도 하다. 학교 내 발생하는 폭력을 다룸에 있어 관련된 사람들이 서로 피해자화되지 않고 교육적 목적을 살리면서 학내 구성원들이 함께 갈등을 다루고 안전한 학교공동체를 형성할 수 있도록 해야 한다. 이를 위해서는 학교폭력 문제를 가해 또는 피해청소년의 문제로 이분법적으로 다루어 온 것에서 탈피하여 가해 및 피해청소년, 주변인들을 통합적으로 고려해야 한다. 또한 학교폭력 당사자는 물론 청소년들을 둘러싼 학교, 가정, 주변인, 지역사회 등이 학교폭력 문제를 공동체에 드러내고 해결책을 찾기 위해 함께 노력하는 것이 필요하다. 청소년들이 살고 있는 환경이 친인권적, 평화적인 분위기를 조성할 수 있도록 제도적 장치가 마련되어야 한다.

4) 성착취피해청소년

성착취행위란 성을 사거나 이를 알선하는 행위, 청소년을 이용하여 음란물을 제작, 배포하는 행위 및 성폭력행위 등을 뜻한다. 성적 착취행위(sexual exploitation)는 그 현실 형태에 따라 알선이나 장소 제공 등과 같이 제3자가 개입하는 형태(개입형 성적 착취행위)와 성을 사는 자와 성을 사는 행위의 상대방이 되는 자 간의 성적 착취행위(비개입형 성적 착취행위)로 나누어 볼 수 있다. 형식적인 측면에서는 자발적으로 성을 사는 행위의 상대방이 되는 경우와 강요나 기망 또는 위협 등으로 인하여 비자발적으로 성을 사는 행위의 상대방이 되는 경우로 나누어 볼 수 있다(천진호, 2002). 국제아동인권운동에서는 이제 더 이상 아동매춘이라는 용어를 쓰지 않는다. 반면 '상업적 아동성착취'(Commercial Sexual Exploitation of Children)라는 어렵고도 복잡한 용어를 고안해냈다. 국제적 아동인권운동가들에 따르면 아이들에 대해서는 매춘이라는 것이 성립될 수 없는 불가능한 것이고, 어떤 경우이건 학대이고 착취라고 주장한다. 이 용어는 모두들 눈을 돌리고 싶어하는 아동매춘의 참상을 인종 간에 그리고 부자나라와 가난한 나라 사이에서 일어나는 가장 취약한 인권에 대한 극악무도한 범죄로 재인식시키는 데 많은 공헌을 하였다(이경은, 2004).

최근 성매매에 대해 단선적인 시각에서 벗어나 특정 여성과 다양한 사회체계 환경과의 복합적인 상호작용의 결과로 보아야 한다는 의견이 강조되고 있다. 특히 성매매를 지속화시키는 환경으로 이중적 성윤리의식, 순결 이데올로기, 향락퇴폐문화와 같은 문화의식뿐만 아니라 성의 상품화, 향락산업의 이상비대, 노동시장 내 성차별 등의 산업구조, 한미군사외교 정책으로 인한 기지촌 확산, 왜곡된 관광정책 등도 중요한 유발요인이었음이 부각되었다(박정은·윤영숙·서명선, 1993: 61).

지금까지 성착취피해청소년과 관련해 행해진 선행연구를 정리하면 다음과 같다. 첫째, 성착취에 연루되는 청소년의 수가 점차 증가하고 있고, 특히 일반청소년들의 비율도 증가 추세이다.

둘째, 성착취피해청소년의 유형이 전통적인 접근에서 탈피하여 다양화되고 있으며, 특히 인터넷 성매매가 급증하고 있다. 청소년들이 성매매에 연루되는 주된 경로에는 채팅이 단연 높았고 그 다음이 부킹이나 친구, 선·후배의 소개 등이 차지하였다(여성가족부, 2011; 홍봉선·남미애, 2010).

셋째, 성착취피해청소년들은 고도의 위험 속에 노출되어 있지만 위험을 최소화하고 자신을 보호하고 생존하기 위한 다양한 전략을 강구한다. 성매매 전·후로 금품갈취, 폭행, 절도, 성폭행피해자, 삥 등을 하기도 하고 성구매자를 유인하기도 하고 청소년들이 포주 역할을 수행하기도 한다.

넷째, 청소년들이 처음으로 성매매에 유입되는 데에는 주로 잠자리, 먹을 것 등 생존과 관련된 이유가 높으나 성매매 횟수가 증가함에 따라 이유도 다양해진다. 이는 성착취피해청소년의 지원 및 개입을 위해서는 개별 청소년의 성매매 과정 및 경험에 따라 상이한 개입이 필요함을 짐작케 한다.

다섯째, 성착취의 피해는 주로 여자청소년에게서 일어나는 것으로 알려졌지만 남자청소년의 피해도 적지 않다. 따라서 남자청소년에 대한 관심과 개입도 필요하다.

여섯째, 성착취피해청소년은 성매매 이전은 물론 성매매 이후에도 폭력 피해자인 경우가 높다. 성착취피해청소년은 생애 초기부터 가정에서 보호받지 못하고 이리저리 옮겨다니며 불안정한 생활을 영위하고 폭력의 희생자로 산 경우가 많다. 성매매에 유입되면서 폭력위험에 더 많이 노출되고 폭력피해자로서의 삶은 더 길고 험난하다.

일곱째, 성착취피해청소년들의 대다수는 성매매에서 벗어나고자 하지만 혼자만의 노력으로는 힘들다. 탈성매매, 성매매 재유입을 반복하기 쉽고 그 과정에 여러 사회적 위험에 노출된다. 빈곤문제, 저임금 및 착취, 학업중단, 성병 및 임신, 건강문제, 약물문제, 절도 및 폭력 등 또 다른 범죄문제와 관련될 우려가 높다.

여덟째, 성착취피해청소년은 일반청소년과 다를 바 없이 많은 강점과 가능성을 지닌 청소년이지만 현재와 미래 모두 힘든 과정의 연속에 있다. 성착취피해청소년들을 돌보는 기관 실무자들에 따르면 성착취피해청소년들은 일반청소년과 크게 다를 바 없지만 다른 청소년들과 비교해 출발선이 동일하지 않았고 환경적으로 오랜 기간 동안 열악한 환경에 노출되면서 상대적으로 더 어려움에 처한다고 인식하였다(홍봉선·남미애, 2010). 특히 성매매에 유입된 이후 사회적 편견이나 낙인, 사회 배제, 낮은 사회적 지지, 유해환경에의 노출, 제한된 기존 서비스 등으로 인해 탈성매매가 쉽지 않다. 설사 탈성매매를 시도했다고 하더라도 낮은 노동력에 비해 고소득이라는 성매매 자체가 지니는 유인력과 성매매시장을 둘러싸고 있는 외적 환경, 사회 낙인 등에 의하여 자발적인 탈피 가능성이 희박하며 다시 성매매에 유입되게 된다. 나이가 들면 들수록 힘들고 착취가 심한 단계로 전락하게 된다. 결국 시간이 경과함에 따라 먹고 살기 위해 어쩔 수 없이 성매매를 하지 않으면 안 되는 생존형 성매매로 전락될 수밖에 없다.

따라서 성착취피해청소년의 정책 및 실천에 있어서는 피해자적 관점에서 접근하는 것이 필요하다. 청소년은 성인과 다른 욕구 및 환경에 처해 있으므로 성인과는 다르게 접근되어야 한다. 성착취피해청소년은 자원이며 투자라는 관점, 긍정적 청소년발달적 관점, 생태체계적 관점으로 이해되는 것이 필요하며 청소년 성매매 예방은 물론 탈성매매를 돕는 지원이 강화되어야 한다. 특히 성착취피해청소년에 대한 개입은 진입에서부터 탈성매매에까지 연속적, 지속적으로 이루어져야 하며 시설보호와 지역사회보호가 균형적으로 이루어져야 한다. 청소년의 긍정적 발달을 지원하면서 청소년을 둘러싼 건강한 환경조성은 물론 청소년의 복지, 교육, 건강, 여가활동 및 문화 등이 총체적으로 다루어져야 한다.

5) 인터넷 과다사용 청소년

인터넷은 남녀노소를 불문하고 현대사회에서 중요한 생활수단이 되고 있다. 인터넷 발전은 우리들의 삶의 질 향상에 여러 가지 측면에서 기여하고 있다. 청소년들은 인터넷을 통해 숙제를 하고 친구도 사귀고 다양한 정보를 얻고 새로운 문화를 경험하고 창출하기도 한다. 그러나 단기간의 급속한 인터넷 확산은 여러 가지 역기능을 초래하고 있으며 그중 하나가 인터넷 과다사용이다.

인터넷 과다사용과 관련된 개념들로는 인터넷 증후군(Internet Syndrome), 웨바홀리즘(Weba-holism), 인터넷 중독 장애(Internet Addiction Disorder), 병리적 컴퓨터 사용(Pathological Computer Use), 인터넷 몰입 등이 있다. 이 개념들은 아직 학술적으로 정립된 것이 아니며 뚜렷한 구분 없이 혼용되고 있다. 인터넷 과다사용은 절대적이거나 병리적인 중독 상태에서부터 중독에 이르지는 않지만 인터넷에 대한 의존행동이 높아 인터넷 사용시간 통제의 어려움과 이로 인하여 일상생활 및 학업에서의 문제를 경험하는 것까지를 포함하는 포괄적인 개념이다. 인터넷 과다사용은 여러 개의 요소로 구성된 복합적인 개념으로서 하위유형으로는 크게 게임중독, 통신(채팅)중독, 인터넷섹스중독으로 나눌 수 있다. 이들 유형에 따라 청소년의 특성 및 문제 양상이 다를 수 있으므로 유형별에 따른 차별적 접근이 필요하다.

인터넷 과다사용은 신체적으로는 팔과 어깨, 시력에 문제가 생기고 수면시간이 점점 줄어들고 소화불량, 두통 등 신체적 건강 약화를 초래한다(Young, 1996; 성윤숙, 2003; 이상주·배경희, 2004; 한국문화정보진흥원, 2004). 심리적으로는 우울과 조울, 외로움을 증가시킨다. 수면시간이 급속히 줄어들고 인터넷을 하느라고 친구나 부모와의 약속을 어기거나 공부 및 일상생활에 대해 소홀히 하면서 가정 및 학교생활에의 어려움이 발생된다. 인터넷의 익명성, 비대면성 또는 초공간성은 사용자 자신으로 하여금 다중인격체를 손쉽게 만들어 현실세계와는 다른 별도의 자아가 활동하는 환상 속에 쉽게 빠질 수 있다. 이런 병리적 상태가 지속될 경우 심각한 정신병리로 발전될 가능성이 높다. 또한 음란물 접촉(음란채팅 포함), 인터넷 매매춘, 사이버 성폭력, 사이버 스토킹, 해킹, 바이러스 유포, 자살·폭탄·가출 사이트, 사이버 도박, 인터넷 사기, 스팸메일, 사이버 명예훼손 등 비행이나 범죄에 빠지기도 한다.

인터넷 과다사용의 원인에는 개인적 원인도 있지만 본 연구에서는 청소년들이 접하는 다차원의 환경과 청소년 간의 상호작용적 관점에서 이해해야 한다는 견해를 지지한다. 또한 인터넷 과다사용에 영향을 미치는 위험요인을 감소시키고 보호요인을 강화하는 방향으로 접근해야 한다는 주장을 지지한다.

남영옥·이상준(2005)에 따르면 청소년 인터넷 과다사용과 관련된 위험요소로는 우울, 공격성, 인터넷 사용에 대한 부모의 통제, 부모의 과잉보호적 양육태도, 인터넷에 대한 친구의 영향력, PC 접근성 등이 있고 보호요소로는 자기통제력과 자기효능감, 가족 지지, 부모의 원만한 부부관계, 부모의 돌봄적 양육행동, 친구 지지, 교사 지지가 있다. 한편 박성길·김창대(2003)는 인터넷 중독과 관련된 위험요소를 크게 세 가지 차원으로 구분하였다. 즉, 주변환경관련 위험요소, 인터넷관련 위험요소, 개인관련 위험요소이다. 주변환경관련 위험요소로는 고위험상황, 접근 용이성, 또래문화, 인터넷 학습, 가족문제가 포함되었다. 그리고 인터넷관련 위험요소로는 컨텐츠 매력과 취미가, 마지막으로 개인관련 위험요소에는 성격/정신병리, 인터넷을 통한 보상경험, 대인관계의 특성이 해당되었다.

6) 사법처리과정에 있는 청소년

우리나라에서 매년 소년범죄의 발생은 약 16만 건이 넘으며 공식적으로 드러나지 않은 청소년과 그들 부모까지 포함한다면 엄청난 사람들이 사법처리 경험을 하게 된다. 이들 대부분의 청소년들은 형법이 아닌 소년법의 적용을 받는다. 소년법은 형사처벌이 아닌 보호처분이 행해진다. 그것은 국가가 보호능력이 없는 부모를 대신해서 부모의 역할을 수행한다는 것, 청소년이 아직 미성숙하며 개선의 여지가 높다는 점, 청소년비행에 환경의 요인이 크게 작용한다는 점 등이 고려된 것이다. 또한 비행청소년을 처벌이 아닌 보호의 대상으로 간주하고 교육적, 인도적, 복지적 관점에서 교육을 통한 사회복귀를 지향한다.

우리나라 소년법에서는 비행청소년을 범죄소년, 촉법소년, 우범소년의 3가지로 구분하고 있다. 범죄소년은 14세 이상 19세 미만의 소년으로서 형법에 위배되는 행위를 한 자로 형사책임이 있다. 촉법소년은 10세 이상 14세 미만의 소년으로서 형법에 위배되는 행위를 한 자이지만 범죄소년과 달리 형사책임이 없다. 마지막으로 우범소년은 10세 이상 19세 미만의 소년으로서 보호자의 정당한 감독에 복종하지 않는 성벽이 있거나, 정당한 이유 없이 가정에서 이탈하거나, 범죄성이 있는 부도덕한 자와 교제하거나 금전낭비, 부녀유혹, 불건전한 오락 등을 하는 자로서 본인의 성격 또는 환경에 비추어서 장래에 형벌법령을 범할 우려가 있는 자를 말한다. 결과적으로 우리나라 소년법에서는 형법을 위반한 행위 뿐만 아니라 미래에 형법을 위반할 가능성이 있는 행위까지 포괄해서 청소년비행으로 간주하고 있음을 알 수 있다.

선행연구를 통해 청소년범죄 경향을 살펴보면 청소년범죄는 매년 감소 추세이지만 연령은 점점 어려지고 폭력화 경향이 높다. 또한 전과경력자의 비중이 높아지고 일부 강력범죄에 있어 청소년범죄자의 비중이 차지하는 비율이 높은 등 흉악화 경향이 있다. 비행청소년의 사법적 처리는 경찰, 검찰, 법원 등이 담당하며 발견, 조사, 심리, 처분, 집행의 순으로 이어진다. 또한 소년분류심사원, 보호관찰소, 소년원, 소년교도소 등이 소년사건 처리에 긴밀히 관여하고 있다.

우리나라 소년사법절차와 과정은 많은 문제점을 가지고 있다(이성식, 1997; 한영선, 1998; 윤용규・최종식, 2000; 정해룡, 2000; 이명숙, 2003). 첫째, 비행발견 초기에 적절한 개입이 행해지지 못하고 있다. 전문소년경찰관의 부족으로 인해 적절한 개입 없이 단순한 귀가조치가 행해지는 경우가 많다. 특히 보호능력이 결여되어 있거나 보호에 실패한 보호자에게 아무런 환경의 개선도 없이 청소년이 그대로 돌려보내지는 경우가 많은데 이러한 조치는 재비행으로 연결되기 쉽다.

둘째, 비행청소년에게 적합한 처우를 행하기 위해서는 청소년의 성격과 행동 및 환경에 대한 과학적 조사가 전제되어야 한다. 그러나 전문소년경찰관의 부족과 소년조사제도의 미비로 인해 비행청소년 조사는 제대로 이루어지지 못하고 있다.

셋째, 미결구금의 문제이다. 미결구금이란 재판이나 심리 이전에 구속시키거나 소년분류심사원에 위탁되는 것을 뜻한다. 짧게는 한 달 이상, 길게는 10개월 이상 지속될 수 있다. 미결구금은 단지 신병 확보를 위한 것일 뿐 재사회화를 위한 교육적 처우가 거의 시행되지 않는다는 점에서 문제가 된다. 특히 소년형사피의자의 경우 독립된 소년미결구금 시설이 없기 때문에 미성년 수용실이라는 형태로 성인과 동일한 미결구금 시설에 수용된다는 점에서 문제가 심각하다고 하겠다.

넷째, 보호처분의 편중 및 다양성 부족 문제이다. 현재 소년법상 보호처분은 1호부터 10호 처분까지로 규정되어 있으나 주로 보호자위탁이나 보호자에 위탁하면서 보호관찰처분을 병과하는 처분이 대다수를 차지하고 나머지 4호 처분, 5호 처분은 활용도가 매우 낮다.

다섯째, 청소년 인권침해 문제이다. 수사과정에서 고문과 가혹행위, 비인간적인 대우나 굴욕적인 대우가 빈번히 일어난다. 또한 관행화된 불법구금으로 인한 자유권 박탈, 소년분류심사원의 감호처리로 인한 미결구금의 남용, 자백 강요 등도 적지않게 발생된다.

여섯째, 전문인력과 다양한 프로그램의 부족이다. 청소년비행관련 시설의 전문인력이 매우 부족한 실정이며 이는 프로그램의 전문성 부족과 서비스의 효과성 문제와 직결된다. 또한 퇴소 전 사회복귀 및 퇴소 후 지역사회 교정 프로그램이 매우 미비한 상황이며 지속적이며 연속적인 사례관리가 이루어지지 못하고 있다. 마지막으로 비행청소년관련 다양한 기관과의 연계협력 부족이다. 청소년들이 소년사법관련 단계를 거치는 동안 각 기관마다 보호 및 지원이 분절되어 있을 뿐 아니라 기관 간 정보제공, 조직 간 협력, 공동사업 등이 미비하여 비행청소년에 대한 체계적이고 통합적인 개입이 어렵다.

이상에서 보면 우리나라 소년사법처리 과정 및 절차는 비행청소년을 건강하게 사회복귀시키는 데 여러 가지 한계와 문제점을 가지고 있음을 알 수 있다. 이런 과정을 거치는 동안 많은 비행청소년들은 좌절감, 소외감, 사회적 박탈감 등을 갖기 쉽다. 성인에 비해 법적 지식이 부족하고 스스로 방어할 능력이 미약해서 사법처리 과정에 인권침해가 일어날 가능성이 높다. 설사 무사히 사법처리 과정을 나왔다고 해도 비행 청소년에 대한 멸시와 사회적 낙인, 학업중단, 취업의 어려움, 사회적 지지의 약화 및 해체, 지역사회 도처에 산재되어 있는 위험요소로 인해 비행이나 범죄를 되풀이하게 되는 악순환에 빠지기 쉽다.

일생을 살면서 누구든 범죄에 노출될 가능성이 있다. 청소년이 비행이나 범죄에 연루되는 경우 무엇이 잘못되었는지를 정확히 해야 할 뿐만 아니라 잘못된 것을 바로 잡고 반성하게 하는 과정이 교육적, 복지적이어야 한다. 다시 회복하고 재도전할 수 있는 기회를 제공해야 하며 지역사회 및 공동체에 통합될 수 있도록 다양한 지원이 병행되어야 한다.

Chapter 06

사례관리 및 사례관리 과정

1. 사례관리자

1) 사례관리자의 역할

사례관리자의 역할은 기관 및 사례관리자에 따라 차이가 있지만 크게 직접적 개입과 간접적 개입 모두를 유기적으로 행한다. 직접적 개입은 클라이언트의 능력을 향상 또는 강화하기 위한 목적으로 개입하는 것을 의미한다. 간접적 개입은 클라이언트를 둘러싼 외부 환경이 클라이언트를 잘 지원하도록 돕기 위한 목적으로 개입한다.

(1) 직접적 개입

직접적 개입이란 사례관리자가 클라이언트를 직접 만나 구체적인 서비스를 제공하는 것을 의미한다. 이와 관련된 기술로는 상담, 교육, 정보제공, 활동지원 등이 있다.

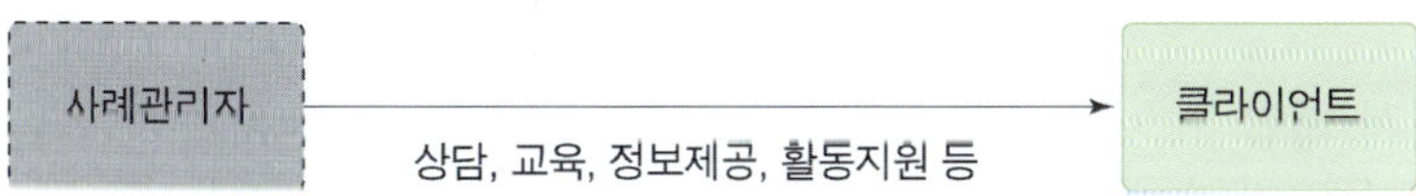

그림 6-1. 직접적 개입

표 6-1. 직접적 개입 기술

구분	내용
상담	클라이언트의 심리사회적 기능과 관련된 개인 또는 집단상담
교육	클라이언트의 심리사회적 기능 향상을 목적으로 제공되는 다양한 교육 및 훈련
정보제공	클라이언트에게 문제해결과 관련해 자신에게 맞는 합리적인 선택을 하도록 다양한 정보를 제공
활동지원	클라이언트의 심리사회적 기능 향상을 위해 동행서비스, 도시락배달서비스, 가사봉사원 서비스, 아웃리치 등 다양한 활동을 지원

사례관리에서의 아웃리치

아웃리치는 두 가지 방법이 있다. 첫째는 지역사회 아웃리치이다. 이것은 사회생태학적 접근을 행하는 것으로 사람들이 접근할 수 있는 자연적 지지와 다른 지역사회 자원을 구체시하는 것이다. 공식적 서비스뿐만 아니라 비공식적 자원과 지지에 대한 깊은 이해가 필요하다. 지역사회에 자원이 어떻게 분포되어 있고 누가 이들 자원에 접근할 수 있는지, 또 필요한 자원을 개발할 방법이 무엇인지에 대한 지식이 필요하다.

둘째는 서비스에 접근이 어려운 사람들을 발견하기 위한 전략으로 사용되는 것이다. 서비스로부터 이득을 얻을 수 있는 사람들이 여러 가지 이유로 서비스에 접근할 수 없는 경우에 해당된다. 예를 들면 지식의 부족, 불신과 두려움, 이전의 차별 경험, 기관으로부터 적절한 도움을 받지 못한 경험이 반복된 경우 등이다. 이런 경우 취약한 사람과 접촉하여 지역사회 비공식 네트워크에 대한 적절한 정보를 제공하거나 서비스 제공자에게 이들 청소년을 소개할 수 있는 gate-keeper로서 일하는 것은 아웃리치의 한 방법이다(Families ACT, 2013).

(2) 간접적 개입

간접적 개입이란 사례관리자가 클라이언트에게 서비스를 직접 제공하는 것이 아니라 클라이언트를 둘러싼 환경에 개입하는 것을 의미한다. 이것은 환경이 클라이언트의 더 나은 삶을 위해 지원하거나 적합하게 변화할 수 있도록 하는 데 초점을 둔다. 간접적 개입은 크게 2가지로 대별된다. 하나는 클라이언트의 욕구충족에 필요한 자원 획득과 관련된 기술로 중개와 의뢰가 여기에 해당된다. 다른 하나는 환경이 클라이언트의 욕구에 잘 대응하고 더 적합하게 기능하도록 하는 기술이다. 여기에는 옹호, 조정, 점검, 새로운 자원 개발, 기존 지지망 지원 등이 해당된다. 세부기술을 보다 구체적으로 살펴보면 〈그림 6-2〉와 같다.

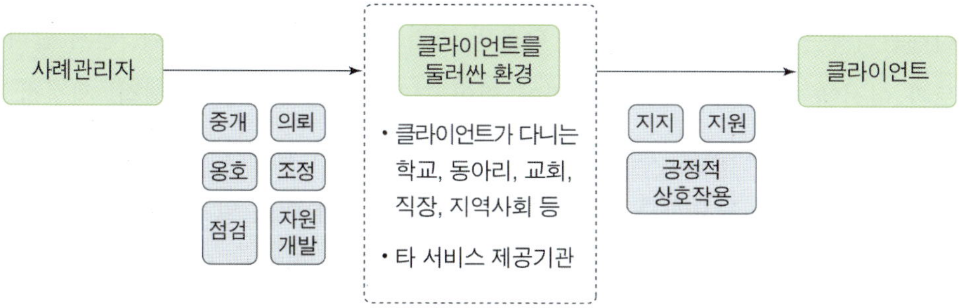

그림 6-2. 간접적 개입

표 6-2. 간접적 개입 기술

구분	기술	효과
클라이언트의 욕구충족에 필요한 자원 획득과 관련된 기술	중개	공식적 서비스 제공, 지역사회 자원 획득
	의뢰	
환경이 클라이언트의 욕구에 잘 대응하고 더 적합하게 기능하도록 하는 기술	옹호	서비스 접근성 강화
	조정	서비스의 중복 및 누락 방지
	점검	지속적인 서비스 제공
	새로운 자원개발	클라이언트의 지지망 강화
	기존 지지망 지원	클라이언트의 지지망 유지

2) 사례관리자의 주요 기술

(1) 중개

중개(brokering)는 클라이언트가 자신의 욕구충족에 적합한 서비스, 자원 등을 선택하도록 돕는 것이다. 사례관리자는 서비스 계획에서 수립한 내용들이 잘 실행될 수 있도록 클라이언트에게 여러 가지 자원을 정리, 조직화해서 알리고 클라이언트가 자신의 욕구와 상황에 맞는 적합한 선택을 할 수 있도록 돕는다. 이때 클라이언트의 욕구를 충족시킬 수 있는 자원이나 서비스를 찾아 서비스를 받을 수 있도록 연결하는 것이 중개이다.

사례관리자는 중개를 행함에 있어 다음의 여러 측면을 고려해야 한다. 먼저 클라이언트가 이전에 다른 서비스에 접근함에 있어 경험하였던 정서적, 신체적, 재정적 장애물이 있었는지 살펴본다. 그리고 서비스에 접근하는 데 방해가 되었던 문턱을 없애거나 낮추는 작업이 필요하다. 예를 들어 기관의 정보에 대해 알지 못하거나 기관에 대한 편견이나 두려움이 있었을 수도 있고 필요하지만 비용이 너무 비싸서 이용할 수 없었을 수도 있다. 서비스 이용의 애로점이나 장애요소를 정확히 알고 접근하는 것이 필요하다. 클라이언트가 여러 기관의 서비스나 프로그램, 자원에 대해 충분히 알 수 있도록 쉽게 설명한다. 클라이언트가 특정 서비스에의 참여를 희망한다면 해당 기관의 실무자와 클라이언트를 연결한다. 클라이언트에게 기관을 소개한 뒤 찾아가라고 하기보다는 기관의 담당 실무자와 연결시켜 주는 것이 바람직하다.

또 다른 측면에서는 서비스를 제공할 기관 실무자와 협의해야 한다. 클라이언트가 필요로 하는 것과 기관에서 제공할 수 있는 것, 서비스를 받는 동안 클라이언트가 지켜야 할 요건 중 클라이언트에게 맞지 않는 사항, 서비스 시간 및 횟수 등에 대해 대

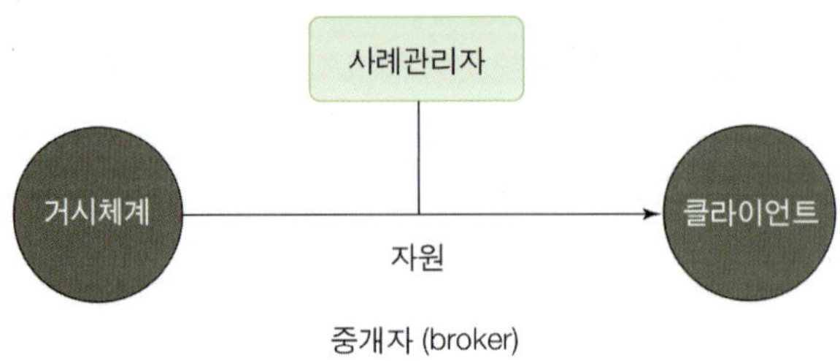

그림 6-3. 사례관리에서의 중개

략적으로 서비스 제공자와 협의를 하는 것이 필요하다. 기관 실무자와 클라이언트와의 첫 만남이 언제, 어떤 방식으로 이루어질 수 있는지도 검토한다.

사례관리에서 적용가능한 중개 기술

- 자원발굴을 위해 지역에 있는 자원 리스트를 미리 작성하고 관리하는 것이 필요하다. 클라이언트의 욕구 파악 후 자원을 파악하면 늦다.
- 주기적으로 자원목록을 관리하고 갱신한다. 자원정보 목록을 갖추기 위해서는 타 기관의 사례관리자에게 문의 및 정보 요청, 통합사례관리팀의 활용, 정보 114 등을 활용할 수 있다.
- 기존 자원망에서 적합한 것이 없으면 사례관리자의 비공식적 자원, 사적 자원을 활용한다.
- 사례관리자의 수퍼비전 체계를 이용한다. 수퍼바이저들은 여러 가지 경험이 많고 풍부한 자원과 연결되어 있다.
- 평소에 사례관리자들과 미리 네트워크를 형성하는 것이 필요하다. 업무와 관련된 사람들과 수시로 업무 네트워크를 한다. 일이 생길 때 전화하고 연계하는 것이 아니라 평소에 협의 및 자문을 위한 모임들을 수시로 갖는 것이 좋다. 기관에 대한 이해를 하지 않은 상태에서 의뢰나 중개는 실패할 가능성이 크다. 기본적으로 기관에 대한 이해 및 실무자와의 관계형성을 미리 해 놓은 것이 필요하다.
- 가능한 외부 자원과도 MOU를 체결한다. 책임을 나누고 파트너십을 갖는 것이 필요하다. 클라이언트에게 정기적으로 약을 제공해야 할 경우 개별 약국과 네트워크를 만드는 것보다는 약사회와 네크워크 형성이 더 중요하다. 즉 당면한 문제해결도 중요하지만 지역사회와의 네크워크를 통해 근본적인 것을 바꾸고 개선하는 것이 더 중요하다. 즉, 약사회와의 네트워크 형성을 통해 지역 약사들이 사회적 약자를 위해 나선다는 의식과 지역의 문제에 지역단체가 동참하고 개선하는 데 함께 노력한다는 것이 중요하다.
- 클라이언트가 선택할 수 있는 몇 가지 적합한 기관 및 서비스를 소개하고 각 장·단점, 특징 등을 안내한다.
- 클라이언트의 선택이 정해지면 해당 기관의 담당자와 미리 서비스에 대해 상의하고 협의를 거쳐 클라이언트에게 원활하게 서비스가 제공될 수 있게 한다.

(2) 의뢰

의뢰(referral)는 클라이언트에게 바람직한 서비스 제공을 위해 관련 분야의 전문가가 협력하여 서비스를 연결하는 것을 뜻한다. 의뢰는 어떤 기관에서 클라이언트를 담당하기 어렵거나 싫어서 다른 기관에 보내는 것이 아니라 클라이언트를 위해 지금보다 더 나은 기관에서 서비스를 받도록 하기 위해 행하는 것이다. 따라서 사례관리자는 의뢰 전 의뢰되어질 클라이언트 및 의뢰받을 기관에 대한 충분한 사전준비를 해야 한다. 의뢰는 타 기관 간 전문가들의 협력을 통해 이루어져야 하며 단순한 의뢰는 책임전가일 수 있다는 점을 명심해야 한다.

사례관리에서 적용가능한 의뢰 기술

- **클라이언트에 대한 준비단계**
  클라이언트에게 의뢰의 필요성, 의뢰 시 장·단점 등을 알리고 의뢰에 대해 어떻게 생각하는지 파악한다. 만약 어떤 걱정이나 두려움이 있으면 그것과 관련해서 이야기한다.
  의뢰되어질 기관에 클라이언트와 관련된 사적 정보를 어디까지 공유할 것인지에 대해 클라이언트와 협의한다.
- **의뢰받을 기관과의 준비단계**
  사전에 기관 간 협약이나 협의를 통해 협력방법(제공할 서비스, 담당자, 정보제공의 범위, 점검방법)을 구축하는 것이 필요하다.
- **의뢰의 결정 이후 단계**
  의뢰가 결정되면 클라이언트가 기관 서비스에 잘 접근할 수 있도록 기관 위치, 상대 기관 담당자 이름 및 연락처 등을 알리고 필요한 경우 함께 찾아가는 동행서비스를 제공한다.
- **의뢰받을 기관과의 상설 모임 및 점검체계 구축**
  기관 간 정보 공유 및 협력을 강화하기 위해서는 의뢰가 있든 없든 상시적으로 기관 담당자와 관계를 형성, 유지하는 것이 필요하며 정기적인 점검(전화, 정기적 회의 및 간담회, 소식지 및 이메일 제공 등)이 필요하다.

(3) 옹호

옹호(advocacy)는 클라이언트를 대신해서 그들의 입장과 욕구를 알리고 클라이언트를 둘러싼 환경이 그들에게 필요한 지원을 해 주도록 하는 것이다. 사례관리자가 할 수 있는 옹호는 개인 차원의 옹호, 계층옹호, 정책 및 지역사회 옹호 등이 있다. 옹호의 구체적인 기술로는 업무 담당자에 대한 설득이나 협상, 위계 조직을 활용해서 위에서 아래로 영향력을 행사하는 방법, 대중매체 활용, 관련기관과 연계한 시민운동 등이 있다.

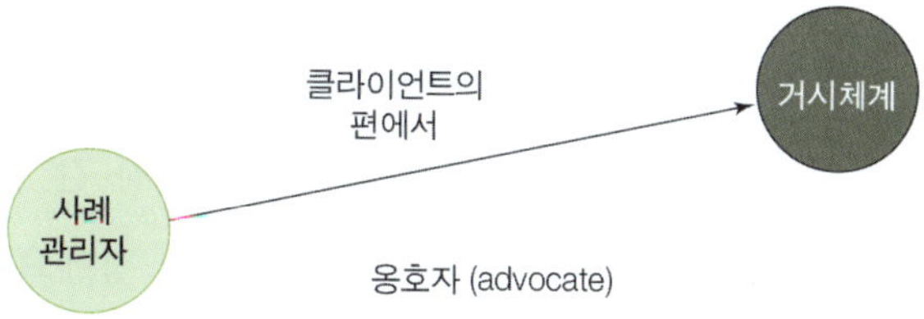

▮그림 6-4. 사례관리에서의 옹호

옹호 기술을 적용한 사례

진주씨는 19세로 만 2세 된 아들과 달방에서 생활하고 있는 청소년양육미혼모이다. 가출해서 가출팸을 하면서 성매매를 하였고 고객이었던 애기아버지는 진주씨와 출산 직전에 헤어지고 미혼모시설에서 출산을 하였다. 집과는 전혀 연락을 하지 않고 있으며 친정집도 어려워서 도움을 줄 형편이 아니다. 출산 후 생활고 때문에 다시 성매매를 하다가 경찰에 발각된 이후 위기청소년교육센터로 연계되어 교육을 받은 후 선불금 문제로 상담실에서 상담을 받았다.

진주씨는 상담실에서 성매매 방지기관 입소를 권유받았으나 어렸을 때 시설에서 좋지 않던 경험을 가졌던 터라 시설입소를 거절하고 취직해서 아기랑 함께 살겠다고 했다. 종종 일시쉼터에서의 독립생활청소년 지원프로그램을 통해 간단한 생필품을 지원받고 있었다. 그러던 중 일시쉼터에서 일하던 자원봉사자의 추천을 받아 인근 식당에 취직하게 되었다. 그러나 2주일이 채 못 되어 직장을 무단결근하게 되었고 화가 난 식당 주인은 저런 정신 상태로 일할 수 없다며 더 이상 나오지 말라고 해서 식당을 그만두게 되었다. 실무자가 진주씨를 만나 자초지정을 들어보니 일하러 가기 싫어서 그런 것이 아니고 새벽에 아이가 열이 나 응급실로 가는 바람에 정신이 없어 바로 연락을 할 수 없었다고 하였다. 진주씨는 일하고 싶지만 아이가 천식도 있고 몸이 약해 자주 열이 나기도 하고 갑자기 아이가 아프면 아이를 맡길 데도 없고 그래서 차마 아이를 두고 일하러 갈 수 없었다고 했다. 진주씨는 현재 식당일이 힘들기는 하지만 주인도 좋고 무엇보다 일을 마치고 나면 음식도 챙겨주시고 어린이집도 비교적 가까이 있어서 계속 일하고 싶다는 마음을 표현하였다. 실무자는 가게 주인을 만나 속사정을 이야기하고 다시 기회를 주도록 부탁했다. 이야기를 들은 주인은 혼자서 아기를 키운다는 것을 몰랐는데 참 대견하다고 하면서 자신의 가게가 아침 일찍 영업을 하지만 출근시간을 조정해서 아기 엄마가 어린이집에 보내고 올 수 있도록 도와주겠다고 하였다. 그 결과 아기 엄마는 어린이집에 아기를 맡기고 식당에서 일할 수 있었다.

(4) 조정

조정(coordination)은 클라이언트의 욕구 해결과 관련된 기관들 또는 자원들이 원활하고 조화롭게 서비스를 제공할 수 있도록 개입하는 것이다. 사례관리자는 서비스 제공에 있어 중복, 누락, 단절이 일어나지 않도록 서비스 제공자 간 협의를 해 역할분담을 새로이 하고 협력을 강화한다. 기관 간 갈등이나 협력의 장애요인들이 생길 때 서비스 제공 기관들과 함께 협의하고 대안을 찾는다. 만약 타 기관에서 업무 조정이 잘되지 않아 서비스가 결손될 우려가 있다면 부족한 서비스 인력을 보충하거나 지원할 방안을 강구한다. 경우에 따라 필요하다면 사례관리자가 일시적으로 직접 해당 업무를 수행할 수도 있다.

사례관리자는 공식적 및 비공식적 서비스를 조정함에 있어 제공자 중심이 아닌 클라이언트 중심이 되는 과정이 유지되도록 서비스 이용자와 계속적으로 의논하는 것이 필요하다. 클라이언트가 필요한 시기에 맞추어, 끊기지 않게 서비스 전달이 되기 위해서는 서비스 계획에서 각 서비스 제공자들이 제시한 책임과 관련해 지속적인 헌신이 필요하다. 만약 클라이언트가 서비스를 받기 위해 너무 많은 시간을 대기해야 한다면 사례관리의 본 목적을 달성하기 어렵다. 이런 경우 사례관리자는 해당 기관 및 타 기관과의 조정을 통해 빠른 시일 내에 서비스가 제공되도록 해야 한다.

클라이언트 중심의 접근을 위해 사례관리자는 사례관리 전 과정에 걸쳐 이용자와 긴밀하게 의논할 필요가 있다. 이용자가 사례회의나 미팅에 참여하는 것이 편안하게 느낄 수 있도록 적절한 지지를 행한다. 필요한 경우 일부 사람들만의 소모임에 이용자나 가족들이 참여해서 회의를 하도록 하고 익숙해지면 더 큰 회의에 참석하도록 권할 수 있다. 또한 서비스 이용자를 위해 이메일이나 문자를 통해 기관 간 협의 내용을 알려주는 것도 좋다.

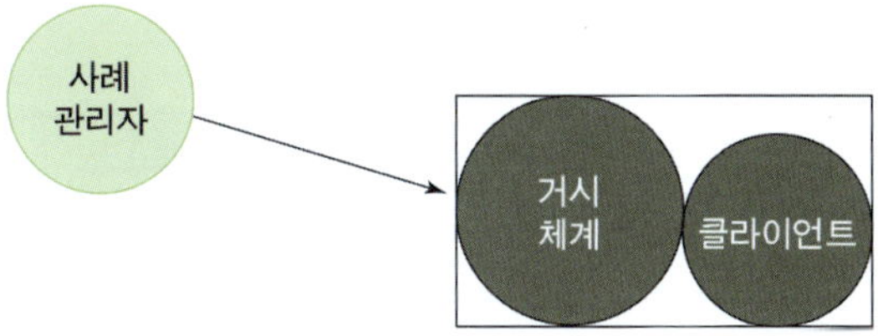

▮그림 6-5. 사례관리에서의 조정

사례관리에서 적용가능한 조정 기술

- 조정에 대한 사전 동의
  기관 간 협력 시 조정의 중요성 및 조정에의 참여 등에 대해 사전에 협약서를 갖는다.
- 사례관리 과정 중 조정의 이점 공유
  사례관리를 통해 기관 간 협력의 이점이 무엇인지 확인하고 실제적인 이득이 생길 수 있도록 한다.
- 현재 클라이언트의 욕구충족을 위해 어떤 방법이 가장 적절한지에 초점을 둔다.
- 사례회의, 통합사례회의, 솔루션회의 등을 활용한다.
- 관련된 기관 간 합동교육 및 합동 수퍼비전 등을 실시한다.
- 조정을 방해하는 요인(사례관리에 대한 이해 부족, 기관에 대한 오해, 참여기관 간 과다한 경쟁)을 점검하고 이를 다룬다.

사례 조정(case coordination)은 한 기관 내 또는 몇몇 지역사회 기관 간, 클라이언트에게 서비스를 제공하는 다른 직원 간과 사례관리자 간의 정기적인 의사소통, 정보 공유 및 협력을 포함한다. 조정에는 이용자의 서비스 접근을 직접적으로 촉진하는 것, 서비스로의 접근을 막는 장애요인을 감소시키는 것, 다른 서비스 제공자에게로의 연계 구축 등이 해당된다. 사례관리 과정에 행해진 모든 조정 활동은 과정노트(progress notes)에 기록한다.

Part II

사례관리의 구성요소

조정 기술을 적용한 사례

수민양은 19살로 3개월 전부터 청소년중장기쉼터에서 지내고 있다. 아버지는 알코올 중독으로 몇 년 전부터 병원에 입원해 계시고 3년 전 갑자기 어머니가 돌아가시면서 작은 이모집에 지내다 작은 이모의 남자친구로부터 성폭행을 당한 뒤 가출해 가출팸들과 지내다 알고 지내던 남자들로부터 집단성폭행을 당하였다. 그 뒤 돈을 벌기 위해 아는 언니, 오빠와 함께 인터넷으로 조건만남을 해왔고 그 사이 두 번이나 임신중절 수술을 하였다.

아는 언니, 오빠와 돈 문제로 갈등이 생기면서 도망쳐 나와 현재는 쉼터에서 생활하고 있다. 쉼터생활을 하면서 검정고시도 준비하고 마음을 잡아 보려고 생각해 보지만 옷이랑 화장품이랑 자신의 상황에 맞지 않게 지출이 커서 쉼터 선생님들로부터 자주 잔소리를 듣고 있다. 최근에는 외출 후 조건만남을 한 것이 여러 차례 쉼터선생님에게 발각되어 쉼터에서 퇴소 위기에 놓여 있었다. 그러던 중 중장기쉼터 실무자가 청소년 성매매지원시설에 상담을 의뢰하였다. 상담 결과 수민양은 2년 전에도 성매매 단속에 걸려 청소년00센터에서 교육을 받은 뒤 지금도 종종 실무자를 찾아가 상담을 하곤 하였다. 또한 중장기쉼터에서는 갑작스런 어머니의 죽음과 여러 차례의 성폭행, 불면증, 극도로 심한 감정 기복 등의 문제를 돕고자 자원봉사자를 통한 상담치료와 미술치료를 제공하였다. 중장기쉼터에서 의뢰되어 찾아간 학교 밖 청소년지원센터에서는 매주 1회 임파워먼트 향상을 위한 상담을 받았다.

사정 결과 3~4개 기관에서 제공되는 비슷한 서비스가 서로 중복되면서 오히려 수민양에게 도움이 되지 않을 수 있다고 판단했다. 그 결과 성매매 방지기관 실무자는 중장기쉼터, 청소년00센터, 학교 밖 청소년지원센터 실무자들과 연락해서 이러한 사정을 알리고 각기 기관에서 어떻게 할 수 있을지를 의논했다. 그 결과 학교 밖 청소년지원센터에서는 진로지도 및 직업준비를 위한 진로탐색과 진로지도에 초점을 두겠다고 했고, 청소년성매매 방지기관에서는 성매매 재진입 방지를 위한 교육 및 정신과에서의 치료비를 제공하겠다고 하였다. 중장기쉼터에서는 심리적 안정을 위한 보호 및 지지와 공동체 생활 적응을 위한 지도, 인권교육을 강화하는 것으로 조정되었다.

(5) 점검

점검(monitoring)은 사례관리 계획에 따른 서비스가 제대로 잘 진행되고 있는지를 파악하고 그에 따른 조치를 행하는 것을 의미한다. 사례관리자는 당초 수립한 계획대로 서비스가 이행되고 있는지, 목표가 적절하게 달성되고 있는지, 달성된 산출이 무엇인지 등에 대해 파악한다. 또한 사례관리가 진행되는 동안 클라이언트 및 서비스 제공기관 담당자, 자원들이 어떻게 상호작용하며 각각이 서비스 과정 및 내용에 만족하는지를 파악한다.

사례관리에서 적용가능한 점검 기술

점검 대상	주요 점검 내용	양적 점검	질적 점검
청소년 측면	청소년은 서비스 과정에 만족하는가? 적극적으로 참여하는가? 청소년이 원하는 방향으로 가고 있는가?	측정도구 사용 (이용 만족도, 임파워먼트 등)	가정방문, 관찰, 면담, 전화,
서비스 제공기관 담당자 측면	서비스는 계획대로 이루어지고 있는가? 서비스 담당자의 활동은 적절한가? 양질의 서비스가 이루어지고 있는가?	각종 결과지, 보고서, 사진 등 증빙 문서자료	면담, 기관방문, 전화, 기록, 비공식 모임
청소년과 담당자 간 상호관계	청소년과 서비스 담당자와의 관계는 적절한가? 쌍방 간에 의사소통 및 교류는 잘 이루어지고 있는가?	일지나 일기, 점검 보고서, 운영일지	면담, 전화, 활동 시 방문

점검 기술을 적용한 사례

강00 사례에 점검 기술을 적용한 예를 살펴보면 다음과 같다.

1. 청소년의 점검

- 취침시간 : 취침일지 작성
- 운동 : 운동일지 작성
- 식이조절 : 자기기입식 평가표 활용
- 아들과 함께 놀아주기 : 자기기입식 평가표 활용
- 어머니와의 대화 : 자기기입식 평가표 활용

2. 지원망 점검

- ○○병원 : 진단 결과 및 치료 경과에 대한 점검(월 1회)
- 정신보건센터 : 약물관리 및 상담을 통한 변화 정도 점검(월 1회)
- 가정지원센터 : 부모교육, 가족상담 및 가정지원 사업에 대한 점검(월 2회)
- 자활센터 : 출석 및 근무태도, 변화 정도 점검(월 2회)
- 주민센터 : 수급자 신청 및 주거지원을 위한 협의(월 1회)

내용		2015	2016 상반기	2016 하반기	계획
일상생활	경제	5점	6점	7점	방 두 개인 집에서 살았으면 좋겠다.
	건강	5점	5점	7점	고도비만이므로 정기적인 운동과 식이요법을 통해 감량이 필요하다. 1주일에 금, 토, 일에는 운동장에서 30분씩 걷는다.
		5점	8점	9점	하루라도 수면제를 먹지 않고 편히 잠을 잤으면 좋겠다. 11시 이전에는 잠자리에 든다.
	의식주(생활)	6점	8점	9점	제때 식사를 해서 위장장애가 나아졌으면 좋겠다.
	가족관계	4점	7점	8점	엄마에게 화내지 않고 내 생각을 이야기하고 싶다.
		6점	9점	10점	아들에게 짜증내지 않고 매일 1시간 놀아주기.
심리정서	낮은 자아존중감	5점	6점	7점	나는 내가 하고 싶은 말을 할 것이다.
	좌절감	5점	7점	9점	성매매를 하게 된 것은 사회의 책임도 크므로 전적으로 내 잘못은 아니다. 더 이상 나를 원망하지 말자.
	자살생각	5점	7점	8점	아들과 함께 건강하고 행복하게 살고 싶다.
취업준비	자활센터출근	6점	8점	9점	자활센터에 결석하지 않고 나가겠다.
	직장체험	4점	8점	9점	내가 일해보고 싶던 직장에서 직장체험을 해보겠다.

(6) 새로운 자원 개발

새로운 자원 개발이란 기존 서비스로는 욕구를 충족시킬 수 없는 클라이언트를 위해 욕구에 맞는 새로운 자원을 발굴, 개발하는 것을 뜻한다. 사례관리자는 클라이언트 욕구충족을 위한 공식 자원(교육, 복지, 보건 등 공공기관에 의해 제공되는 서비스) 및 비공식 자원(가족, 친인척, 가까운 주변 사람, 지역주민 등)을 발굴, 개발한다. 지역 내 자원이 없다고 낙심할 것이 아니라 먼저 용기를 갖고 새로운 자원을 탐색하는 것이 더 중요하다. 후원기관 실무자들에 따르면 많은 기관에서 후원자를 개발해서 더 이상 사람들이 후원에 관심이 없을 것이라고 생각하기 쉽지만 의외로 상당수의 지역주민이나 자원들은 후원 요청을 직접 받아 보지 못한 경우가 많다고 한다. 미리 안 될 것이라고 포기할 이유는 없다.

사례관리에서 적용가능한 새로운 자원 개발 기술

- 이전에 활용한 공식적·비공식적 자원이 무엇이었는지 파악하고 중단된 관계에서 새롭게 이어질 자원개발 가능성을 탐색한다.
- 지역사회 내 다양한 자원을 찾고 관리한다. 클라이언트가 살고 있는 지역 내 병원, 약국, 마트, 교회, 중소업체 등과 관계를 형성하고 평소에 관리한다.
- 지역주민이나 관심있는 사람들 간의 모임(00을 사랑하는 사람들 등)을 만들고 조직화해서 새로운 서비스를 제공할 수 있게 한다.

(7) 기존 지지망 지원

기존 지지망 지원이란 클라이언트가 아닌 클라이언트에게 서비스나 도움을 제공하는 사람, 조직, 자원 등에 대해 지원하고 개입하는 것을 의미한다. 일반적으로 사례관리에서는 클라이언트에게 없던 새로운 자원이나 서비스를 연결하는 것을 중요하게 생각하는 경향이 있다. 그러나 클라이언트에게는 기존 지지망을 활용하는 것이 더 효과적일 수 있다. 이전에 지지를 받았던 사람이나 기관은 이미 어느 정도 신뢰관계가 형성되고 서로에 대한 이해가 빠르다. 또한 한쪽에서만 돌봄을 제공하는 일방적인 관계라기보다는 쌍방이 서로 도움을 주고 받기 쉽다. 사례관리자는 기존에 클라이언트를 지지해 온 사람이나 기관들이 본연의 역할을 잘 수행할 수 있도록 지지해야 한다. 만약 그런 지지망이 느슨하다면 보다 촘촘할 수 있도록 강화해야 하며 지지망이 잘 작용하지 않는다면 잘 작동할 수 있도록 지원하는 것이 필요하다.

사례관리에서 적용가능한 기존 지지망 지원 기술

- **교육 지원** : 가족이나 친지, 자조집단, 이웃들에게 클라이언트에 대한 이해 및 지원과 관련된 부분에 대해 교육을 행한다. 예를 들어 청소년문제를 유발하는 사회구조 및 불평등 문제, 청소년에 대한 차별, 청소년권리 등에 대한 교육을 행할 수 있다.
- **이차적 지원활동** : 클라이언트를 지원하는 조직, 사람들을 위해 스트레스 해소, 구체적인 업무지원, 업무관련 자문 등을 행한다.
- **서비스 제공자에 대한 심리적 지지** : 서비스 제공자에 대한 감사 인사, 격려, 서비스가 클라이언트에게 미치는 긍정적 효과의 알림 등을 행한다.

지지망 지원 기술을 적용한 사례

클라이언트들은 가족과 밀접히 관련되어 있다. 청소년들이 비행이나 범죄를 저지르거나 유지하는 데는 가족요인도 크게 작용한다. 반면 가족은 클라이언트가 심리적 안정을 찾고 재적응하도록 하는 데 보호요인이 되기도 한다. 클라이언트 00씨는 3년간 성매매업소에서 일하다 몸도 지치고 마음도 지쳐 성매매를 그만두고자 하지만 알코올중독 증세가 있는 어머니와 정신지체인 동생 때문에 탈성매매가 쉽지 않다.

이 경우 사례관리자는 클라이언트에게 탈성매매를 하는 것이 바람직하다고 권유하기보다는 어머니에게 알코올중독 치료센터의 치료 제공, 노인복지관과의 연계, 지역장애아동기관에 동생의 재활치료 제공, 00씨가 자활센터에서 참여하는 시간 동안 동생을 돌봐주는 자원봉사자 파견 등 지지망에 대한 개입을 할 수 있다. 그 시간에 00씨는 자활센터에도 가고 좋아하는 동호회활동도 하고 휴식도 취할 수 있었다.

3) 사례관리자가 갖추어야 할 지식과 기술

사례관리자는 사례관리를 이루는 핵심적인 구성요소 중 하나로서 클라이언트가 더 나은 수준의 신체, 심리, 사회, 경제적 복지를 유지하고 만족스런 삶이 보장될 수 있도록 1차적 책임을 가진다. 사례관리자는 직접 서비스 제공과 간접 서비스 제공 모두를 행한다. 또한 클라이언트 중심의 접근, 사례관리 과정, 사례관리와 관련된 체계, 기관 조직, 연구, 자기관리 영역과 관련한 지식과 기술을 갖추어야 한다.

클라이언트 중심	과정	체계	조직	연구	자기 관리
• 클라이언트 중심적 접근 • 민감성 • 문화적 유능성	• 의사소통 • 계약 • 계획 • 모니터링 • 사정	• 조정 • 네트워크 • 협력 • 자원화 • 옹호	• 문서 작성 및 관리 • 불만 관리 • 위기 관리 • 질 관리	• 문헌검토 • 실천토대의 연구 • 근거기반 • 프로그램 및 정책 평가	• 자기케어 • 시간 관리 • 업무량 관리 • 리더십

4) 서비스 강도와 지속기간

사례관리자가 대상자에게 얼마나 집중적으로 관여해야 하는지는 이용자가 처한 환경의 복잡성 정도에 따라 좌우된다. 일부 연구에 따르면 서비스 이용자와의 접촉 정도가 많을수록 치료의 유지가 잘 되며 자신들이 받은 서비스 질에 대해 더 긍정적으로 인식하는 것으로 보고하였다. 호주 홈리스와 무직 청소년을 대상으로 실시한 두 가지 사례관리 모델에 대한 연구에 따르면 12개월 동안 1명의 사례관리자가 최소 20번을 만난 경우, 고용, 교육, 주거 성과에서 통계적으로 의미있는 것으로 보고하였다. 즉 사례관리 서비스의 적절 수준은 20번 이상이 적절하다는 것이다. 사례관리자와 더 많이 만난 청소년들은 서비스는 물론 교육과 훈련에 더 많이 참여하였다. 그들은 더 쉽게 일을 찾고 유지하고 재정적으로 독립하게 되고 더 안정적인 주거에서 생활하는 것으로 나타났다. 또한 사례관리자와의 만남이 많을수록 열악한 건강상태에 있는 청소년의 비율이 유의미하게 감소되었다.

사례관리의 지속기간은 재정, 이용자의 욕구 및 특성, 사례관리 모델, 서비스를 제공하는 기관에 할당된 자원 등을 함께 고려해서 결정할 필요가 있다. 물질남용과 같이 만성적이며 재발 가능성이 높은 클라이언트에 대한 사례관리는 장기간의 지속적 개입을 통해 효과가 드러날 수 있으므로 인내심을 갖고 서비스가 유지되도록 해야 한다. 지지의 지속기간은 더 나은 성과를 만드는 데 필수적 요소인 지속적이고 신뢰로운 사례관리 관계를 개발하도록 한다. 다중의 불이득을 경험하는 취약계층의 경우 사례관리자와 신뢰로운 관계를 형성하는 데 거의 6개월이 소요된다. 서비스의 대기, 전문적 서비스의 부족, 불안정한 주거, 재정적 어려움 등이 있는 경우, 사례관리의 지속기간은 상대적으로 길어질 수밖에 없다.

청소년사례관리자의 역할과 책임

- 청소년 발굴을 위해 아웃리치하고 모집한다.
- 아웃리치, 청소년 발굴, 긍정적인 공적 관계를 위해 지역사회 조직 및 교육기관과 접촉을 하고 관계를 유지한다.
- 지역사회 집단과 조직에 청소년프로그램과 서비스에 대한 정보를 제공한다.
- 서비스와 서비스의 자격요건을 청소년에게 이해시킨다.
- 자격요건을 결정하고 프로그램 서비스에 청소년이 등록하도록 돕는다.
- 직업설계와 직업결정 과정에 청소년을 돕는다.
- 고용에의 장벽을 구체시하고 원스톱체계 내에서 서비스를 의뢰한다.
- 청소년이 힘을 얻도록 사례관리를 제공한다.
- 부가적인 지원을 위해 다른 청소년서비스 제공자를 청소년에게 의뢰한다.
- 청소년에게 직업개발과 적절한 직업 의뢰를 제공한다.
- 구직과 관련해 청소년에게 사후지도 서비스를 제공한다.
- 직업박람회를 조직화하고 직업박람회, 지역이벤트에 참여시킨다.
- 서비스를 모니터링한다.
- 청소년의 실행 결과를 모니터링한다.

youth case manager Job description.
http://youth-alliance.org/wp-content/uploads/2016/03/Youth-Case-Manager.pdf 2017년 9월 2일 발췌

2. 사례관리 과정

사례관리는 일련의 과정으로 이루어진다. 이는 준비 단계, 사정 단계, 개별서비스 계획 단계, 실행 단계, 종결 단계로 이루어진다. 이것은 일반적인 사회복지실천 과정과 거의 유사하지만 몇 가지에서 차이점이 있다. 인테이크 전에 준비 단계가 특별히 강조되고 일반 사회복지실천보다 사정의 비중이 훨씬 크다. 또한 개인에게 특별히 초점을 둔 개별서비스 계획 단계가 행해진다. 이 단계에서는 직접 및 간접 서비스가 행해진다(〈그림 6-6〉 참고). 사례관리 과정에 대한 구체적인 내용은 Ⅲ. 사례관리의 실제에서 구체적으로 다루어지므로 본 절에서는 전반적인 이해를 돕고자 간단히 소개하고자 한다.

1) 준비 단계

(1) 준비 단계의 목적

일반적으로 사회복지실천 과정은 인테이크 단계에서부터 시작되지만 사례관리는 특별히 사전 단계가 필요하다. 이것이 준비 단계이다. 사례관리는 클라이언트가 원한다고 해서 다 되는 것이 아니다. 또한 사례관리자의 노력만으로 되는 것이 아니다. 사례관리를 잘 하기 위해서는 사전에 어느 정도의 준비가 필요하다. 즉, 기관 내부의 운영시스템 및 외부시스템이 구축되면 훨씬 더 시너지 효과를 얻을 수 있다.

(2) 준비 단계의 주요 과업

첫째, 서비스 대상자 유형에 대한 이해가 필요하다. 5장 사례관리 이용자에서 설명되었듯이 사례관리자는 사례관리 서비스를 직접 받는 사례관리 대상자 이외에도 잠재적 사례관리 대상자, 위기관리 대상자, 서비스 이용자 등 다양한 클라이언트와 관련된다. 따라서 사례관리 대상자에 대한 이해는 물론 잠재적 사례관리 대상자, 위기관리 대상자, 서비스 이용자들이 어떻게 사례관리 대상자로 전환될 수 있는지 잘 파악하는 것이 필요하다.

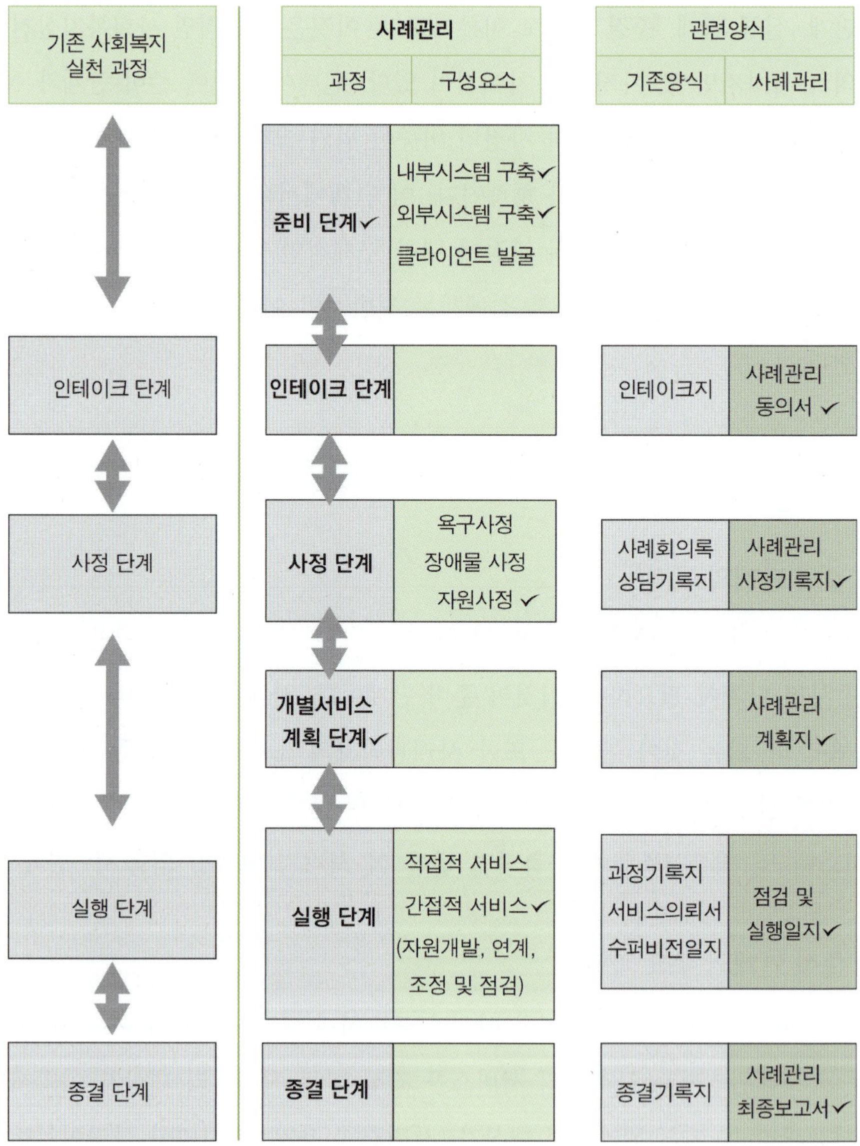

그림 6-6. 사례관리의 과정 및 구성요소

둘째, 사례관리를 위한 내·외부 시스템의 구축이다. 효과적인 사례관리를 위해서는 기관내부는 물론 외부 시스템을 구축해서 사례관리가 체계적으로 운영될 수 있도록 환경을 구축하는 것이 필요하다.

- 기관장 또는 내부 구성원들이 사례관리의 필요성을 인식하거나 사례관리 도입에 합의한다.

↓

- 기관 자체의 사례관리 지침을 마련한다. 대상자 선정기준, 사례관리자의 사례수, 사례관리팀의 역할, 사례회의 등 내부 운영시스템, 기록, 예산집행 등에 대한 기준을 설정한다.

↓

- 운영 매뉴얼 및 지침에 근거한 내부 시스템을 구축한다. 사례관리자 배치, 사례관리팀 구성, 사례회의, 통합사례관리 회의 참석 등이 내부 지침에 명시되고 이에 따라 조직, 인력, 예산이 할당된다.

↓

- 기관의 사례관리를 지원하는 외부 시스템을 구축하는 것이 필요하다. 지역 내 통합사례관리회의, 통합사례관리지원단, 솔루션회의 등과 연계가 필요하다.

↓

- 지역사회 내 산재한 자원을 파악하고 자원 목록을 만든다. 또한 지역사회 협력기관을 구축한다.

↓

- 사례관리가 필요한 잠재적 사례관리 대상자를 발굴하거나 의뢰받기 위한 다각적인 노력을 행한다.

2) 인테이크 단계

(1) 인테이크 단계의 목적

인테이크(intake)란 실무자가 전문적 도움을 위해 찾아온 클라이언트의 문제와 욕구를 확인하고 그것이 기관의 정책과 서비스에 부합되는지의 여부를 판단하는 과정을 의미한다. 인테이크는 사회복지실천 과정에서 필수적인 과정이지만 사례관리에서도 마찬가지이다. 클라이언트와의 첫 관계를 어떻게 시작하는지는 이후 전문적 협력관계 형성에 절대적인 영향을 미친다는 점에서 매우 중요하다.

사례관리에 적합한 대상자

첫째, 복합적인 어려움에 있어 중장기적 개입(최소 3개월 이상) 필요

둘째, 욕구충족을 위해서는 기존 기관의 서비스만으로는 안 되고, 다른 기관과의 연계, 협력 필요

셋째, 클라이언트가 참여하고자 하는 의지가 있고 동의하는 경우

넷째, 사례관리에서 다루어질 내용은 클라이언트의 특정 문제에 초점을 두는 것이 아니라 생애 전반에 걸친 내용들이 다루어져야 한다.

(2) 인테이크 단계의 주요 과업

첫째, 클라이언트가 바라는 욕구, 희망, 기대가 무엇인지 확인한다. 또한 생활 전반과 클라이언트 및 가족이 중요하게 생각하는 모든 욕구를 검토한다. 왜냐하면 사례관리에서는 클라이언트의 특정 문제에만 초점을 두는 것이 아니라, 지금보다 조금 더 생활이 나아지도록 하는 데 초점을 두기 때문이다.

둘째, 수용, 무조건적 존중, 개별화, 진실성 등의 태도를 통해 신뢰로운 원조관계를 형성, 유지하고 참여 및 변화에 대한 동기를 고취시킨다. 클라이언트는 기존 서비스를 이미 많이 받은 사람들이다. 사례관리와 기존 서비스와의 차별성을 인식시키고 새롭게 관심을 갖고 기대할 수 있도록 하는 것이 좋다.

셋째, 인테이크는 가능한 짧고 간단하게 하는 것이 좋다. 소요시간은 60분 이내가 바람직하다. 왜냐하면 아직 클라이언트와 기관이 사례관리에 대해 합의를 한 것이 아니기 때문이다. 자세한 정보 탐색은 사정 단계에서 보다 풍부하게 다루는 것이 좋다.

넷째, 인테이크지를 작성한다. 가능한 클라이언트가 말한 진술 내용을 그대로 적는다.

사례관리에서 행해진 모든 기록은 클라이언트에게 공개될 수 있다는 점을 명심해서 작성하는 것이 필요하다.

다섯째, 대상자를 선정한다. 대상자 선정은 사례관리 판정기준에 의해서 판정한다.

여섯째, 클라이언트가 사례관리를 희망하고 기관의 사례관리 지침이나 규정과 일치하면 합의서를 작성한다. 만약 클라이언트가 사례관리에 동의하지 않으면 다음 단계로 넘어가지 않는다. 동의서 작성 시 클라이언트의 개인정보 제공을 어느 범위까지 할 것인지를 명확히 하는 것이 필요하다. 기본적으로 사례관리는 철저히 이용자 중심이다. 따라서 사례관리의 시작은 이용자의 자발적 동의에서부터 시작되고 사례관리 과정에서도 수시로 이용자의 참여와 선택권을 존중해야 한다. 한 마디로 사례관리 대상자의 자기결정권은 최고로 존중되어야 한다.

3) 사정 단계

(1) 사정 단계의 목적

사정(assessment)은 사례관리자와 클라이언트가 함께 클라이언트의 욕구를 확인하고 우선순위를 정하고 욕구충족을 위한 적합한 서비스 및 방법을 찾기 위해 필요한 정보를 수집, 분석하는 과정이다. 사정은 서비스 내용을 결정하는 것만이 아니라 궁극적으로 클라이언트와 사례관리자가 클라이언트 및 클라이언트의 삶에 대해 심층적으로 이해하는 과정이다. 사정은 서비스 전 과정에서 이루어지며 계속적으로 변화될 수 있다.

(2) 사정 단계의 주요 과업

첫째, 요구에서 욕구로 전환한다. 인테이크 시 파악한 문제나 요구를 토대로 욕구를 파악한다. 클라이언트가 호소하는 특정 문제나 특정 서비스 요구에만 집중할 것이 아니라 그 의미를 이해하고 클라이언트가 바라는 더 나은 삶, 희망과 기대를 실현할 수 있는 방향으로 전환하는 것이 필요하다. 욕구는 생존의 욕구, 자아실현의 욕구, 소속의 욕구 등이 있다. 이 과정에 클라이언트가 무엇을 원하는지, 앞으로 어떤 지원을 필요로 하는지에 대해 모른다고 하거나 혼란스럽게 이야기하는 것은 어쩌면 당연할 수 있다. 실무자의 욕심에 의해 너무 성급하게 재촉하지 말고 클라이언트가 어떤 생각을 가지고 있는지 다양한 질문과 관찰과 격려를 통해 함께 찾아가는 것이 좋다. 또한 사정을 통해 클라이언트 내면에 숨겨진 긍정적 에너지를 발견하는 것이 중요하다.

둘째, 욕구 사정을 한다. 욕구 사정에는 욕구는 물론 자원 사정, 장애물 사정을 포함한다. 사정에는 클라이언트 이외에도 가족, 이웃, 친구, 친척, 지역사회기관 실무자 등 다양한 대상이 포함될 수 있다. 또한 면접, 심리검사, 가정방문, 서비스 기록, 관찰, 측정도구 등 다양한 방법을 활용해 사정할 수 있다. 특히 사례관리에서는 생태체계적 관점, 강점 중심 관점의 사정이 필요하다. 사정 단계는 사례관리자 혼자서 클라이언트의 문제를 분석하는 것이 아니라 클라이언트와 함께 점검하고 확인하는 과정이어야 한다. 클라이언트에 대한 심층적인 이해를 위해 계속적으로 대화를 하고 다각적인 측면에 대해 질문하는 것이 좋다.

셋째, 사례회의를 통해 실무자 및 수퍼바이저 등이 사례에 대해 함께 검토한다.

넷째, 사례관리 사정기록지를 작성한다. 사례관리에서 행해진 모든 기록은 클라이언트에게 공개될 수 있다는 점을 명심해서 작성하는 것이 필요하다. 사례관리는 인테이크 후 3주 이내 사정을 완료한다. 작성된 사정기록지는 최소 3개월마다 주기적으로 재사정한다.

4) 개별서비스 계획 단계

(1) 개별서비스 계획 단계의 목적

개별서비스 계획(individualized service plan) 수립은 클라이언트가 지금보다 더 나은 삶을 영위할 수 있도록 하기 위해 어떤 지원 및 노력들이 행해져야 하는지를 구체화하는 과정이다. 개별서비스 계획 단계에서는 서비스의 목표, 방법 및 내용, 우선순위, 서비스 제공자, 시기, 관련된 사람들의 역할과 활동 등이 수립된다.

(2) 개별서비스 계획 단계의 주요 과업

첫째, 사례관리의 목적 및 지향점에 대해 명확히 한다. 사례관리는 단순한 서비스 제공이 목적이 아니라 클라이언트나 지역사회의 역량을 강화해서 클라이언트가 조금 더 주체적인 삶을 살 수 있도록 하는 것에 초점을 두어야 한다. 따라서 개입방향은 클라이언트 및 지역사회 역량을 강화하도록 해야 한다.

둘째, 단기·중장기 목표를 수립한다. 이를 위해 클라이언트와 사례관리자가 서로 충분히 논의, 합의해서 결정한다. 중장기 목표란 클라이언트가 현재보다 조금 더 나은 생활을 영위하기 위해 종결시기에 도달하고자 하는 수준이나 상태를 의미한다. 단기 목표는 중장기 목표를 달성하기 위한 보다 세부적, 구체적인 목표로 통상 3개월 이내 달성 가능한 것이어야 한다. 더 쉽게 정리하면 단기 목표는 청소년 자신이 직접 행할 수 있는 것이어야 하며 비교적 짧은 시간에 달성할 수 있어야 한다. 중장기 목표는 단기 목표를 달성하면 자연스럽게 이루어질 수 있는 것이며 다소 추상적이고 이상적일 수 있다.

셋째, 세부적인 계획 및 전략을 구체화한다. 단기 목표를 달성하기 위해 누가, 언제, 어떻게, 무엇을 할 것인지에 대해 클라이언트와 함께 계획을 수립한다. 계획수립 과정은 1회로 끝나는 것이 아니라 클라이언트 및 자원과의 수차례 면담, 협의과정을 통해 이루어진다.

넷째, 계약을 수립한다. 구체적인 계획이 완료되면 사례관리자 대상자와 계약을 수립한다. 계약내용에는 서비스제공기관, 내용, 기간, 빈도, 클라이언트의 역할, 서명 등이 포함되어야 한다.

5) 실행 단계

(1) 실행 단계의 목적

실행 단계는 서비스 계획을 행동화해서 당초 계획한 목표가 현실화될 수 있도록 하는 것이다. 사회복지실천에서의 일반적인 실행과 달리 사례관리에서의 실행은 클라이언트가 수동적인 입장에 있는 것이 아니라 적극적으로 참여해야 한다는 점이 큰 특징이다. 계획 단계에서 구상한 내용들이 실제 클라이언트에게 제대로 적절하게 제공될 수 있도록 다양한 기관과 협력한다.

사례관리자는 직접(상담, 교육, 구체적인 활동, 연계, 의뢰) 및 간접적 서비스(점검 및 조정) 등을 행한다. 이 단계에서는 당초 계획과 달리 클라이언트의 상황이나 서비스 제공기관 등에서 여러 가지 변화가 생길 수 있다. 이럴 경우 사례관리자는 필요한 경우 본인이 직접 서비스를 제공할 수도 있고 새로운 자원을 발굴하기도 한다. 또한 옹호, 조정, 대변 등의 역할을 수행하면서 서비스 과정을 관리하고 유지해야 한다.

(2) 실행 단계의 주요 과업

첫째, 개별화된 계획을 이행한다. 개별 계획은 여러 주체들이 함께 노력해서 실행하는 것이다. 그중에서도 클라이언트의 참여와 노력이 매우 중요하다. 사례관리자가 바쁜 것이 아니라 클라이언트가 적극적으로 참여할 수 있도록 동기를 고취, 유지시키는 것이 중요하다.

둘째, 직접적 서비스를 제공한다. 직접적 서비스는 사례관리자가 직접 클라이언트에게 행하는 서비스이다. 여기에는 심리적 지지 및 상담, 교육, 활동지원 등이 해당된다.

셋째, 간접적 서비스를 제공한다. 간접적 서비스에는 점검, 조정 및 재조정, 옹호 등이 해당된다. 점검은 개별서비스 계획에서 제시된 내용이 계획대로 잘 실행되고 있는지, 실행을 통해 당초 계획한 목표가 잘 달성되고 있는지를 검토하는 것이다. 조정은 당초 계획한 것이 조화롭게 진행될 수 있도록 여러 참여기관들을 조율하는 것이다. 경우에 따라 관련기관들의 역할을 재조정해야 하거나 갑작스럽게 서비스가 중단될 경우 이를 일시적으로 대체하거나 새로운 자원을 투입할 수도 있다. 이 경우 사례관리자 자신이 직접 서비스를 대체할 수도 있고 다른 자원을 끌어들여 연결할 수도 있다.

넷째, 과정기록지를 작성한다. 클라이언트 지원과 관련해 행해진 모든 업무는 과정기록지에 기록되어야 한다. 과정기록지에는 6하 원칙에 의거해 모든 서비스 진행사항을 기록한다.

6) 종결 단계

(1) 종결 단계의 목적

종결은 사례관리 과정에서 계약한 전문적인 원조관계를 종결하는 것이다. 일반적으로 클라이언트의 입·퇴소가 반복되고 영구적인 종결이 힘든 사회복지 영역에서는 종결이란 당초 계약한 서비스 목표가 달성되어 서비스가 종료되는 것을 뜻하는 경우가 많다. 특히 만성적이고 복잡한 어려움을 갖는 클라이언트에게는 사례관리가 종료된 이후라도 새로운 욕구나 문제 발생으로 새로운 목표를 향한 사례관리를 시작할 수 있다. 따라서 적절한 종결은 도움이 필요할 때 기관 및 시설에 도움을 요청하게 하는 연결고리가 될 수 있다.

(2) 종결 단계의 주요 과업

첫째, 클라이언트와 종결계획을 수립한다. 인테이크부터 클라이언트와 종결에 대해 간단히 설명하고 잠정적인 종결계획을 나눈다. 종결 한 달 전부터는 보다 구체적으로 클라이언트와 구체적인 종결계획을 수립하고 종결 전 다루어야 할 사항들을 점검해 나간다. 충분한 시간을 두고 종결 이유와 종결 시기를 정한다. 사례관리의 목표가 달성된 경우, 클라이언트가 종결을 원하는 경우, 사례관리자에 의한 종결, 클라이언트의 이사나 예산 삭감 등 외부적 요인에 의한 종결 등의 이유로 종결이 가능함을 설명한다.

둘째, 평가의 핵심을 명확히 한다. 평가는 사례관리를 통해 클라이언트 및 클라이언트 환경에 어떤 변화가 생겼는지를 확인하는 것을 뜻한다. 사례관리에서 평가는 단순한 문제해결에 초점을 두는 것이 아니라 클라이언트가 얼마나 관계가 확장되고 스스로 자신을 둘러싼 자원에 영향력을 행사하고 환경이 클라이언트에게 보다 민감하게 반응하고 지지망이 탄탄해졌는지에 보다 초점을 둔다.

셋째, 평가와 관련해 방법, 유형, 대상, 시기, 내용을 명확히 한다. 다각적인 평가를 위해 다양한 평가방법, 평가대상, 평가유형을 포함하는 것이 좋다.

넷째, 최종 서비스 종결에 대한 심리적 반응에 대해 서로 이야기한다. 종결이나 퇴소에 대한 클라이언트와 사례관리자 간의 부정적 감정(분리불안, 두려움, 이별의 슬픔 등)들을 적절하게 해결하고 긍정적 감정들을 유지한 상태에서 돕는 관계를 끝내야 한다.

다섯째, 종결 및 퇴소 상담을 한다. 종결에서는 지금까지 행해온 것, 이루어진 성과와 변화 등이 최종 평가되고 클라이언트의 입장에서 종결에 대한 생각과 느낌, 서비스를 통해 얻게 된 성과 등을 함께 다룬다. 종결 이후에 다루어질 것을 예견하고 종결 후 기거할 장소, 생활방법, 사후관리 계획수립 등을 행한다. 종결 이후에도 필요한 경우 계속 지원받을 수 있도록 관계 유지가 필요하다.

Chapter 07

지역사회 자원[1)]

1. 지역사회 및 지역사회 자원의 중요성

지역사회는 클라이언트가 생활하는 환경인 동시에 클라이언트에게 보호요인 및 위험요인이 공존하며 클라이언트의 기능을 돕는 무수한 자원들이 잠재되어 있는 곳이다. 사례관리자는 클라이언트가 지역사회에서 적절한 기능을 수행할 수 있도록 하고 더불어 클라이언트가 속하거나 상호작용하는 지역사회가 클라이언트에게 적합하고 적절하게 기능하도록 변화시키기 위해 다양한 차원의 지역사회를 이해해야 한다.

지역사회는 크게 지리적, 기능적, 개인적 차원의 3가지 유형으로 대별해 볼 수 있다(오정수·류진석, 2004 재인용). 첫째, 지리적 차원의 지역사회이다. 이것은 특정한 공간을 중심으로 이루어지는 지역집단으로 동·읍·시와 같은 행정구역 집단과 마을, 시장권, 학교권과 같이 자연스럽게 형성된 사회적 지역집단이 해당된다.

둘째, 기능적 차원의 지역사회이다. 이것은 인종, 종교, 민족, 언어, 생활방식, 성적 지향, 사회계층, 정치적 성향, 직업 유형 등과 같이 사회적·문화적 동질성을 가진 공동체나 공통된 이해와 관심을 가진 이익집단을 의미한다.

셋째, 개인적 지역사회이다. 이것은 개인이 자신의 관점에 따라 규정한 지역사회를 의미한 것으로 개인의 상호작용, 서비스나 지원의 이용, 여가활동 등에서 개인이 참여하는 모든 지역사회를 포함한다. 경우에 따라 개인적 차원의 지역사회는 지리적 및 기능적 차원의 지역사회를 모두 포함할 수 있다.

지역사회는 클라이언트가 건강하게 생활할 수 있는 필수적인 에너지를 공급해 주기도

1) 이 부분은 남미애·윤숙자(2014)에서 일부 내용을 발췌하여 재인용 및 수정한 것이다.

Part Ⅱ 사례관리의 구성요소

하지만 건강하지 못한 환경은 클라이언트에게 치명적인 해를 끼침으로써 삶의 질에 부정적인 영향을 미치기도 한다. 사회복지실천에 있어 지역사회가 어떤 의의를 갖고 왜 중요한지를 살펴보면 다음과 같다(홍봉선·남미애, 2013의 내용을 일부 발췌하여 수정, 보완한 것이다.).

첫째, 지역사회는 청소년들에게 있어 구체적인 생활의 원천적 거점이다. 지역사회는 사람이 태어나서 성인이 될 때까지는 물론 전생애를 통하여 가장 직접적이고 실체적인 생활의 장소이고 인격형성의 장소이다. 또한 청소년이 주민들과의 다양한 사회적 상호작용 속에서 성장·발달하는 준거환경이다(한국청소년연구원, 1989: 35-36). 특히 청소년문제의 확산은 지역사회의 유해한 사회문화적 환경, 분위기와 밀접한 관계를 갖는다. 이에 지역사회의 책임이 강조되고 지역사회와의 연계와 협력의 필요성이 한층 대두되고 있다.

둘째, 지역사회는 청소년의 교육의 장이 될 뿐 아니라 지역사회에 존재하는 모든 물질적·문화적·인간적 자원은 청소년을 위한 교육적 자원이다. 즉, 지역사회는 곧 청소년들의 관습과 태도, 가치의식을 길러주는 교사의 역할을 하고 있으며 지역사회의 형태 및 문화가 학교 교육의 성격을 결정한다.

셋째, 지역사회에는 청소년에게 유용한 자원들이 잠재되어 있다. 청소년복지가 성공적으로 이루어지기 위해서는 국가의 과감한 재정적 지원과 정책 추진과 더불어 지역사회에 산재된 자원의 발견, 조직화, 관리를 통해 지역사회에 있는 인적·물적 자원을 활용하는 것이 필요하다. 특히 지역주민의 자발적인 참여를 이끌어 냄으로써 청소년에 대한 주민의 관심과 책임을 고양시킬 뿐 아니라 청소년과 기성세대의 갭을 메울 수 있을 것이다.

넷째, 지역사회는 중앙정부가 마련한 정책의 효과가 구체적으로 발생하는 전선(front line)이다. 청소년과 관련된 국가의 정책의지가 구체적으로 실현되는 곳이 지역사회이다. 아무리 질적으로 좋고, 양적으로 많은 정책과 수단이 제공된다 하더라도 그 실현성이 보장될 현장으로서의 지역사회가 그 수용태세를 갖추지 못하거나 수준

미달이라면 그 정책은 사실상 무용한 것이나 다름없는 노릇이다(이철위, 1991: 493).

지역사회 자원이란 인력, 물질, 조직, 정보 등 클라이언트의 문제해결 및 변화에 도움이 되는 것을 총칭한다고 할 수 있다. 지역사회는 클라이언트에게 유익한 자원들이 산재되어 있다. 지역사회는 클라이언트가 살아가는 생활환경인 동시에 각종 복지시책이나 서비스 등이 실현되는 곳일 뿐 아니라 클라이언트의 사회참여가 발휘되는 곳이기도 하다. 또한 사회복지실천에 있어 지역사회는 개인, 집단과 마찬가지로 그 자체가 사회복지의 개입 대상이기도 하다. 따라서 사례관리자는 효과적인 개입을 하기 위해 클라이언트나 기관이 속한 지역사회 및 자원에 대해 충분히 이해해야 한다.

2. 지역사회 자원의 유형

1) 공식적 자원

공식적 자원은 공공 기관에서 제공되는 인적, 물적, 조직, 정보 등의 다양한 자원이라고 할 수 있다. 이것은 제공 주체가 국가 및 지방자치단체에 의해 관리, 운영되는 것으로 크게 공공자원과 민간자원으로 대별된다. 이것은 법이나 제도에 의해 근거하고 공공정책에 의해 통제되기 때문에 안정적, 조직적, 체계적이다. 또한 서비스 자격, 방법, 시기, 내용 등이 명확하고 서비스의 양과 제공시간이 정해져 있다. 서비스 제공자와 이용자 간 구분이 뚜렷해 권력관계가 형성되고 낙인 효과가 있다. 획일적 형태를 가지고 있어 클라이언트의 욕구에 유연하게 대처하기 어렵고 지침이나 규정에 맞춰 있어 클라이언트가 필요할 때마다 활용하기 어렵다. 주도권이 클라이언트에게 없기 때문에 클라이언트가 통제력을 발휘하기가 어렵다.

공공 서비스는 주로 여러 서비스가 포함된 일련의 패키지로 되어 있다. 어떤 클라이언트에게는 패키지 프로그램이 모두 다 필요한 것은 아니고 경우에 따라서는 필요한 것의 순서가 이용자에 따라 다를 수 있다. 그러나 공공서비스는 이런 것들이 거의 정해져 있어 이용자가 공공기관의 서비스에 억지로 맞추어야 하는 경향이 많다. 실제 패키지화된 서비스가 모두 다 필요한 것도 아니고 필요한 순서가 다를 수 있는데 그것을 유연하게 적용할 수 없는 경우가 많다.

사례관리에서는 클라이언트의 욕구가 공공서비스 패키지와 맞지 않을 때 클라이언트 욕구에 맞도록 내용, 방법, 시기, 단계 등을 조정하는 역할도 수행한다. 이용자의 선택에 더 초점을 두고 공공기관에서 정해 놓은 절차와 내용이 반드시 클라이언트에게 적합하지 않을 수도 있음을 아는 것이 필요하다.

2) 비공식적 자원

비공식적 자원은 가족, 친척, 이웃, 종교단체, 자원봉사자, 민간단체 등에서 제공되는 인적, 물적, 조직, 정보 등의 다양한 자원이라고 할 수 있다. 지역사회는 살아서 움직이는 유기체이며 자기동력으로 변화한다. 그중 클라이언트와 손쉽게 상호작용할 수 있는 것이 비공식적 자원이다. 예를 들어 과거 농경사회나 확대가족사회에서는 돌봄서비스, 반찬서비스, 보육서비스가 없어도 이웃끼리 적절한 돌봄이 이루어졌다. 평소 도움을 주고 받던 옆집 이웃이 이사가더라도 새 주인이 이사오면 새로운 관계가 형성되고 새로운 돌봄이 또 다른 형태로 지속된다.

비공식적 자원은 제공자와 이용자 간의 경계가 모호하여 클라이언트의 노력에 따라 컨트롤하기 쉽고 낙인효과가 적다. 공식적 자원은 수가 적고 클라이언트의 접근성이 낮은데 비해 비공식적 자원은 클라이언트가 사는 지역사회 근처에 산재되어 있을 수 있다. 또한 적절한 상호의존 관계가 형성될 수 있다. 예를 들어 출근할 때 문을 잠그고 나왔는지 걱정이 될 때 옆집에 전화해서 잠깐 가서 확인해 달라고 부탁하고 저녁에 퇴근한 뒤 집에서 담은 김치를 감사의 인사로 대신할 수 있다. 더욱이 옆집에 급한 일이 생기면(잠깐 아기를 봐 달라든지, 갑자기 급하게 아픈 경우) 지난 번 신세진 일을 다른 형태(집을 대신 봐주거나 음식 재료를 빌려 주거나 필요한 정보를 알려주는 등)로 갚을 수 있다. 상부상조가 가능하며 불필요한 낙인감이나 수치감이 덜 생긴다.

이처럼 비공식적 관계에서는 상호 도움의 형태가 다양할 수 있다. 클라이언트는 자신에게 가장 필요한 것을 부탁할 수도 있고 반대로 자신이 가장 원하는 방식으로 도움을 제공할 수도 있다. 뿐만 아니라 비공식적 지지체계와 어떤 관계를 형성하느냐에 따라 다음에 도움을 필요로 할 때 얼마든지 자유롭게 요청할 수 있다. 관계를 조절하는 힘을 클라이언트가 가질 수 있기 때문에 클라이언트 역량으로 쉽게 전환될 수 있다는 이점이 있다.

3. 지역사회 자원관련 사례관리자의 개입 기술

사례관리자는 효과적인 서비스 제공을 위해 클라이언트에게 중복되거나 생략된 서비스가 무엇인지 검토한다. 이를 해소하기 위해 다른 기관과 의사소통을 하거나 회의를 개최하고 기관 간의 서비스 조정 및 통합을 할 다양한 전략을 강구한다. 만약 전통적 모델이 서비스를 제공하는 기관들에게 적절하지 않다면 기존의 모델을 수정, 변화를 꾀하기도 하고 새로운 서비스나 자원을 개발하기도 한다. 이것은 사례관리자 개인의 노력만으로는 힘들고 클라이언트, 전문직, 지역사회, 사회제도가 함께 만들어가는 과정이다. 지역사회 자원관련 사례관리자의 개입 기술을 과정별로 구체적으로 제시하면 아래와 같다.

1) 준비 단계

지역사회는 클라이언트가 살아가는 곳인 동시에 사회문제가 만들어지고 이에 대한 개선 및 변화가 행해지는 곳이다. 지역사회 자원의 개입이 이루어지기 위해 먼저 사회복지사는 클라이언트가 살고 있고 자신이 활동하고 있는 지역사회에 대해 배우고 이해하는 것이 필요하다. 사회복지사가 지역사회에 대한 비공식적인 조사를 통해 지역사회 내 존재하는 자원에 대한 정보를 획득하고 서비스의 공백을 확인하면 클라이언트의 행동과 태도를 보다 잘 이해할 수 있을 것이다.

클라이언트가 살고 있는 지역사회를 이해하기 위해서는 인구, 역사, 지리적 조건, 경제 실태, 주택, 소득, 교육, 건강 및 복지, 공공안전, 주요 언론매체 및 여론 주도자, 지역사회의 주요 문제와 관심사 등을 파악해야 한다(김혜란 외, 1998).

2) 지역사회 사정 단계

이 단계는 서비스에 필요한 자원과 관련된 자료를 수집하고 지역사회를 파악한다. 이것은 클라이언트의 욕구에 부합하는 자원 발견, 미충족된 서비스에 대한 욕구 파악, 새로운 프로그램의 개발, 기존의 프로그램 개선 및 보완 등 다양한 목적을 위해 행해진다.

지역사회 사정은 정기적으로 행해져야 하며 클라이언트가 어떤 서비스가 필요하다고 요청했을 때부터 시작하면 늦다. 클라이언트를 만나기 전부터 충분한 시간을 가지고 지역사회 자원을 탐색, 수집해야 한다. 특히 사례관리자는 지역사회가 클라이언트에게 유용한 지역사회 자원을 발굴, 개발하기 위해서 뿐만 아니라 지역사회가 클라이언트의 삶에 적합한 환경을 제공하고 지역의 문제를 해결할 역량을 높일 수 있도록 하기 위해 지역사회 사정을 해야 한다. 이를 위해 욕구조사나 일부 사람들의 면접을 활용한 포커스집단 등을 활용할 수 있다.

사정에서는 문제와 관련된 객관적인 자료수집 이외에도 지역사회 내 의사결정 및 권력구조, 의사결정자의 행동에 영향을 주는 요소도 검토되어야 한다. 또한 기존 사회정책이나 프로그램 이슈도 정확히 사정해야 한다. 지역사회에 대한 사정의 범위는 크게 지역사회 전체에 대한 것에서부터 특정 문제나 특정 인구집단을 대상으로 할 수 있다. 지역사회 분석에서 포함되어야 할 내용은 조사 대상에 따라 차이가 있을 수 있다. 예를 들어 가정폭력이 사회복지사의 주요 관심 분야이거나 지역의 주요 현안 중의 하나라고 할 경우 지역사회에서 가정폭력을 경험하는 사람이 얼마이며 그들의 인구사회학적 특성은 어떠하고 가정폭력에 대한 주민들의 인식과 태도는 어떠하며 가정폭력에 대한 사회적 서비스에 관한 욕구는 어떻게 표출되어 왔고 지역사회는 그 욕구에 어떻게 반응해 왔으며 개별 서비스체계의 특성과 지역사회 내 서비스 제공기관 간의 협력관계의 양상은 어떠한가 등을 분석하는 것이다(김혜란·홍선미·공계순, 2001: 274). 사례관리자는 복지, 교육, 의료, 문화, 주택 등 공공기관 및 민간기관 등 자원목록표를 작성하고 주기적으로 업그레이드시켜야 한다(〈표 9-2〉 참고).

3) 지역사회 자원 연결 및 개발 단계

이 단계에서는 클라이언트의 욕구에 적합한 자원이 어디에 있는지, 어떻게 클라이언트에게 연결할 것인지, 관련기관과 어떻게 협력시스템을 구축할 것인지를 모색한 뒤 지역사회 자원을 클라이언트에게 제공한다. 지역사회 자원을 발굴하거나 수정, 개발하기도 하고 클라이언트 및 관련인들에 대한 교육, 모니터링, 지도감독을 행한다. 또한 다른 서비스 조직 및 기관과도 연계·협력하고 과정을 관리한다. 당초의 계획대로 자원이 연결되고 집행되고 있는지를 계속 점검하면서 수정, 보완한다. 지역사회 자원 연결 및 개발과 관련된 구체적인 기술을 정리하면 아래와 같다.

(1) 기관 간의 협력

사례관리에서는 클라이언트나 지역 문제를 다루기 위해 다양한 기관과 협력하는 것이 필수적이다. 기관 간 협력은 하나의 형태가 아니라 다양한 차원으로 이루어질 수 있으며 다른 기관과 네트워크를 행하는 과정의 연속선상에 있다고 할 수 있다.

Franklin과 Streeter(1995)는 사회복지기관의 네트워크를 5가지 차원에서 설명하고 있는데 이를 요약, 정리하면 다음과 같다.

- **비공식적인 관계**(informal relationship) : 필요에 따라 기관들이 최소한의 연계를 하는 것이다. 기관 간의 공식적 협약이나 규정에 의한 것이 아니라 실무자들의 비공식적 관계나 선의에 의해 일시적으로 서비스를 연계하는 것이다. 기관들 간에는 큰 관련이 없다고 보아도 무방할 정도의 관계이다.
- **조정**(coordination) : 클라이언트가 여러 기관과 관련될 때 서비스에 있어서의 중복을 피하거나 공백을 메우기 위해 기관들과 의논해 일시적으로 서비스를 조율하는 것이다.
- **협조**(partnership) : 클라이언트와 관련된 여러 기관이 효과적인 서비스 제공을 위해 자발적 혹은 계약적 동의에 의해 역할을 분담해서 일하는 것이다.
- **협력**(collaboration) : 클라이언트와 관련된 여러 기관이 공통의 목표와 방향성을 공유하고 동의하고 각자의 책임도 명확히 한다. 각각의 실무자들이 전문성을 발휘하면서 함께 일을 한다.
- **통합**(integration) : 클라이언트와 관련된 여러 기관이 기존의 틀이 아닌 새로운 서비스 체계를 형성하여 보다 새롭고 나은 서비스를 제공하는 차원에서의 관계이다.

Melaville과 Blank(1991)는 성공적인 지역 협력에 영향을 미치는 5가지 요인을 구체시하였다. 첫째, 발의(선창)를 시작할 분위기 형성 둘째, 신뢰를 개발하고 갈등을 다루기 위한 일련의 과정 셋째, 협력에 포함된 사람 넷째, 협력에서 다룰 문제와 관련하여 현존의 정책이 지지적인지 아니면 부정적인지 하는 측면 다섯째, 계속적인 협력을 뒷받침할 수 있는 이용가능한 자원이다(Slayton, 2000).

Eustace와 Clarke(2005), Adams 외(2005), Woodward(2001) 등은 다양한 기관이 협력하는 사례관리를 효과적으로 이끄는 성공요소들을 제시하였다. 이를 바탕으로 사례관리에 기관 간 협력을 위해 고려되어야 할 점을 제시하면 첫째, 분명하고 발전적 목표 수립이다. 여러 기관이 협력하기 위해서는 분명한 비전과 목표를 갖는 것이 중요하다. 어떤 방향으로, 어떤 목표를 향해 힘을 모을 것인지를 합의하고 명확히 하는 것이 필요하다.

둘째, 일치된 정의와 공동의 전문용어(terminology) 사용이다. 여러 전문직이나 기관들이 원활하게 의사소통하기 위해서는 사용하는 용어나 개념을 일치시키고 명확한 용어를 사용하는 것이 좋다.

셋째, 명백한 기준(criteria)과 방법의 제시이다. 사례관리 과정에 있어 사례의 선택, 우선순위 결정 등 중요한 사항에 대한 명백한 기준과 방법을 제시한다. 조사 및 사정을 위한 적절한 도구(tools)를 사용한다.

넷째, 사례관리 계획수립을 위한 공동의 협의 및 참여이다. 클라이언트 의뢰, 접근, 욕구사정, 재사정, 목표 설정, 역할과 책임 할당, 정보관리, 피드백, 모니터링 및 추후지도 등 사례관리 과정에 대한 구체적인 계획을 수립한다. 여러 기관이 계획수립 과정에 참여하고 합의한다.

다섯째, 팀접근에 기반한 사례관리 실행이다. 효과적인 실행을 위해 다학문적 또는 팀 기반의 실행팀이 작동하는 것이 좋다. 이들은 각 분야의 전문적 기술을 가지고 있어야 하며 사례관리의 정신과 철학을 이해하고 협력에 대한 긍정적 기대와 능력을 가진 사람들로 구성되어야 한다. 또한 관련 기관들의 협력을 위해 효과적인 의사소통, 정보 공유, 기관 간 연계 및 협력, 방해물의 관리 등에 대해 명확히 하고 계획에서 합의된 역할과 책임을 행한다.

여섯째, 관련 실무자에 대한 교육 및 훈련, 관리이다. 사례관리와 관련된 실무자나 관련인들에게 사례관리에 대한 정기적, 지속적인 교육 및 훈련을 실시하고 수퍼비전을 제공해야 한다. 또한 사례관리와 관련한 사람들이 각자의 역할과 책임을 수행하고 있는지를 계속적으로 검토하는 노력이 필요하다.

일곱째, 협력적 분위기 및 지지의 제공이다. 신뢰는 협력에서 가장 중요한 요소이다. 관련된 실무자들이 신뢰로운 관계를 맺도록 분위기를 조성하고 그들이 하는 일이 가치있고 의미있는 일이라는 것을 알 수 있도록 구체적이고 실제적인 지지를 행한다.

여덟째, 과정 및 결과에 대한 평가이다. 당초 합의한 목표가 제대로 이루어지고 있는지, 효과적으로 서비스가 제공되고 있는지를 파악하기 위해 사례관리 과정 및 결과를 모니터링하고 평가한다. 기관 협력으로 인해 최종 달성된 성과를 측정하고 향후 개선되어야 할 점을 사업에 반영한다.

사례관리와 지역사회 기관과의 협력

사례관리자가 클라이언트가 필요한 욕구를 충족시키기 위해 다른 기관의 서비스에 연계하려면 먼저 해당 기관에 클라이언트가 이용할 자리부터 확보되어야 한다. 자리가 나올 때까지 무작정 클라이언트에게 기다리라고 하기보다는 클라이언트가 필요한 적합한 시간에 프로그램에 진입할 수 있도록 해야 한다. 이상적으로는 사례관리자가 다른 기관에 "다음주 안으로 귀 기관의 프로그램에 클라이언트가 등록할 수 있도록 했으면 합니다"라고 말할 수 있고 이것이 실현될 수 있어야 한다. 그러나 지역사회 기관이 이런 자리를 제때 마련해 주는 것은 쉬운 일이 아니다.

정확한 시점에 필요한 서비스가 연결되어 지속적, 일관성 있게 사례관리가 행해지기 위해서는 사례관리자가 기관 간 경계를 초월해 서비스를 요청할 수 있도록 하는 공식적 기관 간 협력이나 서비스제공자들의 연합이 필수적이다. 클라이언트를 위해 신속하게 기관의 허락을 얻을 수 있고 서비스를 제공하는 기관의 책임성을 보장하고 관련된 사람들 간의 의사소통이 예측되고 보장될 수 있는 명확한 규정이 필요하다. 명확한 네크워크 간의 합의-파트너십이 구축되지 않고서는 사례관리가 제대로 수행되기 어렵다.

(2) 사회지지체계 개발

사회적 지지는 인간의 발달과 적응을 증진시키기 위한 중요한 변수이다. 선행연구에 따르면 사회적 지지는 우울을 감소시키고 스트레스를 완화시키고 생활만족 및 적응을 도우며 특히 위험에 처해 있는 집단에게 유용하다.

사회적 지지는 단일 차원이 아닌 몇 가지 특성이 다른 요소들로 구성된 다차원적인 특성을 가진 개념이다(Colarossi, 2001). 사회적 지지는 크게 심리적 지지와 비심리적 지지로 대별해 볼 수 있는데 여기에는 사랑이나 애정의 표현은 물론 행동이나 사고의 승인, 정당성 부여에서부터 금전, 물질, 도구, 시간, 기술 등이 포함된다. 또한 사회적 지지는 정서적 지지, 구체적 지지, 평가적 지지, 정보적 지지, 자존감 지지 등으로 다양하게 유형화되고 지지 제공자가 누구냐에 따라 다양하게 구분된다. 특히 개인의 특성, 발달단계, 처한 상황, 스트레스 사건마다 필요한 요구가 다르고 제공되는 사회적 지지 유형 및 출처가 다를 뿐 아니라 그것들의 기능과 역할도 상이하므로 이에 대한 고려가 중요하다. 실제 행해진 사회적 지지와 사람들이 느끼는 사회적 지지는 다를 수 있다. 사회적 지지는 긍정적으로 작용하기도 하지만 부정적으로 작용하기도 한다(남미애·홍봉선·남승규, 2002: 113-141 재인용).

이러한 사회지지를 제공하는 것을 사회지지체계라고 하는데 사회적 지지체계의 개발은 크게 자연적인 지지체계를 활성화하는 방법과 공식적인 지지체계를 활용하는 방법으로 대별된다.

첫째, 자연적인 지지체계(natural support system)는 친척, 친구, 이웃, 교회, 클럽 등 지역사회를 토대로 자연스럽게 형성되어 어려움이 생겼을 때 지지적인 역할을 제공하는 지지망이라고 할 수 있다. 예를 들어 농촌지역에 거주하는 청소년양육미혼모의 경우 주변 사람에 의해 낙인이 찍힐 수 있고 교통수단이 없어 이동이 어려울 수 있고 욕구에 맞는 사회서비스의 부족으로 어려움에 놓일 수 있다. 또한 난민과 이민자들은 지리적, 문화적으로 고립될 수 있다. 이런 경우 사회복지사는 토착원조자, 종교단체, 기존 지역사회 조직 및 집단, 자조집단, 자원봉사자 등을 활용해서 지지체계를 강화할 수 있다.

그러나 지지체계 수를 늘인다고 해서 반드시 좋은 것은 아니다. 클라이언트의 욕구에 부응하여 효과적으로 기능하는 사회적인 지지체계망의 구축이 필요하나, 무엇보다도 노숙사, 가출청소년, 정신장애인 등의 문제들은 사회적 지지망의 구축만으로는 해결되는 것이 아니라 기본적으로 제도적인 보장과 더불어 병행되어야 더 효과적임을 간과해서는 안 된다.

둘째, 공식적인 지지체계의 활용이다. 이것은 지역사회에 산재해 있는 기존 기관을 활용하는 것이다. 예를 들어 생명의 전화에서는 자살 및 자살예방에 대한 상담을 해

줄 수 있고 청소년쉼터에서는 가출청소년을 위한 보호 및 지원을 할 수 있다. 보호관찰소에서는 보호관찰 처분을 받은 사람 및 출소자를 위한 지원을 해 줄 수 있다. 사례관리자는 이용자에게 유용한 공식적 지지체계가 연결될 수 있도록 다양한 자원과 정보를 파악하는 것이 필요하다.

(3) 자원개발

클라이언트의 적응을 높이기 위해서는 클라이언트의 노력도 필요하지만 클라이언트가 속한 환경이 클라이언트가 필요한 적합한 자원을 적절한 시기에 적절하게 제공하거나 클라이언트가 편리하게 이용할 수 있도록 하는 것이 매우 중요하다. 종종 클라이언트가 필요로 하는 자원들을 지역사회에서 얻을 수 없는 경우가 있다. 이런 경우 사례관리자는 새로운 자원을 개발하기 위해 노력해야 한다. 사례관리자는 현존하는 사회서비스 기관과 긴밀하게 협력해야 하며 지역사회 지도자들의 협조를 얻어야 한다. 그리고 취약한 사람들로 구성된 과업집단을 조직, 옹호하고 정부와 기업이 함께 할 수 있도록 하며 필요한 경우 입법자들에게 영향을 미칠 수 있도록 로비도 행한다. 또한 새로운 자원을 개발하는 과정에 클라이언트를 참여시켜 클라이언트에게 자신의 견해를 피력할 기회를 제공하고 지역의 자원들과 상호작용할 기회를 제공하여 상호이해 및 연대의식과 더불어 임파워먼트를 증진시키도록 하는 것이 바람직하다.

① 자원봉사자

자원봉사자는 시설, 기관, 지역사회의 가교 역할을 함으로써 차별이나 편견을 해소하기도 하고 시설이나 기관을 지역사회에 알리고 지역사회 자원을 끌어들이는 지지자, 후원자 역할을 한다. 또한 사회복지기관이나 사회복지사에게 새로운 프로그램이나 서비스를 개발하도록 하는 촉매자 역할을 하기도 하고 서비스의 문제점을 개선시키는 비판자 역할을 하기도 한다. 뿐만 아니라 자원봉사자는 사회복지사와 함께 사회복지서비스를 실천하는 동료이자 협력자가 되기도 한다. 자원봉사자는 사회복지사가

할 수 없는 일, 해서는 안 되는 일을 보완해 주기도 하고 더 나아가 사회복지사와 함께 새로운 서비스를 창조해 내기도 한다. 한 마디로 사회복지사와 자원봉사자의 관계는 대립적·종속적 관계가 아니라 협력적·보완적 관계이며 파트너이며 협력자이다(류기형 외, 2013: 46).

사례관리자는 필요한 경우 자원봉사자를 활용할 경우가 있다. 이 경우 자원봉사자의 모집, 교육 및 훈련, 배치, 감독할 책임이 있다. 특히 자원봉사활동은 금전적 보상이 아닌 심리적 동기에 의해서 크게 영향을 받기 때문에 자원봉사자에 대한 관리는 활동의 지속성과 서비스의 효과에 영향을 미치는 매우 중요한 변수이다. 또한 서비스의 질과 효율성을 결정하는 중요한 부분이기도 하다. 따라서 사례관리자는 자원봉사활동의 이념과 중요성을 인식하여 보다 체계적이고 과학적인 관리과정을 통해 자원봉사자의 효과적 활용이 이루어지도록 노력해야 한다.

② 기금 조성

기금 조성은 사회복지기관의 안정적인 운영 및 생존을 위해 필수적인 요소일 뿐 아니라 사례관리에서도 중요하다. 기금 조성은 작게는 개인 또는 집단 기부자들의 발굴 및 기부에서 출발하여 지역의 몇 개 기관들이 연합해서 기금을 모금할 수도 있고 공동모금회나 특정 재단에 포르포절을 제출해서 채택되어 보조금을 받을 수도 있다. 기금 조성은 최상의 조건 하에서도조차도 어려운 일이고 많은 시간과 예산이 투입되어야 하며 철저한 계획 하에 진행되어야 한다(김혜란 외, 1998: 661-662). 또한 정부기관이나 민간재단으로부터의 보조금을 신청하여 자금을 확보할 수 있다. 그러나 이런 일들은 주로 진행 중인 업무수행과 함께 이루어지기 때문에 쉬운 일이 아니다. 많은 시간과 노력이 투자되어야 한다.

(4) 조직화

조직화(organizing) 기술은 클라이언트의 문제를 해결하기 위해 필요한 인력이나 서비스를 규합하고 나아가 조직의 목표를 달성하도록 합리적으로 운영해 나가는 과정이다. 즉 사회주민을 선정하여 하나의 모임을 만들고 그 모임이 조직체계를 갖출 수 있도록 원조하는 기술을 말한다. 사례관리자는 지역사회내 클라이언트 집단, 관련기관, 지역사회 단체 및 조직 등을 규합하고 공동의 목표를 달성하도록 조직화 할 수 있다. 효과적인 조직화의 기술은 다음과 같다(설진화, 2008: 242-243).

- 사적 이익에 대한 관심을 조직화에 활용한다.
- 조직화는 지속적인 관심과 노력이 요구되는 역동적 과정이다.
- 갈등과 대립상황을 의도적으로 만든다.
- 조직화는 쟁점을 중심으로 이루어지므로 쟁점을 명확하게 한다.
- 지역사회의 불만을 공통된 불만으로 집약한다.
- 정서적 활동을 포함한다.

(5) 집단옹호

옹호활동(advocacy)은 첫째, 클라이언트에게 제공되지 않는 자원과 서비스를 얻을 수 있도록 하고 둘째, 클라이언트에게 불리한 영향을 미칠 실천, 절차, 정책들을 수정하며 셋째, 필요한 자원이나 서비스를 제공받을 수 있는 새로운 법률이나 정책들을 증진시키기 위해 클라이언트와 함께 또는 클라이언트를 대표하여 일하는 과정이다(허남순 외, 2004: 367).

사례관리자는 상황에 따라 여러 가지 옹호방법을 적용할 수 있지만 필요한 수준 이상의 방법을 사용하지 말고 주어진 목적을 달성할 수 있는 정도에서만 행동하는 것이 바람직하다. 구체적인 옹호방법을 살펴보면 첫째, 기관과 협의하는 것이다. 어떤 기관에서 자원을 거부하거나 비안간적으로 처우하는 등 문제가 있을 때 불만의 원인이 되는 행정가나 담당 직원과 함께 사례회의를 연다. 이 경우 해당 클라이언트를 참여시켜 클라이언트로 하여금 이런 상황을 다루는 방법을 배우게 하는 것이 좋다. 둘째, 이사회나 관련부처 간 상임위원회에 호소하거나 법적 행동을 할 수 있다.

셋째, 사례관리자가 강의, 증언, 주장 등의 형식으로 클라이언트에게 영향을 미칠 수 있는 외부 환경에 의견을 제시할 수 있다. 넷째, 클라이언트와 관련된 정책이나 입법에 영향을 미치는 정치가, 정책가, 행정가들과 접촉해서 클라이언트와 관련된 문제를 알리거나 해결책을 제시할 수 있다. 다섯째, 클라이언트나 클라이언트 집단을 조직화하거나 관련 기관들과 연합해서 대응할 수 있다(허남순 외, 2004: 371-372).

옹호가 필요할 때

- 기관이나 직원이 자격요건이 있는 클라이언트에게 서비스와 급여 주기를 거절할 때
- 비인간적인 방법으로 서비스를 전달할 때(예를 들어 성폭력 피해자에게 굴욕감을 줄 때)
- 클라이언트가 인종, 종교, 신앙이나 그 밖의 다른 요소 때문에 차별을 받을 때
- 서비스와 급여의 차가 곤란과 역기능의 원인이 될 때
- 정부나 기관 정책이 자원과 급여가 필요한 사람들에게 부정적인 영향을 미칠 때
- 클라이언트가 자신을 위해서 효과적으로 행동할 수 없을 때
- 많은 사람이 공통으로 자원이 유용하지 않다고 할 때
- 위기상황에서 클라이언트가 즉시 서비스와 급여를 받아야 하는 특별한 욕구가 있을 때(예를 들어 심한 병을 앓고 있거나 급박한 재정적 욕구가 있는 이민자들)
- 클라이언트가 시민권이나 법적 권리를 거부당했을 때
- 조직의 시설이나 절차가 클라이언트에게 부정적으로 영향을 미칠 때

출처: 허남순 외, 2004: 368.

(6) 지역 차원의 임파워먼트

효과적인 사례관리를 위해서는 지역 차원의 임파워먼트에 대해 이해해야 하며 이에 대한 기술도 알아야 한다. 지역 차원의 임파워먼트는 크게 두 가지 부분에 초점을 두는데 그중 하나는 지역주민들의 임파워먼트이며, 다른 하나는 지역사회 내의 권력과 자원의 재분배이다(이필환 외 옮김, 1999: 282). 지역사회 수준에서 이루어지는 임파워먼트는 지역사회 능력의 증진이라고도 볼 수 있는데 이런 측면에서 보면 지역사회 수준의 임파워먼트는 효과적으로 문제를 해결하는 능력과 더 나아가 사회적, 환경적

도전에 완벽한 대응능력을 갖추는 것을 말한다. 지역사회 능력을 고양시키는 것에는 다음과 같은 것을 포함한다(이필환 외 옮김, 1999: 290-291).

- 구성원의 지역사회 참여를 장려함
- 지역사회의 쟁점과 관심을 명료화함
- 구성원으로 하여금 자신의 관점, 태도, 욕구, 의향을 분명히 말할 수 있는 능력을 배양함
- 구성원의 의사소통 기술을 증진시킴
- 헌신과 전념을 강화하는 활동에 관계함
- 구성원의 분쟁교섭 능력과 갈등관리 능력을 개발함

Chapter 08

사례관리 운영체계

1. 사례관리 운영체계의 구조

사례관리는 사례관리자만 있다고 되는 것이 아니다. 사례관리가 되기 위해서는 클라이언트, 사례관리를 제공하는 기관, 외부 협력체계, 지역사회자원이라는 체계들이 복합적으로 작용한다. 따라서 성공적인 사례관리가 이루어지기 위해서는 체계적인 시스템 구축이 필요하다. 이런 운영체계는 크게 기관 내부 운영체계와 외부 협력체계로 대별될 수 있다.

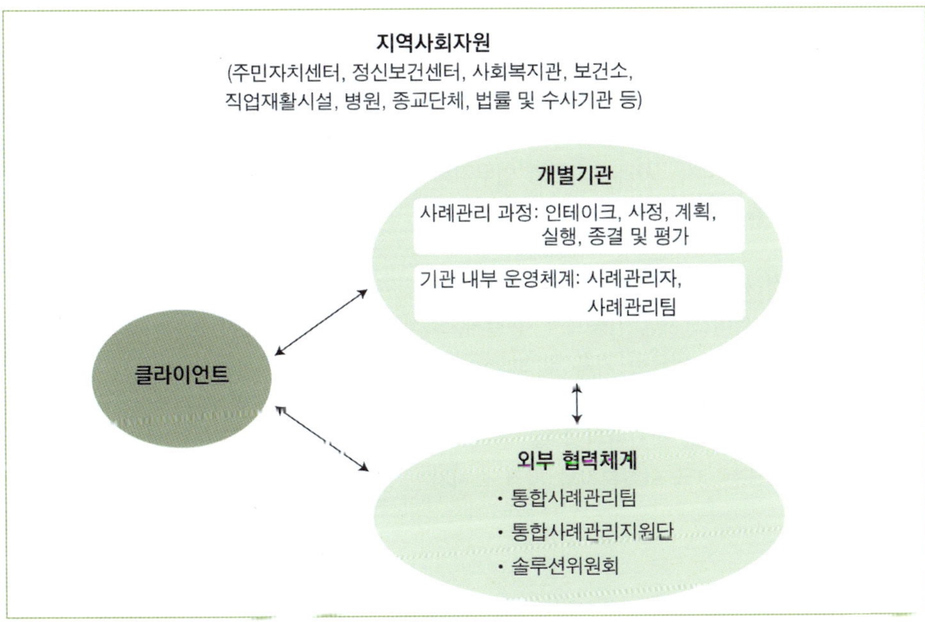

▮그림 8-1. 사례관리 운영체계의 구조

Part Ⅱ 사례관리의 구성요소

1) 기관 내부 운영체계

사례관리를 행하는 기관의 내부 운영체계는 크게 사례관리자, 사례관리팀으로 구성된다.

(1) 사례관리자

사례관리자는 클라이언트에 대한 사례관리 과정(인테이크, 사정, 계획수립, 점검 및 조정, 평가, 종결 등)을 적용, 총괄하는 전문가를 의미한다. 사례관리자의 유형에는 크게 사례관리자, 시간제 사례관리자, 준사례관리자로 구분될 수 있다. 사례관리자는 사회복지 전공 학사학위를 취득하고 1급 또는 2급 사회복지사 자격을 소지해야 한다.

구분	내용
개념	클라이언트에 대한 사례관리 과정(인테이크, 사정, 계획수립, 실행, 평가, 종결 등)을 적용, 총괄하는 전문가
유형	• 사례관리자 : 직원 중 사례관리를 주된 업무로 담당. 사례관리 총괄 • 시간제 사례관리자 : 사례관리를 전담하는 사례관리자를 시간제로 고용. 직무는 기본적으로 사례관리자와 같다. • 준사례관리자 : 사례관리자의 업무지원(일반사례, 행정지원 등). 사례관리자의 수퍼비전을 받아야 한다.
역할	• 직접 서비스 제공자(상담가, 교육자, 정보 제공자 등) • 간접 서비스 제공자(중계자, 연결자, 조정자, 옹호자, 대변자 등) • 사례관리에 필요한 기록 및 보고
자격	• 사회복지전공 학사학위 취득 • 1급 또는 2급 사회복지사 자격 소지자

(2) 사례관리팀

사례관리팀은 기관 내부의 원활한 사례관리 체계를 구축하기 위해 대내·외 사례관리 업무를 담당하는 사람들을 조직화한 것이다. 크게 사례관리 인력이 고정되어 사례관리 업무를 전담하는 전담팀과 특별팀으로 대별된다. 사례관리팀에는 팀장, 사례관리자, 기타 사례관리 업무를 지원하는 사람들이 포함될 수 있다.

<table>
<tr><th>구분</th><th colspan="2">내용</th></tr>
<tr><td>목적</td><td colspan="2">• 기관 내부의 원활한 사례관리 체계 구축</td></tr>
<tr><td>구성</td><td colspan="2">• 사례관리팀장 : 사례관리 업무에 종사한 지 3년 이상, 사례관리 총괄
• 사례관리자
• 기타(시간제 사례관리자, 준사례관리자 등은 기관 사정에 따라 채용)</td></tr>
<tr><td>형태</td><td colspan="2">• 전담팀 : 팀에 소속되어 있는 사례관리자가 고정되어 있다.
• 특별팀 : 사례의 특성에 따라 팀 구성이 달라진다.</td></tr>
<tr><td rowspan="2">기능</td><td>기관 내부</td><td>• 사례관리 총괄
• 사례회의 진행 및 관리
• 수퍼비전 체계 구축
• 기관 내부의 자원 조직화 및 협력
• 내부 운영체계 구축</td></tr>
<tr><td>기관 외부</td><td>• 통합사례관리팀 지원
• 통합사례회의 참여
• 지역사회자원 조직화 지원</td></tr>
</table>

2) 외부 협력체계

우리나라에서 사례관리를 위한 외부 협력체계로는 크게 통합사례관리팀, 전문수퍼바이저, 솔루션위원회, 통합사례관리지원단, 지역사회자원망 등이 있다.

(1) 통합사례관리팀

통합사례관리팀은 사례관리 이용자의 복지에 영향을 미치는 공공과 민간의 다양한 주체 즉, 다학제적 전문가들이 참여하는 것이 바람직하다. 즉, 개별기관의 사례관리팀, 공공 및 민간의 서비스 제공기관, 관련 전문가 등이 포함되어야 한다. 이것은 정형화되거나 고정된 것이 아니라 클라이언트의 욕구와 상황, 지역사회 및 기관 상황에 따라 유기적으로 변화 가능하다. 주로 지역사회서비스 제공자로는 주민자치센터, 정신보건센터, 보건소, 복지관, 병원, 생활시설, 종교단체 등이 포함될 수 있다.

통합사례관리팀에서는 개별기관에서 사례관리를 담당하는 사례관리자들이 정기적으로 사례에 대한 정보를 공유하고 사정 및 개입방안에 대한 자문, 자원 발굴 및 개발에 대한 협의, 사례관리에 대한 역할분담, 주 사례관리기관 지정 및 조정, 협의 등을 행한다. 또한 사례회의에 상정된 내용에 대한 정기적인 점검, 재사정, 평가 및 종결 등을 수행하며 필요한 경우 통합사례회의를 통해 주 사례관리기관을 조정하기도 한다.

구분	내용
목적	• 민·관 등 다양한 지역사회 협력체계 구축
구성	• 지역 내 다양한 공공 및 민간기관(주민자치센터, 정신보건센터, 아동 및 노인보호전문기관, 보호관찰소, 병원, 종교단체, 사회복지관, 보건소 등) • 기관 내 사례관리팀 • 다학제 전문가 : 클라이언트에 대한 통합적 지원이 가능한 다양한 분야의 전문가 • 전문 수퍼바이저
형태	• 민관협력 통합사례회의, 희망복지지원단
기능	• 상정된 사례에 대한 정보 공유, 협의 및 자문 • 사례관리를 위한 역할분담 및 조정 • 주 사례관리기관 조정에 대한 협의 • 사례관리자를 위한 지원 네트워크 구축
특징	• 참여하는 기관 간 협약 체결(목적, 책임과 역할, 통합사례관리 업무 담당자 지정 등) • 타 전문가와 팀 접근을 함으로써 사례에 대한 다각적, 통합적 이해 증진 • 전문성 신장 및 기관 간 협력을 증진시킨다. • 서비스의 중복, 조정, 중재 등을 행한다.

(2) 전문 수퍼바이저

전문 수퍼바이저는 사례에 대한 전문적인 수퍼비전을 제공하는 외부 전문가로서 사례관리에 대한 이론 및 실천적 전문성을 가진 교수나 현장전문가가 해당된다. 이들은 사례에 대한 자문이나 컨설팅, 사례담당자 및 직원에 대한 교육적, 심리적, 행정적 수퍼비전을 제공한다. 경우에 따라 사례관리 관련기관을 조정, 중재하기도 한다. 수퍼비전은 계획에 따라 정기적으로 행해져야 하며 일회성이 아니라 분기별 또는 반기별로 지속적으로 행해지는 것이 좋다.

구분	내용
목적	• 사례에 대한 전문적인 수퍼비전을 제공한다.
자격	• 사례관리에 대한 이론 및 실천적 전문성을 가진 교수 및 현장전문가 • 기관 외부의 수퍼바이저
역할	• 사례에 대한 자문과 컨설팅 • 사례담당자 및 직원에 대한 교육적, 심리적, 행정적 수퍼비전 제공 • 관련기관에 대한 조정 및 중재 • 실무자의 소진 예방 및 심리적 지지, 질 높은 서비스 제공을 위한 조직 분위기 조성
운영	• 월 1회 이상 정기적인 자문을 제공한다. • 최소 1명 이상 1년 단위로 위촉한다. • 관련된 기관들이 공통으로 위촉해서 수퍼비전이 가능하다.

(3) 솔루션위원회

솔루션위원회는 만성질환, 문제성 음주, 정신건강, 가정폭력, 성폭력 등 복합적, 만성적, 심각한 문제 등에 보다 효과적으로 개입할 수 있도록 관련전문가팀이 자문이나 수퍼비전을 제공하는 지지체계이다. 구나 시 단위로 구성되며 의료, 사회복지, 법률, 임상심리, 상담, 지역복지, 가족복지, 공공분야 등의 다양한 전문가로 구성될 수 있다. 이들은 주로 통합사례회의에서 추천된 심각한 사례에 대한 자문 및 수퍼비전을 제공한다. 위원회의 결성에 따라 개인 및 가족상담, 입원치료, 기타 소요경비 지원 등이 행해질 수 있다.

구분	내용
목적	• 만성질환, 문제성 음주, 정신건강, 가정폭력, 성폭력 등 복합적, 만성적, 심각한 문제 등에 보다 효과적으로 개입할 수 있도록 관련전문가팀이 자문이나 수퍼비전을 제공하는 지지체계
구성	• 구나 시 단위로 구성한다. • 의료, 사회복지, 법률, 임상심리, 상담, 지역복지, 가족복지, 공공분야 등의 전문가 10명 이내로 구성한다. • 위원장, 부위원장, 서기로 구성한다.
형태	• 의료, 사회복지, 임상심리, 가족복지, 공공분야 등 영역별로 세부팀을 운영한다. • 월 1~2회 회의 개최. 1회 3시간 진행(2시간/사례회의, 1시간/사후 모니터링) • 공공기관에서 위원 위촉해서 공신력을 갖게 한다.
기능	• 통합사례회의에서 추천된 심각한 사례에 대한 자문 및 수퍼비전을 제공한다. • 사례에 대한 맞춤형 개입계획 수립 및 전문개입활동을 지원한다. • 전문개입 지원 후 지속적인 사후 모니터링(3개월 이내)
지원범위	• 진단, 개인 및 가족상담, 입원치료, 기타 소요경비 지원 등
의뢰절차	• 공공기관 : 통합사례회의 → 희망복지지원단 → 솔루션위원회 • 민간기관 : 통합사례회의 → 솔루션위원회

출처: 대전복지재단(2014). 통합사례관리지원사업 희망티움 내부자료. 솔루션위원회 운영 계획.

(4) 통합사례관리지원단

통합사례관리지원단은 중앙 및 시·도 단위에 사례관리의 전문성을 지닌 전문가로 구성된 별도의 지원단을 구성하여 지역단위 개별기관의 사례관리를 지원하는 지원체계를 구축하고자 하는 것이다. 형태로는 무한돌봄센터, 우리아이 희망네트워크 등이 있다. 이 지원단은 사례관리자 교육 및 훈련, 개별기관 사례관리에 대한 행정, 교육, 기술 및 재정지원, 사례관리 조사연구 및 평가 등을 행한다.

구분	내용
목적	• 지역단위 개별기관의 사례관리를 지원할 수 있는 지원체계 구축
구성	• 중앙 및 시·도 단위에 사례관리의 전문성을 지닌 전문가로 구성된 별도의 지원단 구성 • 기존 통합사례관리 지원단을 활용할 수 있다.
형태	• 공공부문의 독립된 센터 : 경기도의 무한돌봄센터 • 민간부분 : 우리아이 희망네트워크, 위스타트 사업 등 별도의 지원단 구축
기능	• 개별기관 사례관리에 대한 행정, 교육, 기술 및 재정지원 • 사례관리 네크워크 구축 및 자원조직화 • 사례관리자 교육 및 훈련 • 개별기관의 사례관리 자문 및 수퍼비전 • 사례관리 조사연구 및 평가 • 통합사례관리팀 조정

(5) 지역사회자원망

지역사회자원망은 지역사회에 산재된 자원을 연결, 조직화해서 사례관리에 유용한 자원망을 구축함으로써 자원의 활용성을 높이고자 하는 데 목적이 있다. 이것은 지역에 있는 복지, 교육, 의료, 문화, 주택 등 공공기관 및 민간기관 등 자원을 파악해서 목록화시키고 주기적으로 업그레이드 시킨다. 이를 위해 자원목록표를 작성할 수 있는데 여기에는 복지, 교육, 의료, 주거 등 영역별로 구분하고 이에 해당되는 개별기관명, 서비스 내용, 전화번호, 담당자 등을 기록한다.

구분	내용
목적	• 지역사회에 산재된 자원을 연결, 조직화해서 사례관리에 유용한 자원망을 구축함으로써 자원의 활용성을 높인다.
구성	• 복지, 교육, 의료, 문화, 주택 등 공공기관 및 민간기관 등 자원목록 구성 • 지역 자원목록을 주기적으로 업그레이드 시켜야 한다.
형태	구체적인 예는 <표 9-2>를 참고 바란다.
기타	• 지역사회복지협의체의 자원목록 활용 • 2014년 나에게 힘이 되는 복지서비스 책지 활용 • 행정안전부의 주민OK서비스(http://oklife.go.kr) 등 활용

2. 사례관리 운영체계의 실행

사례관리 운영체계가 실행 또는 운영되기 위해서는 운영지침이 마련되고 사례회의와 수퍼비전이 행해져야 한다.

1) 운영지침

운영지침이란 기관 운영의 목적과 방향, 조직, 인력, 프로그램, 서비스 등과 관련해 기관 운영에 필요한 핵심적인 사항을 제시한 것이다. 국가나 정부 차원에 법이 있다면 기관 차원에는 기관 운영에 필요한 내부 규정이나 규칙을 정리한 것이다. 따라서 기관의 운영지침이란 기관의 운영에 꼭 필요한 사항이며 기관 내부 구성원이면 반드시 알아야 할 내용이다. 이런 개별 기관의 운영지침에 사례관리에 대한 내용이 포함되어야 한다. 여기에는 사례관리 대상자의 자격, 대상자 구분, 사례관리 대장 기록, 사례관리 운영시스템 등이 포함되어야 한다.

운영지침 중 사례관리와 관련된 내용의 예

■ **사례관리 대상자의 자격**

클라이언트 중 빈곤, 가족결손, 장애, 학대, 폭력 및 성폭력, 법률, 주거, 건강과 같은 복합적인 문제를 가져 사례관리가 필요하다고 판단되는 사람

■ **사례관리 대상자의 구분***

구분				내용
		위험정도	사례구분	
클라이언트	복합적 문제를 가져 사례관리가 필요한 사람 (학대, 건강, 법률, 주거 등)	긴급개입	긴급개입 대상자	• 복합적인 문제를 가지고 있으며 문제와 욕구가 심각하고 긴급한 개입을 요구하는 클라이언트 • 위기개입이 되고 어느 정도 안정이 되어야 사례관리 대상자가 될 수 있다.
		고위험	집중사례관리대상자	• 복합적인 문제를 가지고 있으며 문제와 욕구의 심각성이 높은 클라이언트

구분			내용
	위험정도	사례구분	
	저위험	일반사례 관리대상자	• 복합적인 문제를 가지고 있으나 문제와 욕구의 심각성은 상대적으로 낮은 클라이언트
	잠재적 사례관리 대상자		• 현재 사례관리 서비스를 받지 않고 있는 클라이언트

출처: 권진숙 외(2012: 82)의 내용을 일부 수정하여 제시하였다.

■ **사례관리 대상자 대장**

- 사례관리 서비스를 받고 있는 클라이언트의 명단, 서비스 개시일, 서비스 내용 등 사례관리 대상자에 대한 전체적인 사항을 총괄 정리한다.
- 사례관리 대상자 대장의 예

연번	코드 번호	이름	사례 유형	문제와 욕구	서비스 개시일	담당자	서비스내용	
							직접	연계
1	2014-01-001		집중	법률지원 주기지원 가족상담	2012.4.5		상담 및 교육, 의료비지원	주택공사, 00변호사
2			일반					
3								

■ **기관 내부 의뢰체계 구축**

기관 내부에 사례관리가 필요하다고 판단되는 사례에 대해 사례관리팀에 의뢰할 수 있도록 체계를 마련해야 한다.

■ **기관 외부 의뢰체계 구축**

공공 및 민간기관, 지역자원(통장이나 부녀회 등) 등을 조직화해서 사례관리가 필요한 대상자에 대한 의뢰를 받을 수 있도록 한다.

■ **홍보**

사례관리의 도움이 필요한 클라이언트 특히 위기 경험 가능성이 높은 표적집단이며 또한 주민에게 대인서비스를 제공하는 기관이나 시설을 대상으로 홍보한다.

2) 회의

사례관리가 행해지기 위해서는 다양한 사람과의 협의가 필요하다. 여기에는 개별기관 차원의 사례회의, 지역 차원의 통합사례회의, 솔루션회의 등이 포함된다.

(1) 개별기관 차원의 사례회의

사례회의(case conferencing)는 사회복지사와 다른 전문가들로 구성된 구조화된, 다학제 간 모임이다. 사례회의는 대면 또는 전화, 화상회의 등으로 이루어질 수 있다. 이 회의는 정기적으로 개최되거나 중요한 변화가 있을 때 행해진다. 필요한 경우 이용자와 가족, 가까운 지지자들이 이 회의에 참석할 수 있다.

일반적으로 사례회의의 목표는 몇몇 전문가 또는 학제 간에 속한 직원들이 이용자의 욕구를 파악하기 위해 모두 참여해 전체적, 통합된 서비스의 전달을 보장하는 것이다. 사례회의는 다양한 이슈를 드러내기 위해 사용한다. 예를 들면 변화된 환경, 욕구 또는 목표의 고려, 목표달성과 관련한 이용자의 진전과 장애물에 대한 검토, 직원의 역할과 책임을 명확히 하고 규정하는 것, 갈등을 풀고 해결책을 찾는 것, 서비스 계획의 수정 등이 해당된다. 사례회의 내용 및 결정된 사항은 이용자의 사례노트(case note)에 기록되어져야 한다.

목적	개별기관 차원에서의 사례관리에 대한 협의 및 조정을 통해 질 높은 서비스를 제공할 수 있도록 한다.
참석자	사례관리팀, 기관장, 직원, 외부 수퍼바이저(필요한 경우) 등
기능	• 대상자 선정에 대한 논의 • 클라이언트 및 환경에 대한 자료수집 결과 검토 • 클라이언트의 욕구 및 강점의 사정, 재사정 • 서비스 계획 및 개입방안 협의 • 개입 상황 및 대상자의 변화 점검 • 클라이언트에 대한 종결 여부 결정 • 사례관리 관련 행정 점검
운영	• 사례관리팀장 : 회의 진행, 서기 : 직원 중 1명 • 정기회의 : 주 1회 이상(정기회의), 임시회의 : 긴급하게 필요한 경우 • 작성된 회의록은 결재를 받고 문서철에 보관한다.
회의 진행	• 준비사항 : 사전에 회의에 상정될 내용 검토 및 정보교육 • 인사 및 회의 개요 안내 • 상정된 사례보고 : 사례관리자 • 의견 나눔 • 다음 사례회의에 대한 계획 및 안내

(2) 지역 차원의 통합사례회의

이것은 지역의 사례관리 관련기관들이 팀을 이루어 사례관리에 대한 협의 및 조정을 함으로써 질 높은 서비스를 제공하고자 하는 데 목적이 있다. 개별기관의 사례관리로서는 다루기 어려운 사례에 대해 지역 사례관리 전문가들이 협약에 의해 하나의 팀을 이루어 사례관리를 행하는 것이다. 이 경우 주 사례관리자를 지정하고 상정된 사례에 대해 서비스 계획 및 지원방안을 협의하고 팀원들이 각기 역할을 분담한다. 월 1회 이상 정기적인 회의를 개최하고 회의 개최되기 전 미리 회의에 상정될 내용을 공지하고 작성된 회의록은 팀원들이 공유한다.

목적	지역의 사례관리 관련기관들이 팀을 이루어 사례관리에 대한 협의 및 조정을 함으로써 질 높은 서비스를 제공할 수 있도록 한다.
참석자	• 개별기관의 사례관리팀 • 지역사회 전문가(개별기관에 속하면서 통합사례관리팀으로 지정된 공공 또는 민간 전문가) • 전문 수퍼바이저(통합사례회의에서 사례관리 수퍼비전을 위해 위촉한 전문가 사례에 대한 자문 및 수퍼비전 제공)
기능	• 주 사례관리자 지정 • 통합사례관리가 필요한 사례 선정 • 상정된 사례에 대한 서비스 계획 및 지원방안 협의 • 상정된 사례의 개입 상황 및 대상자의 변화 점검 • 서비스 조정 • 클라이언트에 대한 종결 여부 결정
유영	• 통합사례관리팀 구성 : 지역 내 사례관리 관련기관들이 협약을 해서 팀을 이룸. 팀 내 구성원 중 팀장, 서기 지정 • 통합사례관리 팀장 : 회의 진행, 서기 : 팀원 중 1명 • 정기회의 : 월 1회 이상(정기회의), 임시회의 : 긴급하게 필요한 경우 • 통합사례관리팀은 필요에 따라 선택해서 참여할 수 있고 사례회의는 통합사례관리팀으로 지정되지 않아도 참석 가능 • 통합사례회의 개최 1개월 전 사전에 회의일정 및 상정될 내용 검토 후 공지 • 작성된 회의록은 결재 후 통합사례관리팀 구성원과 공유
회의 진행	• 인사 및 회의 개요 안내 : 팀장 • 상정된 사례보고 : 사례관리자 • 의견 나눔 • 수퍼비전 제공 : 전문 수퍼바이저 • 다음 사례회의에 대한 계획 및 안내

(3) 솔루션회의

솔루션회의는 앞서 언급한 솔루션위원회에서 행해지는 회의이다. 이것은 만성질환, 문제성 음주, 정신건강, 가정폭력, 성폭력 등 복합적, 만성적, 심각한 문제 등을 다루는 사례관리자를 지원하기 위해 다양한 분야의 전문가들이 모여 자문과 수퍼비전을 제공하는 것이다. 회의에는 솔루션위원으로 위촉된 위원, 사례를 사정한 기관의 사례관리팀, 지역사회전문가 등이 참여할 수 있다. 회의에서 다루어지는 내용은 사례에 대한 자문은 물론 대상자에 대한 심리적, 물질적, 경제적 지원도 병행되기도 한다. 또한 사례관리자에 대한 심리적 지지, 교육 및 기술지원 등도 행해진다.

구분	내용
목적	• 만성질환, 문제성 음주, 정신건강, 가정폭력, 성폭력 등 복합적, 만성적, 심각한 문제 등에 보다 효과적으로 개입할 수 있도록 관련전문가팀이 자문이나 수퍼비전을 제공한다.
참석자	• 솔루션위원으로 위촉된 위원 • 사례를 상정한 기관의 사례관리 팀장 및 사례관리자 • 지역사회전문가(개별기관에 속하면서 통합사례관리팀으로 지정된 공공 또는 민간 전문가)
운영	• 솔루션회의 위원장이 주재 • 분기별 1회 이상 개최 • 솔루션회의 개최 1개월 전 회의 일정, 안건 등에 대해 협의 후 공지
회의 진행	• 인사 및 회의 개요 안내 : 위원장 • 상정된 사례보고 : 안건 상정을 한 사례관리자 • 자문 및 수퍼비전 제공 : 솔루션위원 • 협의된 내용 정리 및 공유 : 서기가 기록해서 자문내용을 정리, 공유

3) 수퍼비전

사례관리가 행해지기 위해 수퍼비전은 필수적이다. 수퍼비전은 사회복지서비스의 질 향상, 클라이언트의 문제해결 지원, 수퍼바이지의 전문적 성장을 위한 인적 자원 개발 등을 목적으로 한다. 사례관리에 있어 수퍼바이저의 자격은 사례관리 관련 교육

이수자인 동시에 사회복지 분야에서의 일정한 실무경험을 가진 사람이어야 한다. 수퍼바이저는 수퍼바이지의 욕구, 직무능력 등을 고려해 수퍼비전 계획을 일정 주기별로 수립한다. 사례관리에서 수퍼비전은 크게 개별 또는 집단 수퍼비전, 교육 및 사례회의 형태로 이루어질 수 있다. 수퍼바이저는 수퍼바이지가 도움 받고자 하는 부분에 대한 자문 및 수퍼비전을 제공하고 수퍼바이지의 직무능력 제고(교육 및 행정적 지원), 수퍼바이지의 업무스트레스 관리, 윤리적 딜레마 등의 문제를 다룬다.

목적	사회복지서비스 질 향상, 클라이언트의 문제해결 지원, 수퍼바이지의 전문적 성장을 위한 인적자원 개발 중 하나라고 할 수 있다.
수퍼바이저 자격	• 사회복지 분야 석·박사이면서 최소 2년 이상 실무경험 • 사회복지 분야 학사이면서 최소 4년 이상 실무경험 * 사례관리의 경우 사례관리 관련 교육 이수자를 더 우선시한다.
운영	• 수퍼바이저 1인당 3명 이하의 수퍼바이지 배정 • 수퍼바이저는 수퍼바이지의 욕구, 직무능력 등을 고려해 수퍼비전 계획을 일정 주기별로 수립 • 수퍼비전의 형태 : 개별 또는 집단 수퍼비전, 교육 및 사례회의 등
내용	• 수퍼바이지가 도움 받고자 하는 부분에 자문 및 수퍼비전 • 수퍼바이지의 직무능력 제고(교육 및 행정적 지원) • 수퍼바이지의 업무스트레스 관리 • 클라이언트의 욕구 및 관심사에 대한 사정평가 • 윤리적 딜레마

C A S E   M A N A G E M E N T

Part III

사례관리의 실제

Chapter 09

사전 준비 단계

1. 사전 준비 단계의 목적

사례관리는 클라이언트가 사례관리를 필요로 한다고 해서 되는 것이 아니라 사전에 충분한 준비가 필요하다. 일반적으로 기존의 사회복지실천 과정은 인테이크에서부터 설명되는 경우가 많았으나 사례관리에서는 특별히 준비 단계가 강조된다. 사례관리는 사례관리자의 노력만으로 되는 것이 아니다. 기관 내부의 운영 시스템 및 외부 시스템이 구축되어야 제대로 작동될 수 있다. 따라서 사례관리를 시작하기 전에 사례관리가 잘 행해질 수 있도록 기관 내·외 시스템 구축이 무엇보다 중요하다.

2. 사전 준비 단계의 주요 과업

1) 서비스 대상자 유형에 대한 이해

사전 준비 단계에서 사례관리사가 해야 할 과업은 서비스 대상자 유형에 대해 정확하게 이해하는 것이다. 앞 장에서도 제시하였듯이 사례관리자가 만나는 클라이언트는 서비스 이용자, 잠재적 사례관리 대상자, 사례관리 대상자, 위기관리 대상자 등이 있다. 사회복지기관의 서비스를 이용한다고 해서 모두가 사례관리 대상자가 되는 것은 아니며 사례관리의 목적과 자격요건에 부합해야 한다. 또한 심각한 위기 상태에 노출되어 긴급한 지원이 필요한 사람은 사례관리의 대상자로 적절하지 않다. 이들에게는 오히려 신속한 긴급지원이나 위기개입 서비스가 필요하다. 그러나 이들이 어느 정도 안정화 단계에 진입하면 사례관리 대상자로 포함될 수 있다.

사례관리 대상자는 크게 사례관리 대상자와 잠재적 사례관리 대상자로 대별될 수 있다. 잠재적 사례관리 대상자는 복합적이고 만성적인 욕구가 충족되지 않은 상태에 있고 통합적이고 지속적인 사회적 지원이 필요한 클라이언트이다. 그러나 클라이언트가 참여에 동의하지 않거나 기관의 사례관리 자격기준에 부합하지 않는 등 여러 가지 이유로 아직 사례관리가 행해지지 않은 클라이언트이다. 사례관리자는 잠재적 사례관리 대상자도 중요한 관심 대상에 포함시키는 것이 필요하다. 만약 잠재적 사례관리 대상자들이 기존 개별기관에서 서비스를 받고 있다면 계속적으로 서비스가 유지도록 하되 클라이언트의 욕구나 상황이 바뀌어 사례관리가 필요한 시점이 된다면 사례관리 대상자로 진입할 수 있도록 계속적인 점검을 해야 한다.

표 9-1. 서비스 대상자 유형

구분	개념	개입방법
서비스 이용자	기관 및 시설의 서비스를 이용하는 클라이언트	개별기관의 기존 서비스를 그대로 제공한다.
잠재적 사례관리 대상자	• 복합적이고 만성적인 욕구가 충족되지 못한 상태를 경험한다. • 통합적이고 지속적인 사회적 지원이 필요한 클라이언트	개별기관의 기존 서비스 + 필요한 경우 사례관리 대상자로 진입할 수 있게 계속적으로 점검한다.
사례관리 대상자	• 잠재적 사례관리 대상자 중 기관의 사례관리 운영지침이 정한 선정기준에 부합한다. • 사례관리 참여를 승인한다는 동의서를 작성한 클라이언트	• 사례관리 매뉴얼 및 지침에 따른 사례관리자 개입 ※ 이용자의 사례관리 동의서 작성이 필수적이다.
위기관리 대상자	• 심각한 위기상태에 노출 • 긴급한 사회적 지원이 없으면 신체, 심리, 정서적 안전상의 위험에 노출된 클라이언트	• 긴급지원 또는 위기개입 서비스 제공한다. ※ 심각한 위기상태를 지나 어느 정도 안정화 단계에 있는 경우, 필요시 사례관리 대상자로 등록이 가능하다. ※ 즉, 심각한 위기에 노출되어 있는 사람은 바로 사례관리 대상자로 선정하지 않는다.

출처: 권진숙 외(2012: 99)의 표 내용을 일부 수정, 보완하여 제시하였다.

사례관리 대상자는 잠재적 사례관리 대상자 중 기관의 사례관리 운영지침에 의한 선정기준에 부합하며 동시에 사례관리에 자발적으로 참여하겠다고 동의한 클라이언트이다. 사례관리 운영지침은 기관마다 다소 상이하므로 기관의 사례관리 매뉴얼 및 지침에 맞게 적용하는 것이 필요하다.

2) 내·외부 시스템 구축

사례관리에 앞서 사례관리자가 준비해야 할 또 다른 주요 과업으로는 사례관리를 위한 내·외부 시스템을 구축하는 것이다. 기관에서 사례관리가 체계적으로 행해질 시스템이 구축되어 있는 경우에는 바로 인테이크 단계로 진입할 수 있다. 그렇지 않다면 사전에 기관 내·외부 시스템을 구축하기 위한 여러 가지 준비가 필요하다. 왜냐하면 사례관리는 사례관리자 혼자서 할 수 있고 설사 그렇게 한다고 해도 효과적인 사례관리를 행하기 어렵다. 따라서 복잡한 일련의 과정을 통해 기관 내·외부 시스템을 구축하는 것이 필요한데 이를 구체적으로 살펴보면 다음과 같다.

첫째, 기관 차원에서 사례관리 도입의 당위성을 모든 구성원이 인식하도록 해야 한다. 기관장 또는 내부 구성원들이 사례관리의 필요성을 인식하고 사례관리에 대해 이해하고 이를 어떻게 적용할 것인지에 대한 합의를 도출하는 것이 필요하다.

둘째, 기관 차원의 사례관리 운영지침을 마련한다. 기존 사례관리 운영 매뉴얼을 바탕으로 기관 자체의 사례관리 지침을 마련한다. 별도의 사례관리 운영지침을 만들기 어려우면 기존 기관 운영지침에 사례관리 부분을 추가할 수 있다. 지침 안에는 대상자 선정기준, 사례관리자의 사례수, 사례관리팀의 역할, 사례회의 등 내부 운영 시스템, 기록, 예산 집행 등 사례관리 전반에 걸친 주요 내용이 제시되어야 한다. 또한 기관 및 지역사회의 특성, 상황을 반영하고 적용가능한 것이어야 한다. 이런 지침을 통해 기관에서는 일관성 있는 사례관리의 방향을 설정하고 직원 간의 업무분담 및 협력을 위한 토대가 마련된다. 특히 위기상황이 발생되었을 때 기관의 지침에 준수해서 집행하였다는 것은 사례관리자 및 기관을 보호하는 안전장치가 된다.

셋째, 내부 운영 시스템 구축이다. 사례관리 운영매뉴얼 또는 사례관리 지침에 근거한 내부 시스템을 구축한다. 사례관리자 배치, 사례관리 팀 구성, 사례회의, 통합사례관리 회의 참석 여부 등 구체적인 사항을 정한다. 사례관리자의 배치는 사례관리만을 전적으로 담당하는 전담 사례관리자를 배치하는 것이 바람직하지만 기관의 상황이나 여건, 대상자 수에 따라 다른 업무와 겸직을 할 수도 있고 다른 형태를 취할 수 있다.

넷째, 외부 지원 시스템의 구축이다. 기관의 사례관리를 지원하는 외부 시스템을 구축하는 것이 필요하다. 일반적으로 외부 지원 시스템 구축은 상당한 시간이 소요될 수 있으므로 사례관리를 진행하면서 함께 구축하는 것이 좋다. 가장 쉬운 방법은 지역사회 내 기존 사례관리 전담기관을 이용하는 방법이다. 예를 들면 지역 내 통합사례관리회의, 통합사례관리지원단, 솔루션회의 등을 활용하는 것이다. 이 외에도 몇 개의 기관이 협력해서 시·도별, 구역별 사례관리지원단, 솔루션회의 등을 구성하는 방법도 있을 수 있다. 또한 지역에 산재한 다양한 자원을 파악, 목록화하고 관리해야 한다.

다섯째, 대상자 발굴이다. 사례관리가 필요한 대상자를 발굴하기 위해 별도의 신청을 받거나 기존 서비스 이용자 또는 잠재적 사례관리 대상자 중에서 발굴하는 것이 필요하다. 또는 다른 기관에서 적합한 대상자를 의뢰받을 수 있다. 이를 위해 사례관리자는 다양한 지역사회 활동에 참여해 기관 및 사례관리를 홍보 및 안내하는 것이 필요하다.

3. 사전 준비 단계의 주요 기술

1) 클라이언트의 발견과 모집

사례관리 체계와의 첫 만남은 관계를 형성하고 동기를 갖게 하는 중요한 기회이다. 잠재적 클라이언트에게 사례관리의 목적과 내용을 이해시키고 사례관리에서 제공되는 것과 제공되지 않는 것, 그들의 책임이 무엇인지를 알려줄 필요가 있다. 사례관리자는 사례관리 전 과정에서 그들과 협력해서 일하는 사람이며 자신들이 해야 할 일을 대신 해주는 것이 아니라는 것을 초기에 명확하게 알려야 한다. 또한 사례관리 과정은 장기간 쌍방의 헌신과 노력으로 이루어진다는 것을 이해하도록 해야 한다.

이들과의 초기 접촉은 존중과 수용적 태도, 따뜻한 분위기 속에서 이루어져야 한다. 설시 청소년을 만나더라도 진심어린 열성, 놀봄, 존중적 자세를 보여야 한다. 나이어린 청소년과의 면담이라고 해도 비인격적, 관료적 태도로 이루어지면 안 된다. 이것은 청소년으로 하여금 흥미를 잃게 만든다.

사례관리는 모든 사람을 위한 것이 아니다. 사례관리를 통해 이득을 얻을 수 있는 타켓 집단을 구체시하고 이들과의 접근이 용이하도록 다양한 방법을 강구해야 한다. 사례관리 대상 청소년 발굴을 위한 아웃리치 캠페인에서는 청소년들에게 무엇이 제공되는지를 명확히 하고 동시에 장기간, 개별적 접근으로 얻는 이득을 강조해야 한다.

2) 자원 목록화 및 지역사회 협력기관의 구축

지역사회 내 신재한 다양한 자원을 파악하고 이를 목록화한다. 클라이언트 욕구와 관련이 깊은 지역사회 기관과는 협약을 통해 관계를 구축하는 것이 필요하다. 이것은 사례관리 서비스가 시작되기 전에 미리 구축해 두는 것이 좋다. 만약 이것이 구축되지 않았다면 사례관리 초기에는 사례관리자의 사적 지인을 충분히 활용하거나 기존 사례관리 전담기관 회의에 참여해서 다른 사례관리자들로부터 이미 개발된 정보, 노하우 등을 전달받은 것도 필요하다. 지역 자원은 끊임없이 생성, 변화, 소멸하므로 자원목록은 주기적, 지속적으로 관리되어져야 한다. 적어도 3개월 내에 주기적으로 관리하는 것이 좋다.

4. 사전 준비 단계의 양식 작성 지침 및 적용 예시

준비 단계에서 필요한 양식으로는 자원목록표가 있다. 이것은 서비스 영역별로 지역 자원의 이름, 서비스 내용, 전화번호, 담당자 등을 알기 쉽게 정리한 것이다. 청소년의 사례관리를 위해서는 법률, 진학, 자활 및 직업훈련, 상담, 의료영역 등의 자원을 미리 파악해서 관리할 수 있다. 구체적인 예는 다음과 같다.

표 9-2. 자원목록표(예시)

구분	기관명	서비스 내용	전화번호	담당자
법률지원	00함께센터	법률지원		
	신용회복위원회	개인워크아웃		
	대한법률구조공단00직할출장소	법률상담		
진학지원	00학원	검정고시 및 수능 지원		
	00컴퓨터학원	컴퓨터자격증 취득		
	00미술학원	입시미술지원		
	00컴퓨터아트학원	컴퓨터 활용능력 습득		
	한국여성재단	봄빛기금 장학재단		
	00직업전문학교	사회복지사/보육교사 취득과정		
	00컴퓨터학원	컴퓨터자격증 취득		

구분	기관명	서비스 내용	전화 번호	담당자
자활 지원 (직업 훈련)	00미용실	직업훈련/인턴십		
	00어린이집	직업훈련/인턴십		
	00드림	직업훈련/인턴십		
	00의개	직업훈련/인턴십		
	00사회복지법인 윙	직업훈련/인턴십		
	00구고용복지지원센터	직업훈련(제과제빵사 교육과정)		
	00고용복지지원센터	맘스맘 쿠키훈련생		
	00구고용복지지원센터	취업성공패키지		
	00커피 바리스타학원	직업훈련/라떼아트		
	00간호학원	간호조무사 자격증 취득		
	00직업전문학교	메이크업/머리미용 자격 취득		
	00요양보호사교육원	요양보호사 자격증 취득		
	00고용지원센터	직업훈련지원/취업성공패키지		
	00여성인력개발센터	직업훈련지원/취업성공패키지		
	00여성발전센터	직업훈련지원/취업성공패키지		
	00인지어스	직업훈련지원/취업성공패키지		
	한국장애인고용공단	장애인 취업연계		
상담 지원	00의원	종합심리검사/심리상담/정신보건교육		
	00연구소	종합심리검사, 미술치료		
	00인권지원센터	미술치료연계		
	예술치료센터00	심리상담		
	00중독관리통합지원센터	알코올 상담/알코올 예방교육		
	00구정신보건센터	정신보건관련교육		

구분	기관명	서비스 내용	전화번호	담당자
의료지원	00정신과의원	정신의학과 외래 외		
	00의원	정신의학과 외래 외		
	00의료생협의원	건강검진		
	00병원	건강검진 및 응급치료		
	00치과	치과진료		
	00치과	치과진료		
	00산부인과	산부인과 진료		
	00디에스	문신제거		
출산지원	00원	미혼모 출산지원		
	00원	미혼모 출산지원		
프로그램	00코칭아카데미	감정코칭		
	00칼라코드(주)	컬러커뮤니케이션		
	00채움(주)	진로탐색		
	00드림(주)	글루텐아트교습		
	00성폭력상담소	여성주의타로		
	00영상연구소	사진치료		
	00아토	음악치료		
	00액츠	페이스아트		
	00대학교 평생교육원	미술치료 워크숍		
	00에니어그램 심리연구소	에니어그램		
	00실용콘데츠콥	경제교육/경제멘토링		
	00정신의학과	정신보건관련교육		

출처: 한국여성의 집에서 활용하는 2014년 연계기관 리스트의 일부를 제시한 것이다.

Chapter 10 인테이크 단계

1. 인테이크 단계의 목적

일반적으로 인테이크(intake)란 사례관리자가 전문적 도움을 위해 찾아온 클라이언트의 문제와 욕구를 확인하고 그것이 기관의 정책과 서비스에 부합되는지의 여부를 판단하는 과정을 의미한다. 이를 통해 사례관리자는 클라이언트에 대한 서비스의 시작, 다른 기관으로의 의뢰 등을 결정하게 된다.

사례관리에서 인테이크는 클라이언트의 욕구나 문제를 파악하고 이 사례가 사례관리에 적합한지를 검토한다. 사회복지실천에서의 인테이크와 마찬가지로 사례관리에서 인테이크는 클라이언트와 신뢰로운 원조관계를 형성하는 첫 출발이라는 점과 이후 전문적 협력관계 형성에 절대적인 영향을 미친다는 점에서 매우 중요하다.

사례관리에 적합한 클라이언트

첫째, 복합적인 어려움에 있어 3개월 이상의 중장기적 개입 필요
둘째, 욕구충족을 위해서는 기존 기관의 서비스만으로는 안 되고, 다른 기관과의 연계, 협력 필요
셋째, 클라이언트가 참여하고자 하는 의지가 있고 동의하는 경우
넷째, 사례관리에서 다루어질 내용은 클라이언트의 특정문제에 초점을 두는 것이 아니라 생의 전반에 걸친 내용들이다.

2. 인테이크 단계의 주요 과업

1) 소요 시간

인테이크에 소요되는 시간은 일반적으로 60분 이내로 하는 것이 좋다. 이때는 클라이언트와 기관이 아직 서비스 제공에 대해 동의하지 않은 상태이므로 인테이크 단계에서 너무 많은 질문을 하는 것은 바람직하지 않다. 클라이언트의 보다 심층적인 욕구나 상황에 대한 이해는 사정 단계에서 보다 꼼꼼하게 다루는 것이 좋다.

2) 클라이언트의 욕구 확인

클라이언트가 바라는 욕구, 희망, 기대가 무엇인지 확인한다. 가능한 짧고 간단하게 질문하고 클라이언트로 하여금 불필요한 간섭이나 조사를 하는 듯한 느낌을 주지 않도록 하는 것이 좋다. 오히려 클라이언트가 필요로 하는 것에 적극적으로 반응하는 것이 좋다. 예를 들어 "우리 기관에서는 이러한 사례관리 서비스를 제공합니다. 당신의 생활이 지금보다 조금 더 나아지기 위해서는 어떤 서비스가 필요한가요?"라고 질문할 수 있다.

기존 서비스의 인테이크에서는 클라이언트의 문제에 집중하는 경향이 있다면 사례관리의 인테이크에서는 클라이언트의 생활 전반과 희망하는 모든 욕구를 검토할 수 있다. 왜냐하면 사례관리는 근본적인 문제해결보다는 클라이언트가 지금보다 조금 더 나은 생활을 하도록 하는 데 초점을 두기 때문이다.

3) 동기 고취

사실 여부를 확인하기보다는 충분히 공감하고 클라이언트의 입장에서 이해하려고 하는 것이 필요하다. 수용, 무조건적 존중, 개별화, 진솔한 태도를 통해 신뢰로운 원조관계를 형성하고 사례관리에의 참여 및 변화에 대한 동기를 고취시킬 수 있도록 한다. 클라이언트에 대한 심층적인 분석은 사정에서 다루도록 하고 인테이크에서는 클라이언트가 제시하는 욕구나 당면문제를 확인하는 데 초점을 둔다. 이는 클라이언트로 하여금 존중받는다는 느낌을 갖게 하여 기관에 대한 신뢰감을 높이고 관계형성에 긍정적으로 기여할 수 있다.

4) 인테이크지 작성

인테이크는 클라이언트와의 신뢰로운 관계 구축을 위한 분위기를 만드는 시간이기도 하다. 이 단계에서는 클라이언트로 하여금 존중과 보살핌을 받고 전문적인 서비스를 받고 있다는 경험을 갖게 하는 것이 중요하다.

시나지게 문제 중심에만 초점을 두어 질문하거나 인테이크지 작성에만 몰두하는 것은 적절하지 않다. 인테이크에서 파악해야 할 전형적인 정보 뿐만 아니라 클라이언트 삶 전체와 관련된 포괄적인 내용, 장기간 서비스에 관련된 데이터를 수집하는 것이 좋다. 또한 면접에서 수집된 정보는 어떤 이유에서 수집되고, 어떻게 사용될 수 있는지를 명확하게 설명함으로써 클라이언트로 하여금 사례관리에서 어떤 일이 생길 수 있는지를 예측할 수 있게 한다. 이런 일련의 과정은 클라이언트로 하여금 사례관리자와 협력적 관계에 있음을 느끼게 한다.

클라이언트의 도움 요청 부분과 관련해서는 가능한 클라이언트가 말한 진술내용을 그대로 적는다. 이야기한 순서대로 기록하고 클라이언트 이외 다른 사람이 인테이크에 참여했다면 누가 무슨 말을 하였는지도 기록한다. 사례관리자의 판단이나 실무자의 제안보다는 클라이언트의 욕구에 더 우선순위를 둔다.

일반적으로 사회복지실천에서는 실천과정에 대한 기록이 클라이언트에게 공개되지 않는 것과 달리 사례관리에서는 사례관리 과정 중 행해진 모든 기록이 클라이언트에게 공개될 수 있다. 따라서 인테이크지에 지나치게 부정적인 용어나 주관적인 판단 등은 사용하지 않는 것이 좋다. 예를 들어 성격이 나빠 주변 사람과 잘 어울리지 못한다고 하거나 자제력과 인내심이 부족해서 가출을 습관적으로 한다는 등과 같이 확인되지 않거나 부정적인 표현은 적절하지 않다. 언제든지 클라이언트가 자신과 관련된 기록을 볼 수 있다는 점을 명심해서 작성하는 것이 필요하다.

5) 대상자 판정

클라이언트가 기관의 지침에서 명시된 사례관리 대상자에 부합하는지를 판정한다. 이는 기관에서 설정한 사례관리 판정기준에 근거한다. 예를 들면 복합적인 어려움에 있어 중장기적 개입이 필요하고 기존 기관의 서비스만으로는 욕구를 충족하기 어려우며 클라이언트가 참여하고자 하는 의지가 있으며 이에 동의하는 경우 대상자로 판정할 수 있다. 사례관리가 필요하지만 본 기관에서 행하는 것이 적합하지 않는 경우에는 비대상자로 간주하여 적합한 기관에 의뢰하는 것이 바람직하다. 왜냐하면 기관에서 준비되지 않은 상태에서 고위험 클라이언트를 사례관리 대상자로 선정하면 실패할 가능성이 높다. 따라서 클라이언트 및 사례관리자, 기관의 특성을 고려해서 대상자를 선정하는 것이 필요하다.

만약 긴급하게 지원되어야 하거나 위기개입이 필요한 경우에는 사례관리가 아닌 긴급개입이나 위기개입 등 적절한 조치를 행해야 한다. 또한 대상자 판정 결과는 인테이크 이후 늦어도 3일 이내 클라이언트에게 통보하는 것이 바람직하다. 인테이크를 한 이후 시간이 지연되면 클라이언트의 참여동기가 변화할 가능성이 크기 때문이다.

6) 사례관리 동의서 작성

잠재적 사례관리 대상자에게 사례관리 서비스를 소개하고 이에 대한 참여 여부를 확인한다. 클라이언트가 사례관리를 희망하고 기관의 사례관리 지침이나 규정과 일치하면 합의해서 동의서를 작성한다. 클라이언트가 아동·청소년이거나 판단능력이 부족한 경우에는 부모나 법정 후견인의 동의가 필요하다. 그러나 클라이언트가 사례관리에 동의하지 않을 경우 다음 단계로 넘어가지 않는다. 왜냐하면 사례관리는 공급자 중심의 기존의 서비스와 달리 이용자 중심이라는 점에서 자발성과 참여가 필수적이기 때문이다.

사례관리 동의서 내용에는 기관 측과 클라이언트 측이 상호 대등한 관계에서 행할 책임과 권리가 포함되어야 한다. 또한 클라이언트의 개인정보 제공을 어느 범위까지 할 것인지를 명확히 하는 것이 필요하다. 사례관리는 관련기관들이 사례에 대한 정보를 공유하는 것을 전제로 한다. 또한 개인상담이나 가족치료 등과 달리 사례관리는 한 사례가 개인의 문제가 아닌 공동체 전체의 문제로 다루어질 때 보다 효과적일 수 있다. 따라서 사생활보호나 비밀보장의 문제는 항상 주의 깊게 신경써야 할 부분이다.

7) 클라이언트의 역할

클라이언트로 하여금 자신의 삶이 지금보다 조금 더 나아지기 위해 무엇이 필요한지에 대한 자신의 욕구, 희망, 기대를 이야기하게 한다. 또한 클라이언트가 바라는 기대와 기관에서 제공될 사례관리 서비스가 어느 정도 일치하는지를 확인하게 한다. 보

사례관리 대상자의 자발성은 어디까지?

기본적으로 사례관리는 철저히 이용자 중심이다. 따라서 사례관리의 시작은 이용자의 자발적 동의에서부터 시작되고 사례관리 과정에서도 수시로 이용자의 참여와 선택권을 존중해야 한다. 한 마디로 사례관리 대상자의 자기결정권은 최고로 존중되어야 한다.

사례관리가 기존 서비스와 가장 큰 차별성은 클라이언트의 자발성 및 참여의 강조이다. 서비스 목표, 계획수립, 점검 등에서 클라이언트의 동의와 참여는 필수적이다. 단, 자해나 타해의 위험이 높은 클라이언트에게는 사례관리보다는 긴급 지원이나 위기개입 서비스가 필요하며 이 경우에는 전문가의 판단에 의해 클라이언트의 선택권이 일부 제한될 수 있다.

충 설명이나 수정되어져야 할 부분이 없는지를 확인하고 기관에서 제공하는 사례관리에 동의할지 여부를 결정한다.

3. 인테이크 단계의 주요 기술 1)

1) 신뢰로운 관계형성을 위한 기술

사회복지실천에서 클라이언트와의 신뢰로운 관계형성을 하는 데 필요한 기술은 사례관리에서도 여전히 중요하다. 대개 클라이언트는 이미 여러 가지 서비스를 받은 경험이 있는 경우가 많다. 기존 서비스와의 차별성을 인식시키고 기대와 동기를 갖도록 하기 위해서 기존 서비스와 다르다는 느낌을 받도록 하는 것이 필요하다.

사례관리자는 초기 과정에 클라이언트의 감정을 공감, 이해하고, 진솔하게 대하고, 따스함과 온화함을 갖추는 것이 필요하다. 사례관리에서 초기 관계 수립에 도움이 되는 기술은 다음과 같다.

(1) 열린 질문하기

열린 질문은 클라이언트로 하여금 예, 아니오 또는 단답형의 답을 말하도록 하는 것이 아니라 클라이언트가 가진 여러 가지 생각을 클라이언트 입장에서 풍부하게 표현할 수 있도록 개방적으로 질문하는 것이다. 예를 들어 "어머니와 사이가 좋지 않았느냐?"라고 질문하기보다는 "어머니에 대해 말씀해 주시겠습니까?"라고 묻는 것이다.

(2) 적극적 경청

적극적 경청은 그냥 들리는 것만 듣는 것이 아니라 클라이언트가 말하지 못하는

1) 이 부분은 남미애·윤숙자(2013: 84-116)와 남미애·이정미·육혜련(2014:145-174)의 내용을 부분 발췌하여 재인용 및 수정한 것이다.

것까지 심층적으로 듣는 것을 의미한다. 일명 제3의 귀를 이용해서 듣는 것이라고 한다. 사례관리자가 클라이언트의 언어적·비언어적 메시지 모두에 주목하고 클라이언트가 자신의 메시지가 정확히 전달됐는지 알 수 있도록 사례관리자가 들은 것을 확인한다. 적극적 경청과 관련된 기술로는 반영, 명료화, 바꾸어 말하기, 요약, 침묵 다루기 등이 있다.

표 10-1. 반영

개념	• 클라이언트의 말과 행동에서 표현된 기본적인 감정, 생각 및 태도를 사례관리자가 다른 말로 부언해 주는 것이다. 클라이언트의 탐색을 돕는 가장 중요한 기술 중 하나로서 클라이언트가 자신의 감정이나 생각을 파악, 명료화하고 표현하도록 돕기 위해 사용한다. • 반영은 크게 감정의 반영과 내용의 반영으로 구분된다.
효과	• 클라이언트의 자기 이해를 도와줄 뿐만 아니라 클라이언트로 하여금 자기가 이해받고 있다는 인식을 갖게 한다. • 클라이언트가 서로 일치하지 않는 감정 혹은 불분명한 느낌의 상태에 있을 때 반영을 해 주면 자신에게 그러한 면이 있음을 자각하도록 함으로써 내적 긴장의 원인을 덜어 주게 되는 것이다. • 감정의 반영은 카타르시스를 시키고, 안정감을 주고, 자기 통제를 촉진시키고, 클라이언트로 하여금 그들의 감정에 대처하는 법을 배우게 한다.
예	C: 엄마는 늘 자기 고집대로 해요. 내 이야기는 듣지 않고 자기 주장만 해요. 엄마랑 이야기하면 속이 답답해요, 엄마는 자기 생각만 중요하게 생각하지 제 생각에는 관심이 없어요. 그래서 엄마랑 어떤 이야기도 하고 싶지 않아요. W: 엄마가 너의 이야기는 듣지 않고 자기 주장만 강해서 엄마랑은 대화가 잘 안 된다는 말이구나(내용의 반영). C: 예, 엄마는 항상 일방적이에요. 내 생각을 이야기해 보라고 하지만 정착 이야기하면 나를 설득시키려고 하고, 자기 생각을 강요하구요. 말로는 나를 위한다고, 사랑한다고 하지만 정작 그러지도 모르겠어요. 내 입에서 내 이야기도 이해해 보려고 했으면 좋겠어요. W: 엄마에 대해 속상함, 원망, 좌절감이 큰 것 같구나(감정의 반영). C: 예, 엄마랑 이야기하는 것이 괴로워요. 엄마랑 이야기하다 보면 과연 엄마가 나를 사랑하고 있는지, 자기 기대에 나를 맞추고 있는 것은 아닌지 의심이 들기도 해요.

표 10-2. 명료화

개념	클라이언트의 이야기 중에 모호하거나 구체적이지 않는 경우, 이해되지 않는 것이 있는 경우, 클라이언트로 하여금 보다 명확하게 이야기하도록 질문하는 것이다.
효과	명료화는 클라이언트가 이야기하고자 하는 내용을 보다 구체적이고 정확하게 알 수 있도록 한다. 클라이언트로 하여금 자신의 이야기를 열심히 경청하고 있다고 느끼게 하며, 관심을 갖고 되묻는 과정에서 클라이언트의 이야기에 중요성을 부여한다.
예	C: 어렸을 때 아버지는 나를 매우 미워했어요. 다른 형제보다 유독 나를 싫어했어요. 나는 늘 불행하다고 생각했죠. W: 아버지가 미워했다는 것은 구체적으로 어떻게 하신 것을 말하나요? 구체적으로 말씀해 주시겠어요?

표 10-3. 바꾸어 말하기

개념	• 클라이언트가 진술한 내용의 어의적 뜻을 다시 말하는 것이다. • 감정의 반영이 감정이나 메시지의 정서적 요소에 초점을 둔 것이라고 한다면 바꾸어 말하기는 말의 뜻에 초점을 맞추어 다시 말하는 것이다. 즉, 내용의 반영을 의미한다.
효과	• 클라이언트가 하고자 하는 내용을 잘 듣고 이해하고 있다는 것을 표현하며 클라이언트가 한 말을 보다 분명히 하는 데 도움을 준다.
예	C: 나는 정말 혼란스러울 때가 많아요. 도대체 아버지가 나를 어떻게 생각하는지 모르겠어요, 힘든 일이 있으면 저만 찾고 저에게 부탁하면서도 술만 마시면 저에게 욕하고 없어지라고 하고 나 때문에 일이 안 된다고 하고... 정말 아버지 맞나 하는 생각이 들어요. W: 그 말은 아버지가 당신에게 일관성 없이 행동하신다는 말로 들리는 군요. (바꿔 말하기) 당신이 아버지로 인해 마음 고생을 많이 하였고 자식으로서 가정생활에서 갈등과 좌절감을 많이 느끼신 것으로 들리는군요. (감정의 반영)

표 10-4. 침묵 다루기

개념	효과적으로 침묵을 다루는 것은 원조과정에서 매우 중요하다. 클라이언트는 다양한 이유로 면담 도중에 침묵할 수 있다. 침묵은 크게 두 가지 유형으로 대별해 볼 수 있는데, 하나는 건설적 침묵이고 다른 하나는 문제성 침묵이다.
효과	• 건설적 침묵은 침묵의 이유가 면담의 목적과 관련이 있고 클라이언트의 문제해결에 도움이 되는 경우이다. 예를 들면, 다음에 이야기할 내용을 생각하거나, 지금까지 한 이야기를 조용히 정리하거나, 미처 하지 못한 이야기를 생각하는 것 등이 해당된다.

	• 문제성 침묵은 클라이언트의 문제해결에 도움이 되지 않거나 방해되는 침묵이다. 예를 들면, 클라이언트가 면담에 대해 반감을 느끼거나, 면담 도중 불안, 초조, 혼돈 상태에 빠져 있거나, 문제해결과 관련된 중요한 내용을 다루지 않고 감추려고 하는 경우 등이 해당된다.
예	W: "새 아버지에 대해 질문을 드렸는데 00씨는 한동안 말이 없네요. 지금 어떤 생각을 하고 계신지 제가 물어봐도 될까요?"

표 10-5. 공감

개념	감정이입이라는 용어로 불리기도 하는데, 클라이언트의 생각, 감정, 경험에 대하여 사례관리자가 자신의 주관적인 입장에서가 아니라 클라이언트의 입장에서 듣고 반응하는 것이다. **기본적 공감**: 일반적인 공식은 '~때문에(특정 감정을 유발한 선행사건이나 행동) ~한 느낌이 드는군요(클라이언트의 감정)'라고 표현하는 것 **깊은 공감**: 클라이언트가 말한 내용에 초점을 두기보다는 그 이면에 숨겨진 감정이나 클라이언트가 가지고 있으면서도 인식하지 못하는 부분, 성장 동기까지 포착하는 것
효과	• 사례관리자가 클라이언트를 잘 이해하고 있다는 사실을 말해 줌으로써 클라이언트의 자기존중감을 고양시킨다. • 클라이언트를 이해하고자 노력하는 사례관리자의 모습과 존중적 태도를 통해 클라이언트가 이해받는다는 느낌과 더불어 신뢰감을 형성한다. • 정확한 공감을 통해 클라이언트가 자신을 더 깊이 탐색·이해하도록 촉진한다. • 클라이언트의 이야기에서 부정확한 부분에 대한 수정한다.
예	C: 귀가시간에 늦지 않으려고 얼마나 애를 썼는데요. 친구들은 다 놀고 있는데 친구를 두고 들어온다는 것이 쉽지 않잖아요. 그런데도 선생님은 저를 보자마자 화부터 내셨어요. 정말 다시 퇴소하고 싶은 심정이었어요. W: 늦지 않으려고 노력했는데 선생님이 이야기도 들어 보지 않으시고 화부터 내서서 마음이 매우 속상했구나. C: 담당선생님은 나를 믿지 않아요. 저도 생각이 있어서 고민 중인데 자꾸 잔소리를 해요. 선생님은 내가 마음에 안 드나 봐요. W: 선생님이 너를 믿지 않고 잔소리를 많이 해서 기분이 많이 상했구나(기본적 공감). 선생님에게 인정받고 싶구나(깊은 공감).

표 10-6. 자기노출

개념	• 사례관리자가 자신의 생각, 경험, 느낌 같은 개인적인 이야기를 클라이언트에게 솔직하게 이야기하는 것을 말하는 것이다. • 자기 노출의 내용은 긍정적일 수도 있고 부정적일 수도 있다. 그러나 중요한 것은 적절한 시기에 적절한 수준에서 이루어져야 하며 클라이언트의 문제해결에 도움이 되는 경우에 제한적으로 사용해야 한다는 것이다.
효과	• 자기 노출을 적절하게 사용하면 클라이언트의 민감한 내용에 대한 접근이 보다 용이하고 클라이언트와 보다 편안하게 관계를 형성한다. • 그러나 적절하지 못하면 클라이언트가 사례관리자의 전문성에 대해 의문을 제기할 수 있다.
예	"지금 당신이 얼마나 어렵고 힘든 시간인지 제가 다 알지는 못해도 어느 정도 이해할 수는 있을 것 같아요. 저도 어린 시절 아버지 없이 홀어머니에게서 자랐는데 아버지가 있는 친구들이 그렇게 부러울 수가 없었어요. 한때는 부모님에 대한 원망의 마음도 있었고요."

2) 낮은 동기를 가진 클라이언트에 대한 개입

인테이크 단계는 클라이언트의 욕구를 확인하고 신뢰로운 관계 구축을 통해 사례관리에 자발적으로 참여하도록 동의를 얻는 데 초점을 둔다. 그러나 어떤 클라이언트는 인테이크 단계에서 동기가 낮을 수 있다. 심지어는 어떤 도움도 필요 없다고 강력하게 거부하는 클라이언트도 많다. 사례관리자의 관점에서 보면 반드시 서비스가 필요한 상황임에도 불구하고 서비스가 필요 없다고 거부하거나 전화하지 말라고 하는 경우가 있다. 이런 경우 두 가지 측면에서 생각할 필요가 있다. 하나는 클라이언트가 문제 상황에 대한 인식이 부족하거나 필요성을 그다지 느끼지 못하는 경우이다. 또 다른 하나는 도움을 받고 싶지만 마음이 준비가 안 되었거나 다른 사람에 대해 자신을 노출하는 것에 대한 두려움이나 지금보다 더 상황이 더 악화되면 어쩌나 하는 불안 때문일 수 있다.

결과적으로 두 가지 모두 사례관리자를 거부하는 것이 아니므로 좌절감이나 실패감을 느낄 필요가 없다. 이들 클라이언트들은 다른 사람과의 관계에서도 단절되거나 폐쇄적일 가능성이 높다. 따라서 지나치게 급하게 접근하기보다는 클라이언트의 속도를 존중하면서도 포기하지 않고 꾸준한 관심과 지지가 필요하다. 꽃이 피는 시간이 꽃마다 다르듯이 사람마다 타인에게 마음의 문을 여는 타이밍은 각기 다를 수 있다. 진심어린 관심과 존중어린 태도, 지속적인 지지가 필요하다. 가랑비에 옷 젖듯이 서서히 스며드는 것이 필요하다.

3) 비자발적 동기를 가진 클라이언트에 대한 개입

비자발적인 클라이언트의 경우에는 더욱 초기 관계형성에 어려움이 많다. 사례관리는 기본적으로 클라이언트가 사례관리 참여를 자발적으로 동의하면서 시작된다. 그러나 처음부터 클라이언트가 100%로 자발적인 동기를 가지고 참여하는 경우가 적고 대부분은 서비스에 대한 갈등을 갖고 오는 경우가 많다. 어떤 경우에는 클라이언트의 의사보다는 주변에서 서비스가 필요하다고 생각해 클라이언트를 사례관리자에게 의뢰하는 경우도 있다. 경우에 따라 판사, 보호관찰관, 경찰과 같은 공적 기관에 의해 강제적으로 의뢰되는 경우도 있다. 이처럼 처음부터 클라이언트가 자발적으로 사례관리자를 찾아 온 것은 아니더라도 인테이크 등 사례관리 실천과정을 통해 도움이 필요한 상황이라고 판단되면 클라이언트의 비자발적 동기를 자발적 동기로 전환시키는 작업이 필요하다.

비자발적인 클라이언트의 경우, 오랜 시간 어려움에 노출되고 과도한 스트레스로 인한 에너지 고갈, 지지와 안정 상실, 희망이 없고 무력한 데서 비롯되는 절망감, 사람들에게 열등한 사람이나 사회적 실패자로 취급받지 않을까 하는 두려움, 비난받거나 부당하게 취급되는 느낌, 타인의 도움을 받아야 하는 자신의 처지에 대한 분노, 불안 등이 있을 수 있다. 자신에게 아무런 문제가 없다고 부정하거나 다른 사람에게 탓을 돌리는 투사, 문제와 관련된 감정이나 책임감을 외면하는 거리두기 등을 행할 수 있다(남미애·윤숙사, 2013).

비자발적 클라이언트와의 면담에서 고려해야 할 점을 정리하면 다음과 같다(남미애·윤숙자, 2013). 첫째, 사례관리자 자신이 원하지 않은 일을 강제로 하게 될 때의 기분이 어떤가를 생각해 보고 클라이언트가 어떤 반응을 보일지에 대해 예견하면서 대면을 준비한다.

둘째, 클라이언트를 처음 만날 때, 클라이언트를 의뢰된 기관에서 어떤 이유로 클라이언트에게 사례관리 기관에 방문하라고 했는지를 확인한다. 만약 전문적 도움을 받아야 하는 이유에 대해 클라이언트가 오해가 있다면 이를 명확히 한다.

셋째, 사례관리자의 역할과 책임, 클라이언트에 대한 사례관리자와 기관의 기대를 분명하고 정직하게 설명한다. 또한 비밀보장 원칙과 예외사항을 설명해 준다. 예를 들어, 클라이언트가 사법기관과 관련된 경우 클라이언트와의 면담 및 진술내용을 기록한 보고서를 법원에 제출할 수 있음을 클라이언트에게 언급한다.

넷째, 사례관리자를 강제로 만나게 된 것에 대해 클라이언트가 부정적인 감정을 가질 수 있다. 적대감, 분노, 수치심, 당혹감 그리고 방어적 반응에 부딪힐 것에 대해 준비해야 한다. 무엇보다 클라이언트의 부정적 사고 경향을 피하려고 하거나 무시하지 말고 직접적으로 표현하도록 돕는다.

다섯째, 비자발적인 클라이언트와 성공적인 관계를 형성하기 위해서는 상호 신뢰와 존중적 태도가 필요하다. 사례관리자가 클라이언트의 어려움에 관심을 보이는 것은 신뢰형성의 출발점이다. 클라이언트의 욕구와 기대에 눈높이를 맞추고 클라이언트의 희망·선호와 가능한 일치시키도록 노력한다. 클라이언트를 이해한다는 것이 무조건 그들의 의견에 동의하는 것을 의미하는 것은 아니다. 클라이언트는 자신이 취약하다고 느낄수록 더 부정적일 수 있다. 사례관리자는 클라이언트의 두려움을 다루어 주고, 클라이언트가 사례관리자의 지원에 대해 신뢰하고, 사례관리자가 자신을 이해하고 진정으로 돕고자 하는 의지가 있다고 느낄 때 신뢰관계는 형성된다.

여섯째, 클라이언트와 관계가 잘 형성되지 않는다고 생각이 되면 클라이언트가 이전에 실무자, 사회복지사 혹은 다른 원조전문가에 대해 갖고 있는 선입견이나 그들과의 관계에서 가졌던 과거 경험에 대해 이야기를 나눈다. 이때, 클라이언트의 문화적 배경 혹은 차별받은 경험이 그들을 소외시켰거나 그로 인해 실제로 억눌린 감정이 있었는지를 파악한다.

일곱째, 클라이언트에게 부여된 법적 제약과 한계 내에서 그들이 선택할 수 있는 점이 무엇인지를 알린다. 클라이언트에게 제한된 범위지만 선택권이 있음을 확인시키고 자기 결정을 하도록 기회를 주고 어느 정도의 통제권을 갖게 한다면 클라이언트의 저항이 감소될 수 있다.

4. 인테이크 단계의 양식 작성 지침 및 적용 예시

1) 인테이크지 작성[2)]

첫째, 사례관리자는 클라이언트와 직접 면접을 하고 인테이크지를 작성한다. 다른 사회복지실천의 경우 인테이크를 실시한 사람과 실제 서비스를 실행하는 사람이 같을 수도 있고 다를 수도 있다. 그러나 사례관리의 경우 인테이크부터 사례관리자가 담당하는 것이 좋다. 만약 인테이크를 한 사람과 사례관리자가 다를 경우 인테이크 실시 후 3일 이내 배정된 사례관리자가 클라이언트를 만나는 것이 바람직하다. 만약 해당 기관에서 오랫동안 서비스를 받아 오던 사람이 사례관리를 요청하는 경우에는 새로운 인테이크 양식의 작성 없이 기존의 서류에 추가해서 사례관리 부분을 작성할 수 있다.

둘째, 인테이크에는 클라이언트 이외에도 가족, 친척, 후견인들이 면접에 함께 참여할 수 있다. 클라이언트가 이야기하는 주 호소문제와 도움 요청과 관련된 내용은 가능

2) 본 책에서 제시한 인테이크지는 권진숙 외(2012: 193-195)가 사용한 인테이크 양식에 근거하였고, 본 책의 목적에 맞게 일부 수정하여 제시하였다. 또한 인테이크지의 용어 설명에서도 일부 내용을 인용하였다.

한 클라이언트가 말한 그대로 적는다(구어체). 만약 가족이나 후견인 등이 참여한 경우 그들이 하는 호소문제나 요청사항도 그들이 말한 그대로 구어체로 적는다. 그리고 누가 무슨 말을 하였는지를 알 수 있도록 (　　)속에 이름을 기입한다. 기록 중 일반적으로 쉽게 하는 오류는 클라이언트가 한 말을 사례관리자가 해석하거나 자기 식으로 풀어서 기록하는 경우이다. 이런 경우 클라이언트의 생각인지, 사례관리자의 생각인지 구분되지 않는다. 따라서 사례관리에서는 클라이언트가 한 말 그대로 기록하는 것이 필요하다.

> 예) 고등학교를 졸업했으면 좋겠어요(클라이언트).
> 예) 이리 저리 떠돌지 않고 한 곳에서 지내고 연락이라도 되면 아무 걱정이 없겠어요 (클라이언트의 모).

셋째, 사례관리자는 클라이언트와의 면담 내용을 바탕으로 사례관리자의 의견을 기록한다. 여기에는 클라이언트의 호소 내용, 타 기관에서 의뢰된 내용, 수집한 객관적 정보를 중심으로 사례관리 서비스를 제공할지의 여부를 작성한다. 또한 이 사례에 대해 왜 사례관리를 해야 하는지에 대한 필요성과 적합성에 대한 사례관리자의 견해를 구체적으로 기록한다.

일단 사례관리 서비스 대상자라고 판정된다면, 다음으로 긴급 개입이 필요한지와 일반 개입이 필요한지를 구분한다. 긴급하게 개입이 필요한 경우에는 사정 및 후속 단계들이 신속하게 처리될 수 있도록 해야 한다. 만약 사례관리 대상자로 적합하지 않다면, 본 기관에서의 서비스는 아니더라도 클라이언트의 요청에 맞는 적절한 서비스가 제공될 수 있도록 타 기관 및 서비스에 대한 정보를 제공하거나 연계해야 한다. 위기상태에 있다고 판단되는 경우, 위기스크리닝 척도를 이용해서 위기사례 여부인지를 판단하는 것도 필요하다(위기스크리닝 척도 참고).

넷째, 사례관리 대상자로 판정이 되고 사례관리자와 클라이언트 모두 사례관리에 동의하면 클라이언트와 함께 사례관리 동의서를 작성한다.

인테이크(Intake)지(예)

결재	담당	사무국장	시설장

사 례 번 호	2015-54	상담방법	□현장방문 ☑내방 □전화 □사이버 □기타( )
사례관리자	최봄		
상 담 일 시	2015년 3월 5일 (오전/오후) : ~ :		
성 명	강수지(19세)	성별	☑여성 □남성
연 락 처	전화 :		
	이메일 :		
주 소	대전 동구 용운동 00번지		
의뢰인	□본인 □부모 □친인척 □형제·자매 □동료 ☑기타(청소년성매매방지기관) □미파악		
의뢰이유	청소년일시쉼터 실무자에 의해 의뢰됨. 아웃리치에서 발견된 가출청소년이 명의 도용 및 미납금 문세 가정폭력 및 성폭력에 대한 정서적 문제, 주거문제를 가지고 있어 지원이 필요하다고 의뢰됨		

가족사항	관계	이름	성별	나이	학력	직업	동거 여부	특이 사항
	부	강순철	남	50	고중퇴	무직		교도소 출소
	모	이미진	여	49	중졸	무직		허리를 다침
	동생	강동혁	남	16	중중퇴	무직		보호관찰중

건강상태	건강정도	□양호 ☑보통 □허약	장애유무: 없음
	질환:		
대상자 분류	보호구분	□일반수급 □조건부수급 ☑저소득 □일반	
	세대유형	□아동·청소년가족 □한부모가족 ☑일반가족 □기타( )	

가계도	생태도

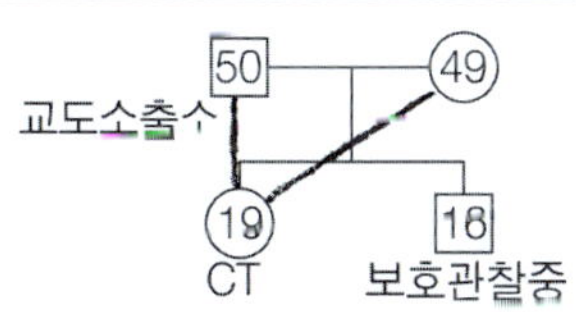

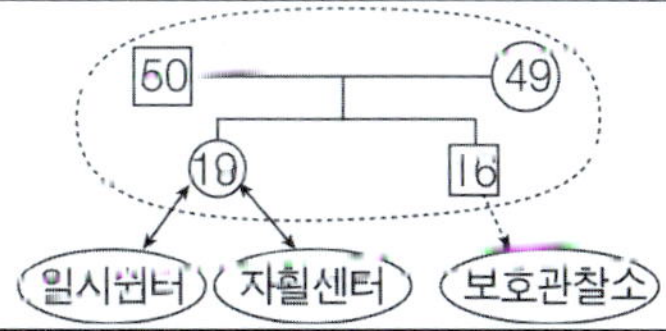

현재 문제 및 주호소내용	- "아는 오빠가 내 이름으로 명의도용해서 미납금이 200만원 나왔어요. 내가 쓴 돈도 아니고.... 갚을 수도 없어요." - "잠을 제대로 못 자서 괴로워요. 죽고 싶다는 생각이 자꾸 들어요." - "쉼터에서 지내는 것이 싫어요. 친구들처럼 평범하게 살고 싶은데.... 답답해요. 어떻게 해야 할지 모르겠어요."
현재 이용서비스	현재 쉼터에서 입소해서 지내고 있음. 한 달 전 일시쉼터를 몇 차례 이용한 적이 있음
지원요청 사항	클라이언트: "시설에서 생활하는 것이 어렵고 나가 살고 싶어요." "미납금 문제가 빨리 처리되었으면 좋겠어요." 의뢰기관: 시설에서 생활하고 있지만 시설생활에 적응을 하지 못하고 나가서 살기를 희망하지만 기거할 곳이 없음. 또한 가정폭력 및 성폭력에 대한 정서적 문제, 선불금 문제를 가지고 있어 지원이 필요하다고 의뢰됨
면접자 의견	위 강수지양은 법적 문제, 정신건강, 주거문제, 자립 등 여러 가지의 어려움을 호소하고 있음. 도움을 받을 지지체계가 거의 없고 어린 시절부터 방임 및 학대에 노출되었을 뿐 아니라 가출기간 중 성폭력, 원조교제 등에 노출되어 신체적, 정신적 건강에 어려움이 있음. 불면증으로 인한 약물과다 사용, 무기력, 자기비하 등이 큼. 그러나 어린 시절부터 힘든 생활을 혼자서 감당해 오면서 위기에 대한 대처능력과 생활력이 있고 눈치가 빠른 편이라고 함. 쉼터에 재입소하면서 어느 정도 안정은 되었지만 쉼터에서 적응에 어려움이 있고 혼자 살고 싶다고 함. 자활센터에 나간 뒤부터는 흥미를 보임. 현재 기관의 서비스로는 다룰 수 없는 여러 가지 어려움에 있고 변화에 대한 열망과 좌절감, 무력감이 공존하고 있어 사례관리 대상자로 선정하여 대상자 스스로 문제를 해결할 수 있도록 교육하고 지지해 주어야 한다고 사료됨. 사례관리 대상판정 | ☑대상(긴급/일반) □비대상(정보제공/연계:)
사례관리자 :최봄	

출처: 양식은 권진숙 외(2012)의 양식을 기본으로 하되 일부 내용을 수정하였다.
사례내용은 청소년기관에서의 사례를 인테이크지에 맞게 재구성하여 제시하였다.

2) 사례관리 동의서 작성

첫째, 사례관리 대상자로 판정되고 사례관리자와 클라이언트 모두 사례관리에 동의하고 나면 클라이언트와 함께 사례관리 동의서를 작성한다.

둘째, 동의서에는 향후 사례관리에 함께 참여한다는 양측의 동의와 그에 따른 기본적인 책임과 권리를 제시한다. 사례관리에 대한 구체적인 설명과 질문 등을 통해 사례관리 실시에 동의하고 향후 최선의 서비스를 위해 적극적으로 참여하겠다는 책임을 나눈다. 사례관리자는 알기 쉬운 말로 기관 및 사례관리에 대해 소개하고 궁금한 것이 있는지 질문을 받는다. 특히 사례관리는 기존의 서비스와 달리 클라이언트와 함께 하는 과정이며 클라이언트의 자발적인 참여가 중요하다는 것을 강조한다.

셋째, 클라이언트가 동의한다고 하면 클라이언트의 서명란에 직접 서명하게 한다. 2장을 만들어 서명하고 사례관리자와 클라이언트가 각각 1부씩 보관한다.

사례관리 동의서(예시)

- 본 기관(시설)의 사업 및 사례관리 서비스에 내해 설명해 드리겠습니다.
- 본 기관(시설)은 귀하의 요구를 해결하기 위해 최선의 사례관리 서비스를 제공하도록 노력하겠습니다.
- 아래의 목적 이외에 귀하의 개인적인 정보가 노출되지 않도록 하겠습니다.

○○ 기관장 ______________________ (인)

본인은 귀 ○○기관(시설)에 관한 소개와 사례관리 서비스의 과정 및 내용에 대한 설명을 충분히 듣고 이해했습니다 ·········· (   )

- 본 동의서 작성일로부터 귀 ○○기관(시설)에서 제공하는 사례관리 서비스를 제공받는 것에 동의합니다 ·········· (   )
- 사례관리 서비스를 위해 필요한 정보를 제공하는 등 제반 활동에 함께 참여하겠습니다.(   )
- 본 자료가 본인과 관련된 서비스의 실석 향상과 전문가 양성을 위한 교육 및 학문적 목적을 위해서 사용되는 것에 동의합니다 ·········· (   )

2017년 월 일

성 명:______________________(인)

후견인:__________/관계:__________(인)

출처: 권진숙 외(2012: 196)

위기스크리닝 척도3)

다음 질문에 대해 '예', '아니오', '미확인'을 체크해 주시고, '예'라고 답할 경우 추가질문에 답해주십시오.

영역	내용	예	아니오	미확인
개인 영역	1. 자아개념(외모문제, 능력 등 자신에 대한 가치감)이 낮다.			
	2. 우울해하고 목표의식이 없다.			
	3. 불안하고 두려움이 많다.			
	4. 정신건강(알코올, 약물흡입-부탄 및 본드, 정신질환)에 문제가 있다.			
	5. 지능이 낮다.			
	6. 술, 담배를 자주 한다.			
	7. 연령에 맞지 않는 성적 관심이나 성관계를 맺고 있다.			
가정 영역	1. 가족원 간의 폭력과 갈등이 심하다. ** 예로 응답한 경우: 부모 간( ) 부모와 청소년( ) 형제와 청소년( ) 기타( )			
	2. 부모가 별거 중이거나 이혼했다. ** 누구와 함께 살고 있나요? 아버지( ) 어머니( ) 조부모( ) 기타( )			
	3. 가출이나 비행친구들과 어울리는 등 형제에게 비행문제가 있다.			
	4. 부모 중 형 집행을 선고받은 적 있다.			
	5. 부모에게 정신건강(알코올, 약물, 정신질환) 문제가 있다.			
	6. 가정에 경제적인 문제(채무, 빈곤, 실직)가 있다.			
	7. 가족이 정서적, 사회적으로 고립되어 있다.			

3) 이 자료는 울산남구여자단기쉼터에서 사용하는 양식을 인용한 것이다.

영역	내용	예	아니오	미확인
또래 및 학교 영역	1. 지속적으로 술, 약물흡입(본드, 부탄)을 하는 친구가 있다.			
	2. 친한 친구 중에 일진회 혹은 폭력 서클에 소속된 친구가 있다.			
	3. 친한 친구 중에 성매매를 하고 있는 친구가 있다.			
	4. 친구가 없이 따돌림 당하고 있다.			
	5. 학교 선생님과 사이가 좋지 않다.			
	6. 공부에 흥미가 없고 성적이 매우 낮다.			
	7. 정당한 이유 없이 장기적으로 혹은 자주 학교에 결석한다.			
지역 사회 영역	1. 주거환경이 비위생적이고 위험하다.			
	2. 지역사회에서 청소년에게 필요한 사회적/경제적 지원을 제공하기 어렵다.			
	3. 이웃이나 지역사회에 폭력성이 만연해 있다.			
가출	1. 이전에 가출을 한 적이 있다. ** 있다면, 몇 번 정도인가? (　　회)			
	2. 가출한 후 시설을 이용한 적이 있다. ** 있다면, 몇 번 정도인가? (　　회)			
	3. 가출 후 경험한 내용은 어떤 것인가? 구걸( ) 절도( ) 강도( ) 폭력( ) 성관계( ) 윤락행위( ) 약물( ) 기타( )			
약물 사용	1. 최근 2개월 이내에 술, 담배를 주 3회 이상 자주 하는 편이다.			
	2. 최근 2개월 이내에 가스, 본드를 불어본 적이 있다. ** 있다면, 몇 번 정도인가요? (　회)			
신체적, 성적 학대	1. 최근 2개월 이내에 학대받은 경험이 있다 ** 있다면, 누구로부터 학대를 받았나요? (　　　　) 몇 살 때부터 학대를 받았나요? (　세) 얼마나 자주 학대를 받았나요? (　　회) 어떤 방법으로 학대를 받았나요? (　　　　　　　　　　　　　　　　)			

영역	내용	예	아니오	미확인
학업중단	1. 학교를 그만두었다. ** 그렇다면, 언제 그만두었나요? (　　　　　　) 그만둔 이유는 무엇인가요? (　　　　　　)			
	지금 검정고시를 준비하고 있나요?			
성매매	1. 성매매 사이트에 접속한 적이 있다.			
	2. 성매매를 한 적이 있다. ** 있다면, 언제부터 했나요? (　　　세) 지금까지 몇 번 정도 했나요? (　　　회) 어떤 경로를 통해 하나요? (　　　　　　) 어떤 목적으로 하나요? (　　　　　　)			
범법행위	1. 가게나 다른 사람에게서 물건을 훔친 적이 있다.			
	2. 삥뜯기, 소매치기 등 타인의 돈을 갈취한 적이 있다.			
	3. 현재 진행 중인 사법문제가 있다. ** 있다면, 어떤 문제였나요? (　　　　　　) 처리결과가 어떻게 되었나요? (　　　　　　)			
PTSD	1. 사고, 화재, 재해나 재난, 강도, 폭행 등과 같은 충격적인 사건을 직접 경험한 적이 있다. ** 있다면, 언제였나요? (　　　　　　) 어떤 일이 있었나요? (　　　　　　)			
	2. 그 충격적인 사건으로 인해 아직까지도 악몽을 꾸거나 자꾸만 머릿속에 괴로운 기억이 떠오르거나, 그 사건과 관련된 장소나 물건을 피하려고 애쓴다. ** 그 일로 인해 영향을 받은 점은 무엇인가요? (　　　　　　　　　　　　)			

위기 스크리닝 척도: 위험 요소 평정지침[4)]

1. 위험 요소 및 위기영역을 평정하고 의뢰에 대한 의사결정에 있어서 **가장 중요한 것은 "평정자(상담원)"의 평가**이다.
   - 내담자를 직접 만나고 평가하는 상담원의 전문적 판단이 위기선별과정에 적극적으로 반영될 수 있도록 한다. 그러므로 평정자(상담원)는 내담자, 가족, 학교, 지역사회 환경을 주의깊게 관찰하고 이해하여 실제적 적합성을 높여야 한다.
2. 위기 선별 척도 결과를 피동적이고, 기계적으로 수용하는 한계를 극복하여야 한다.
   - **위험 요소 중에서 단 한 가지만 나타나더라도 이 요소가 내담자의 주관적 경험에 비추어 얼마나 고통스러운 것인가를 이해하고, 이러한 위험요소가 어떤 위기와 일탈로 이끌 수 있는가를 파악해야 한다.**
3. 제시된 지표에 나타나지 않는 위험 요소와 특이 사항은 면밀하게 기록한다.
4. 위기 선별 척도에 나타난 위험 요소의 전체 24개 지표에서 "예"로 응답한 점수 총합에 따른 의뢰가 필요하나. 종합적으로 판단하여 신중하게 의사결정을 하여야 한다.
   경험자료를 활용한 잠정적 지침을 소개하면 다음과 같다.

총점 고려사항 :

위험요인	위기 및 문제행동	결과해석	비고
0점 ~ 4점	없음	일반 상담 사례로 다룰 수 있다.	
5점 ~ 9점	없음	잠재적 위험 사례로 볼 수 있으므로 위기상담의뢰를 원칙으로 한다.	긴급한 위기상황 및 문제행동 유무를 탐색하도록 한다.
10점 이상	1개 이상	고위험 사례이므로 다양한 지원과 전문적 의뢰를 위하여 심층적 평가와 사례관리를 실시한다.	

영역별 고려사항 :
- 개인, 가정, 또래 및 학교 영역에서 한 영역이라도 2점 이상이면, 위기상담 의뢰를 원칙으로 하는 영역별 잠재적 위험 사례이며, 4점 이상이면 영역별 고위험 사례이므로 각 영역에 필요한 지원과 전문적 의뢰를 위하여 심층적 평가와 관리를 실시한다.

4) 이 자료는 울산남구여자단기쉼터에서 사용하는 양식을 인용한 것이다.

인테이크 연습하기

1. 4명이 한 조가 되어 역할을 분담한다. 청소년 측 2명(청소년과 부모)과 사례관리자 측 2명(사례관리자, 사회복지사)을 정한다(5분).
2. 청소년 측과 사례관리자 측으로 나누어 각 아래의 질문을 읽고 해당되는 답을 찾아 구체적으로 적는다(15분). 청소년 측은 자신이 사례관리를 필요로 하는 청소년이라고 가정하고 가상의 스토리를 만든다. 사례관리자 측은 사례관리를 어떻게 진행할 수 있을지 예상 각본을 짠다.
3. 인테이크를 실시하는 역할극을 한다(20분).
4. 서로 느낌을 나누고 피드백을 한다(10분).

청소년 측	사례관리자 측
1. 복잡하고 어려운 문제를 가진 청소년을 상상한다. 2. 사례관리자와의 면담을 앞둔 청소년이라면 어떤 마음과 심정인지 생각한다. 구체적으로 적으세요. 3. 청소년이 현재 어떤 상황인지 구체화한다(학년, 나이, 가족관계, 가족 및 환경과의 문제, 청소년과 환경과의 문제). 구체적으로 적으세요. 4. 기관에서 알고 싶은 것, 얻고 싶은 정보는 무엇인가? 구체적으로 적으세요. 5. 사례관리자의 면담에서 내가 바라는 것은 무엇인가? 기관에서 어떤 도움을 받고 싶은 것은 무엇인가? 구체적으로 적으세요. 6. 첫 면담에서 사례관리자가 나를 어떻게 대해 주었으면 오늘 사례관리자의 면담이 만족스럽다고 생각할까? 구체적으로 적으세요.	1. 복잡하고 어려운 문제를 가진 청소년과 인테이크를 앞두고 있다. 내가 미리 준비해야 할 것은 무엇인가? 그 청소년의 마음은 어떨까? 2. 내가 소속한 기관의 목적과 기능은? 3. 이번 인테이크의 목적은 무엇인가? 4. 인테이크에서 사례관리자는 청소년과 대화를 풀어나가기 위해 어떤 질문과 반응을 할까? 구체적으로 적으세요. 5. 인테이크에서 사례관리자가 해야 할 중요한 과업은? 구체적으로 적으세요. 6. 인테이크에서 청소년의 더 나은 삶을 위해 다루어야 할 부분은 무엇인가? 청소년에게 질문해야 할 내용은 무엇인가? 구체적으로 적으세요. 7. 우리 기관에서 해 줄 수 있는 것은 무엇인가? 8. 인테이크의 종결 단계에서 사례관리자가 해야 할 중요한 역할은? 구체적으로 적으세요.

Chapter 11

사정 단계

1. 사정 단계의 목적

사정(assessment)은 사례관리자와 클라이언트가 함께 클라이언트의 욕구를 확인하고 우선순위를 정하고 욕구충족을 위한 적합한 서비스 및 방법을 찾기 위해 필요한 정보를 수집, 분석하는 과정이다. 사례관리의 사정은 기본적으로 일반적인 사회복지에서 행해지는 사정과 크게 다르지 않다. 그러나 사례관리에서는 사정의 중요성이 어느 단계보다 크며 사정에 많은 시간을 할애한다.

사례관리에서의 사정은 클라이언트에 대한 많은 정보를 수집하고 서비스 내용을 결정하는 것만을 목적으로 하지 않는다. 오히려 클라이언트와 사례관리자가 클라이언트 및 클라이언트의 삶에 대해 심층적인 이해를 해가는 과정이라는 점이 중시된다. 사정기록지 작성 그 자체보다는 클라이언트와 관계를 형성하고 클라이언트를 폭넓게 이해하고 지속적으로 그의 진전을 추적하는 데 더 많은 시간을 할애해야 한다. 사정은 1회성의 활동이 아니라 계속적인 과정이며 서비스 전 과정에서 이루어진다. 사정의 내용은 계속적으로 변화될 수 있다. 따라서 주기적으로 재사정되어야 한다.

2. 사정 단계의 주요 과업

1) 소요 시간

사정은 인테이크 후 바로 시작해서 늦어도 3주 이내 완료하는 것이 바람직하다.

가능한 충분한 시간을 가지고 심층적인 사정을 하는 것이 필요하다. 사정을 통해 클라이언트를 이해할 뿐 아니라 클라이언트와의 관계를 보다 협력적으로 구축할 수 있다. 또한 클라이언트가 자신을 이해하고 변화를 위한 동기를 갖고 준비를 할 수 있도록 돕는다.

2) 요구 파악에서 욕구로 전환

사정에서는 인테이크 시 파악한 문제나 요구를 토대로 해서 이를 보다 구체적으로 확장시켜 이면에 드러나지 않거나 표현되지 않은 욕구를 파악할 수 있어야 한다. 클라이언트가 호소하는 특정 문제나 특정 서비스 요구에만 집중할 것이 아니라 그 의미를 이해하고 클라이언트가 바라는 더 나은 삶, 희망과 기대를 실현할 수 있는 방향으로 전환하는 것이 필요하다.

일반적으로 클라이언트들은 주로 '생계비', '살 곳', '학원비' 등을 도와달라고 구체적인 요구사항을 제시하는 경우가 많다. 요구(demand)와 욕구(need)는 다르다. 요구는 환자가 의사에게 훼스탈을 달라고 요청하는 것과 같다. 의사는 환자가 원한다고 해서 무턱대고 소화제를 주는 것이 아니다. 환자가 왜 훼스탈을 달라고 하는지를 더 자세히 검토하고 어떻게 배가 아픈지 보다 근본적인 원인을 파악해야 한다. 다양한 검토 결과 복통의 원인이 소화가 안 되는 것이 아니라 위궤양 때문이라는 것이 확인되면 그에 따른 약물요법, 운동요법, 식이요법 등 다양한 처방을 하게 된다. 마찬가지로 사례관리자에게 클라이언트가 돈이나 구체적인 물건 등이 필요하다고 하면 "그것이 어떤 점에서 필요한가요? 그것이 왜 당신에게 중요한가요? 그것이 있으면 당신의 생활이 어떻게 달라질 수 있을까요? 그것은 당신에게 어떤 의미인가요?" 등의 질문을 통해 욕구를 파악할 수 있도록 한다.

욕구 파악에 도움 되는 질문

"오늘 이 시간에 무슨 이야기를 하면 여기 오길 잘했구나!라고 알 수 있을까요?"
"지내시는데 무엇이 달라지면, 여기 오길 잘했구나! 하고 알 수 있을까요?"
"오늘 이 시간 후 무엇이 달라지면 면담을 하길 잘했구나!라고 생각하실까요?"

〈의뢰받은 경우〉
"사회복지사는 어떤 것이 도움이 될 거라고 기대하고 당신에게 가보라고 하셨나요?"
"당신이 여기에 오게 된 것은 누구의 생각이었나요?"
"부모님은 당신이 여기에 오면 어떤 것이 도움이 될 것이라고 생각한 것 같은가요?"

3) 다각적인 사정 실시

사정 단계는 사례관리자 혼자서 클라이언트의 문제를 분석하는 것이 아니라 클라이언트와 함께 점검하고 확인하는 과정이어야 한다. 초기 사정에서는 클라이언트와 계속적인 대화와 질문을 많이 하는 것이 좋다. 사정 동안 사례관리자가 할 수 있는 모든 정보를 수집하고 이를 활용하는 것이 필요하다. 가출청소년이라고 해서 가출에만 초점을 두거나 약물청소년이라고 해서 약물남용에만 초점을 두어 사정하는 것은 바람직하지 않다. 청소년의 삶 전체를 이해하고 생활 전반에 걸친 정보들을 수집해야 한다.

사정은 크게 욕구사정, 자원사정, 장애물사정으로 구분될 수 있다(권진숙 외, 2012: 138-141). 욕구사정을 통해 변화의 방향, 목표들이 설정될 수 있다. 욕구사정은 1차적으로 욕구사정표를 활용하고 필요한 경우 2차 사정도구를 사용할 수 있다(〈부록 4〉 참고). 자원사정은 클라이언트 자신은 물론 클라이언트를 둘러싼 환경에 속한 자원을 사정하는 것을 의미한다. 장애물사정은 클라이언트와 그 가족의 내부 장애물(비관주의, 비판주의, 운명주의, 냉소주의)과 외부 장애물(부적절한 자원, 자원이용에서의 무능력, 자원의 고갈, 사회적 편견 등)로 구분된다.

사정은 다양한 관점을 적용할 수 있는데 일반적으로 사회복지에서는 생태체계적 관점, 강점중심 관점의 사정이 적합하다. 만약 여성이라면 여성주의적 관점도 고려되어야 하며 노숙청소년이나 장애청소년의 경우에는 임파워먼트적 관점도 유용하다.

사정을 위해서는 클라이언트, 가족, 이웃, 친구, 친척, 지역사회기관 실무자 등 다양한 대상이 포함될 수 있다. 또한 다양한 방법을 활용하는 것이 좋다. 예를 들어 면접, 심리검사, 가정방문, 서비스기록, 관찰, 측정도구 등을 활용할 수 있다. 측정도구나 검사를 사용하는 경우 특정 검사 하나만으로는 클라이언트의 문제와 가능성을 충분히 파악할 수 없다는 점도 고려해야 한다. 적절하지 않은 검사나 측정도구의 사용은 클라이언트에 대한 이해를 방해할 뿐 아니라 사례관리의 효과가 제대로 드러나지 않을 수 있다.

만약 병원, 동사무소 등에서 클라이언트에 대한 정보를 얻고자 한다면 반드시 클라이언트의 동의를 얻고 가능한 클라이언트 앞에서 전화를 해 확인하고 질문하는 것이 좋다. 클라이언트의 집이나 직장 등을 방문할 시에는 반드시 사전에 미리 약속을 하고 약속한 시간에 방문해야 한다. 가정방문 시에는 집안 환경, 분위기, 냄새, 음식 등도 살핀다. 환기 상태는 이웃과의 교류를 짐작케 하고 음식은 영양 상태, 식생활 등을 짐작케 한다. 또한 가족 간의 대화를 통해 가족관계, 가족 간 역할, 의사소통 등을 파악하는 것도 필요하다.

사례관리에서 사정의 특징

- 사정은 협력적 과정이다. 서비스 이용자의 활발한 참여가 중요하다. 존중과 협력의 원칙은 관계형성과 사정에 매우 중요하다. 사정 항목에는 클라이언트의 강점, 욕구, 바람 등이 잘 포함되어야 한다.
- 심리적, 사회적 기능이 취약한 클라이언트의 사정은 상당한 인내와 도전이 필요하다. 사정 자체가 변화의 시작이자 변화이다.
- 사정에서 서비스 이용자가 자신의 삶이 지금보다 조금이라도 나아지길 위해 희망하는 것, 바라는 것을 사례관리자와 함께 잘 찾아내고 이용자의 관점을 충분히 이해하는 것은 바로

서비스 효과와 질을 좌우하게 된다.

- 가계도나 생태도 등 사회적 맥락에서 클라이언트 및 환경과의 관계를 시각적으로 나타내는 도구를 사용하는 것이 좋다. 클라이언트와 함께 가계도나 생태도를 그리면서 질문하고 대화를 나누는 동안 클라이언트 및 주변 환경에 대해 더 깊은 성찰을 할 수 있다.
- 클라이언트가 이용하고 있는 사회적 자원을 공식적 자원과 비공식적 자원 측면으로 대별해서 알아보아야 한다. 어떤 자원을 이용하고 있는지, 이용한 자원에 대한 만족도나 불만사항, 기타 자원에의 이용 가능성과 접근성 등도 고려되어야 한다.
- 클라이언트가 변화하고자 하는 문제행동이나 힘든 상황이 평균 어떤 정도인지 파악하는 것이 필요하다. 이처럼 사정 동안 수집된 기초선 데이터(baseline data)는 향후 개입을 통한 클라이언트의 변화를 측정하는 데 사용된다.

4) 사례회의

클라이언트에 대한 충분한 사정을 위해서는 직원 및 수퍼바이저 등과의 사례회의를 통해서 사례에 대해 검토하는 것이 좋다. 클라이언트를 가까이서 만나게 되면 보고 싶은 것에 집중하기 쉽기 때문에 놓치는 것이 있다. 사례관리자의 의도와는 달리 문제중심으로 클라이언트를 사정하거나 도움이 필요없다는 클라이언트의 말을 자신에 대한 거부나 도전으로 받아들여 혼란에 빠지기도 한다. 직원들이 직·간접적으로 클라이언트를 접하면서 가졌던 경험이나 생각, 통찰 등이 사례회의에서 자연스럽게 제기될 수 있다. 사례회의를 통해 사정에서 보완되거나 더 깊이 다루어야 할 내용, 향후 사정 및 개입 방향 등 심도 깊고 풍부한 검토가 이루어질 수 있다. 사례회의는 정기적으로 행하되 사례관리자가 필요하다고 판단되는 경우 임시로 소집해서 사례회의를 개최할 수도 있다.

5) 사정기록지 작성

여러 가지 자료가 수집되고 사례관리자의 분석과 판단이 어느 정도 갖추어지면 사정기록지를 작성한다. 사정기록지는 한 번 작성되면 종결될 때까지 수정 없이 가는 것이 아니라 최소 3개월마다 주기적으로 재사정되어야 한다. 사정기간, 내용 및 참여자 범위는 클라이언트에 따라 다소 다를 수 있다. 사례관리에서 행해진 모든 기록은 클라이언트에게 공개될 수 있다는 점을 명심해서 작성하는 것이 필요하다.

6) 클라이언트의 역할

심한 스트레스 상황에서 사람들은 자신의 욕구가 무엇인지 잘 알지 못할 수 있다. 자신이 필요로 하는 것이 무엇인지, 그것이 왜 중요한지, 그것이 충족되면 어떤 변화가 생기는지를 생각할 필요가 있다. 욕구충족을 위한 방법으로는 무엇이 있는지, 욕구충족을 위해 클라이언트 자신은 언제, 어디서, 누구와 무엇을 할 수 있는지 검토해 본다.

초기 사정을 기록한 과정기록(예시)

- **성명** : 신데렐라
- **날짜** : 2017년 5월 3일
- **의뢰이유** : 신데렐라씨는 4월 20일에 처음 만났다. 그녀는 비닐하우스에서 일하다가 갑자기 쓰러져 보건소에 실려갔고 이로 인해 지역 보건소에서 의뢰되었다.
- **배경 정보** : 신데렐라씨는 38살의 베트남 출신의 여성이다. 그녀는 23살에 국제결혼으로 한국에 와 3명의 자녀를 두고 있으며 2년 전 남편을 잃어 아이들과 시어머니를 모시고 살고 있다. 그녀는 춤과 노래하기를 좋아하고 영어로 말할 줄 알고 베트남에서 대학 2학년까지 마쳤다. 한국에 온 뒤 남편을 도와 밭일도 하고 시간이 나면 이웃집 비닐하우스에 가서 품삯도 받고 살았다. 남편은 일하다 심장마비로 사망하였다. 나이 차이가 20살이나 나지만 부부관계는 비교적 좋은 편이었다고 한다. 신데렐라씨는 3살(아들), 10살(딸), 14살(딸)의 자

녀가 있다.

- **강점** : 신데렐라씨는 3명의 자녀를 잘 키웠고 자녀양육과 집안일, 농사일을 병행해 왔다. 그녀는 주변 이웃들과 원만한 관계를 유지하며 일요일에는 교회도 나간다. 시간이 나면 노인정에 베트남 음식을 해서 나가기도 하고 학교에 나가 베트남을 소개하는 봉사활동도 하고 있다. 그녀는 가족을 소중하게 생각하고 베트남에 있는 친정식구들에 대한 걱정도 많다. 품삯으로 받은 돈을 모아 베트남에 있는 가족들에게 선물을 사서 보내거나 생활비를 주기도 한다.

- **욕구** : 남편의 사망 후 신델레라는 일을 쉬지 않고 있지만 그전에 남편이 진 부채에다 시어머니 치료비로 5천만 원의 빚을 지고 있다. 생활비에다 이자까지 힘에 겨워 대출로 산 집을 팔았으면 하지만 막상 집을 팔고 나면 3명의 아이와 노모가 함께 살 집도 구하기 어려워 이러지도 저러지도 못하고 있다. 또한 남편의 사망으로 수입이 갑자기 줄어들면서 아침부터 저녁 늦게까지 여러 가지 부업들을 해보지만 말도 잘 통하지 않고 3달 전 일하다 다친 허리 통증으로 일을 계속하는 것도 어렵게 되었다. 그녀는 동사무소에 가서 도움을 요청했지만 집도 있고 시어머니 명의의 밭도 있어서 수급자가 될 수 없다고 한다. 단지 지역아동센터에 아이들이 갈 수 있도록 되었다. 시어머니는 남편의 사망 이후 술을 자주 마시고 고혈압, 당뇨병과 심장병을 앓고 있다.
  그녀는 사람들과 어울리는 것을 좋아해서 마을회관의 노래교실과 무용교실에 등록해 나가기도 하였다. 또한 학생들을 가르치는 것을 좋아하지만 마을 사람들과 학교에 나가 봉사활동도 하였다. 그러나 남편의 사망으로 주변과의 관계도 차단되고 혼자서 집안을 이끌어야 한다는 부담감에 막막하기만 하다. 더욱이 시어머니가 남편의 사망이 며느리를 잘못 얻어서 그렇다고 해서 시어머니와도 편치 않다. 청소년기에 접어든 큰 딸이 예전과 다르게 반항도 하고 집에도 늦게 들어오고 집안일을 돕지 않아 화가 난다.
  그녀는 갑작스런 사별로 인해 우울감과 심한 스트레스를 받고 있다. 정기적인 수입이 없어 당장 생활에 대한 걱정과 살 집이 없어지지 않을까 하는 걱정도 크다. 그녀는 가끔 예전처럼 마을회관에 가서 노래나 춤도 배우고 사람들과 어울리고 싶을 때도 있지만 시어머니가 아프신데 혼자 두고 다닐 수 없다고 생각하였다. 나는 그녀에게 큰 병원에서 허리 검사를 받아보도록 권유했다. 또한 한 달에 몇 번이라도 시어머니가 돌봄서비스를 제공받도록 하고 그 시간에 신델레라씨가 마을회관에서 개설된 노래교실에 참여하는 것이 어떨지 권유하였다. 그녀는 한 달에 한 번이라도 가고 싶다고 하였다.

3. 사정 단계의 주요 기술

1) 강점 관점의 사정

어떤 관점에서 사정하는지는 매우 중요하다. 그중 사회복지영역의 사례관리에서는 감정 관점의 사정이 특히 유용하다. 강점 관점에서 강점이란 개인의 자질, 속성, 재능, 관심, 자신을 둘러싼 환경에 대한 지식 등 광범위한 것을 포함한다. 이것은 인간을 끊임없이 성장, 변화하는 존재라고 간주하며 모든 환경, 즉 집단, 가족과 지역사회, 심지어는 빈곤지역이라도 자원과 강점을 가진다고 본다. 개인과 환경의 강점을 적극 활용해서 목표의 설정 및 대안적 방안을 만들게 함으로써 클라이언트가 희망하는 목표를 달성하도록 돕는다.

강점 관점의 사정을 실시하기 위한 팁

- 사례관리를 시작하기 전에 사례관리자 자신에게 클라이언트의 도전 뿐만 아니라 강점도 기대하고 있는지 질문해 본다.
- 클라이언트와의 회의는 참여자인 클라이언트가 선호하는 언어로 말한다.
- 정보는 대화방식으로 얻는다. 일방적인 질문 형식이 아닌 자연스러운 대화를 통해 다양한 정보를 얻어야 한다.
- 클라이언트의 관점에 우선을 둔다. 이는 참여자로 하여금 자신의 목소리를 내게 하고 참여자의 소리에 경청해 그들의 생각을 진지하게 받아들도록 하기 위해서이다.
- 참여자가 원하는 것, 열망, 목표와 꿈을 발견한다.
- 다양한 생활 영역에서 참여자의 재능, 기술, 성취를 끄집어내고 발견하고 기록한다.
- 비난하거나 진단하거나 낙인찍는 것을 피한다.
- 참여자로 하여금 자신의 미충족된 욕구 중 가장 중요하게 생각하는 것이 무엇인지를 알 수 있게 한다.
- 참여자가 과거 사용한 성공적인 대처전략과 문제해결 전략이 무엇인지 구체시한다.

출처: Saleeby(1997)

강점을 이끌어내는 질문

- **생존** : 어떻게 그 어려움 속에서도 그것을 극복할 수 있었는가? 어떻게 그 어려움 속에서도 생활을 유지할 수 있었는가? 그런 시간을 거치면서 당신이 배운 것은 무엇인가?
- **지지** : 당신이 의지할 수 있는 사람은 누구인가? 당신이 이해받고, 지지받고 격려받는다고 느끼는 사람은 누구인가?
- **예외** : 당신의 삶에서 지금보다 조금 더 나았을 때는 언제였나? 지금과 무엇이 조금이라도 달랐나?
- **자존감** : 당신이 자신에게 자랑스럽게 여기는 것은 무엇인가? 당신의 장점은 무엇인가? 사람들이 당신에 대해 말하는 긍정적인 것은 무엇인가?
- **관점** : 당신의 현재 상황에 대해 자신은 어떻게 생각하는가?
- **변화** : 지금의 걱정거리가 변화하도록 하는 데 필요한 것은 무엇이라고 생각하나? 당신이 지금보다 상황이 조금 더 낫도록 하기 위해 할 수 있는 것은 무엇인가?

2) 생활 전반의 이해를 돕기 위한 폭넓은 탐색과 질문

첫째, 사례관리 동의서를 받고 난 뒤 클라이언트의 생활 전반에 대해 심층적인 면담을 한다. 클라이언트의 삶에 대한 이야기는 그 사람의 자산이자 고유한 것이므로 개인의 동의를 구한 상태에서 면담이 이루어져야 한다.

둘째, 클라이언트의 주관적 욕구와 사례관리자가 파악한 객관적 욕구를 동시에 파악한다. 예를 들어 "제가 면담 도중 당신의 이야기를 들으면서 이런 느낌을 받았는데 이것에 대해 어떻게 생각하세요."라고 질문하면서 상대방과 생각을 나눌 수 있다. 클라이언트가 무엇을 원하는지, 앞으로 어떤 지원을 필요로 하는지에 대해 모른다고 하거나 혼란스럽게 이야기하는 것은 어쩌면 당연할 수 있다. 사례관리자가 성급하게 재촉하기보다는 클라이언트가 어떤 생각을 가지고 있는지 다양한 질문과 관찰, 격려를 통해 함께 찾아가는 것이 좋다. 또한 사정을 통해 클라이언트 내면에 숨겨진 긍정적 에너지를 발견하는 것이 중요하다.

셋째, 클라이언트를 자기 삶의 전문가라고 생각하고 사례관리자는 클라이언트를 돕는 협력자라고 인식한다. 즉, 클라이언트는 자신이 원하는 것을 이루는 데 도움이 되는 방법을 알고 있고 필요한 것을 선택하고 활용할 줄 안다고 전제한다. 면담 동안 다음과 같은 내용을 염두에 두고 질문하는 것이 좋다.

심층적인 사정을 위해 사례관리자가 검토해야 할 내용

- 클라이언트는 어떤 사회적 기술을 가지고 있는가? 말하고 표현하는 능력은 어떠한가? 어떤 감정과 정서를 가지고 있나? 클라이언트가 묘사하는 당면 문제, 가능한 해결책, 미래에 대한 야망은 무엇인가?
- 현재 어떤 지지 네트워크가 있나? 클라이언트 환경 내에서 도와줄 사람은 누구인가? 롤모델이 있는가?
- 클라이언트의 학력은? 어떤 문제가 언제 나타났는가? 클라이언트와 교사, 학교와의 관계에서 드러나는 패턴은?
- 클라이언트가 일한 경험은? 어떤 이슈가 일어났나? 어떤 직업에 관심을 갖는가? 클라이언트의 기대는 현실적인가?
- 클라이언트가 지금까지 받은 서비스는 무엇이고 어떤 경험을 하였는가?
  이전 서비스 제공자가 놓친 것이 무엇인가?

넷째, 사정의 내용은 클라이언트의 생활 전반에 대한 것이어야 한다. 한 인간의 전체를 이해해야 문제해결에 필요한 적합한 지원을 행할 수 있다. 지나치게 문제 중심이나 협소한 범위에서 사정을 한다면 클라이언트로 하여금 장차의 위기를 예방할 수 있는 해결책을 찾도록 돕기 어렵다. 삶의 전반에 대한 사항이라 함은 클라이언트 및 가족의 기본 욕구, 소득, 교육, 직업, 건강, 문화, 법률, 주거, 영성, 여가, 사회적 지지, 돈 관리 등 생의 전반에 걸친 광범위한 내용이다. 생활 전반에 걸친 강점과 욕구에 대한 사정은 클라이언트가 문제해결에 이용할 수 있는 강점 및 자원을 탐색, 목록화하고 장애요인이 무엇인지를 드러냄으로써 개별 서비스 계획 수립을 위한 토대를 마련한다.

그림 11-1. 클라이언트의 생활 전반에 대한 사정을 위해 검토되어야 할 영역

생활 전반의 이해를 위한 질문의 예

- **가족**: 당신과 가장 가까운 가족은 누구입니까?
- **교육/일/고용**: 5년 안에, 10년 안에 하고 싶은 일은 무엇인가?
- **사회지지**: 당신이 도움이 필요할 때 누가 당신을 도와줍니까?
- **건강/정신건강**: 건강은 어떤가요? 건강을 위해 어떤 노력을 하나요?
- **문화/영성**(spirituality): 힘든 시간에 당신에게 힘이 되는 것은 무엇인가?

3) 가계도 및 생태도 작성

사정 동안 가계도와 생태도를 클라이언트와 함께 만든다. 가계도와 생태도는 하나의 척도이다. 가계도나 생태도를 완성하는 것이 중요한 것이 아니라 그림을 통해 클라이언트나 가족에 대한 심층적 이해를 하는 것이 중요하다. 즉, 어떤 것이 가족에 의해 전수되고 있는지, 가족 안에 자원이 무엇인지, 가족 간의 관계가 어떤지를 파악, 기술하는 것이 필요하다. 따라서 가계도나 생태도는 클라이언트와 함께 질문을 통해 구체화하고 함께 이해해 나가는 과정이 중요하다. 생태도와 가계도를 작성한 시간이나 함께 작성한 사람을 그림 밑에 적어 둔다.

- **가계도**(genogram)[1] :
  2~3세대에 걸친 가족관계를 간단한 그림으로 표현하는 것으로 현재 제시된 문제의 근원을 찾을 수 있다. 인구사회학적 특성이 표시되어 있어 가족역할, 가족관계, 가족유형을 짧은 시간에 파악할 수 있으며, 세대 간 반복되는 관계유형을 찾고 그것에 대한 통찰력을 갖도록 한다(사회복지용어사전, 2011).

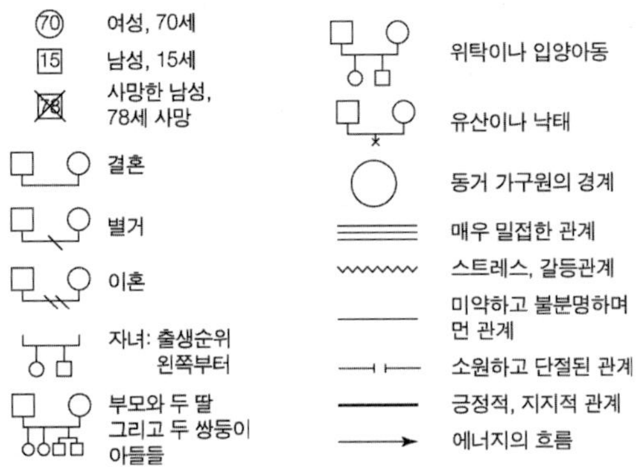

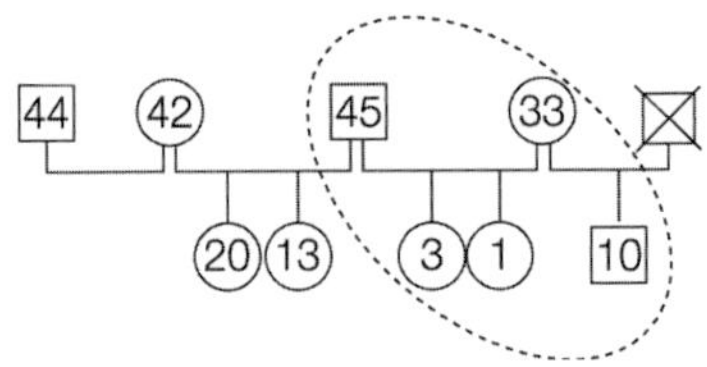

- **생태도**(eco-map)[2]
  가족과 환경체계들과의 관계를 이해하기 위한 도구로써 가족과 체계들 간의 자원 교환, 에너지 흐름, 스트레스와 관련된 자료, 중재되어야 할 갈등, 활성화되어야 할 자원 등을 시각적으로 나타내 준다(사회복지용어사전, 2011).

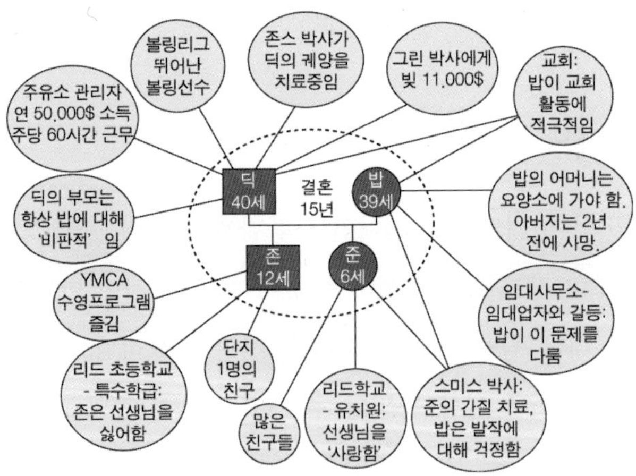

1) 한국여성진흥원(2013). 성매매피해자 관련 시설평가 컨설팅매뉴얼 자료집에서 인용하였다.
2) 한국여성진흥원(2013). 성매매피해자 관련 시설평가 컨설팅매뉴얼 자료집에서 인용하였다.

4) 클라이언트와의 관계형성이 순조롭게 되지 않을 때

모든 사람이 외부의 도움에 적극적인 것은 아니며 전문가를 찾아왔다고 해서 도움을 받을 준비가 다 갖추어진 것은 아니다. 이럴 경우 사례관리자가 쉽게 범하는 함정들이 있다. 인테이크 이후에도 클라이언트와의 초기 관계형성이 잘 되지 않는다고 생각이 된다면 아래의 경우에 해당되지 않는지 스스로 점검해 볼 필요가 있다(신수경·조성희, 2009: 51-54의 내용을 부분 수정해서 재인용).

(1) 조급하게 초점 맞추기 함정

처음에 클라이언트가 찾아오면 사례관리자는 자기 분야의 전문지식 안에서 상담할 우려가 있기 때문에 매우 제한적인 틀에서 클라이언트를 이해할 수 있다. 처음 시작에는 보다 폭넓은 시각에서 클라이언트의 삶을 이해할 필요가 있다. 예를 들어 어렸을 때 편부로부터 성적 학대를 당한 남학생이 있다고 가정하자. 이 학생은 게임에 빠져 있고 우울증으로 인해 자살시도를 한 적이 있다. 주변 사람들은 게임중독이 의심된다고 게임중독치료를 의뢰했다. 이럴 경우 초보 사례관리자는 청소년에게서 성학대 사실은 간과된 채 게임중독에만 초점이 맞추어질 가능성이 높다.

(2) 직면-부인하기 함정

지나치게 의욕적인 사례관리자는 클라이언트가 준비되기도 전에 문제는 무엇이고 어떤 변화가 필요하며 어떻게 노력해야 한다고 일방적으로 설명할 수 있다. 사례관리 참여에 양가감정을 가지고 명확한 동기를 가지지 못한 클라이언트의 경우 성급하게 변화를 강조하게 되면 클라이언트는 변화가 필요없다고 거부할 수 있다. 한 마디로 사례관리자가 변화의 주체가 되고 오히려 클라이언트는 반대의 입장이 되는 경우이다. 이 경우 비생산적인 면담이 되기 쉽기 때문에 이런 함정에 빠지지 않도록 조심할 필요가 있다.

(3) 진단명 붙이기 함정

진단명을 아는 것이 유용하다는 과학적인 증거는 없다. 진단명을 인정하지 않고도 호전되는 사람이 있고 인정을 했어도 호전되지 않는 사람도 있다. 클라이언트에게 진단명을 받아들이도록 촉구하는 것은 일종의 직면-부인하기의 함정이 될 수 있다. 예를 들어 아동양육시설이나 청소년쉼터에서는 종종 장애 등급에는 포함되지 않지만 경계선에 있는 청소년을 장애인시설에는 보낼 수도 없고 일반시설에서 보호해야 하기 때문에 힘들다는 호소들을 종종 한다. 클라이언트를 정확히 진단해서 과학적인 개입을 하는 것은 필요하다. 그러나 경우에 따라 진단명이 오히려 클라이언트의 적응을 돕는데 장애요인으로 작용될 수도 있다. 정신장애인에 가깝다고 인식할 때부터 모든 가능성은 접어두기 쉽다. 진단명이 오히려 편견을 일으킬 수 있다.

(4) 비난하기 함정

도움을 요청하는 사람들은 종종 자신의 억울함을 호소하고 누가 잘못했는지를 명확히 가늠하는 것이 상담의 목적이라고 착각하곤 한다. 어린 시절 난폭한 아버지로부터 자신을 보호해 주지 못한 병약한 어머니를 오히려 돌봐야 하는 짐까지 안고 사는 청소년이 있다고 하자. 청소년은 자신이 가출하고 학교를 그만둔 이유에는 어머니의 무책임과 무능이 크다고 은연 중에 생각하고 있었다. 이런 경우 어린 시절 부모와의 관계를 나누는 도중 사례관리자가 어머니의 고통과 어려움에 대해 이해하는 마음을 표현하면 마치 자신을 비난하는 이야기로 받아들이는 경우가 있다. 사례관리자가 클라이언트의 문제에만 집중하면 사례관리자가 자신을 비난한다고 느낄 수 있다. 클라이언트는 자신이 피해자인데 오히려 비난받는다고 생각되기 때문에 면담이 편하지 않다.

(5) 질문-대답하기 함정

적절한 질문은 문제해결에 도움이 되지만 지나치게 질문만 많이 하면 사례관리자는 전문가이고 클라이언트는 수동적인 청취자로 고정화될 수 있다. 적절한 질문과 함께 클라이언트의 이야기를 끄집어내고 경청하는 것이 더 중요하다. 클라이언트는 단순한 정보제공자이거나 사례관리자는 정답을 주는 사람이 아니다. 클라이언트가 보다 주체적으로 참여하고 자신에 맞는 해답을 찾도록 돕는 것이 중요하다.

(6) 전문가 함정

이것은 사례관리자가 "나는 당신 문제에 대한 전문가이다. 나는 정답을 알지만 당신은 아무 것도 몰라요"라는 태도를 갖는 것이다. 이런 분위기에서는 클라이언트가 적극적으로 참여하기 어렵다. 클라이언트는 변화 및 문제해결의 주체이고, 사례관리자는 조력자이다. 사례관리자가 사례관리나 사회복지영역에 관한 지식 및 정보를 가지고 있다면 클라이언트는 자기 삶의 전문가이다. 두 사람은 공동의 목표를 추구하는 동등한 파트너이다.

5) 클라이언트의 동기가 낮고 무기력할 때

사정은 정보만 수집, 파악하는 것이 아니다. 사정 면담 그 자체가 클라이언트로 하여금 변화로 이끌 수 있다. 여러 가지 어려움에 장기간 노출된 경우 변화에 대한 동기가 낮고 무기력하기 쉽다. 그러나 클라이언트가 모든 시간, 매번 무기력하거나 변화에 관심이 없는 것은 아니다. 예를 들어 과체중이거나 알코올중독인 사람이 전혀 자신의 건강에 관심이 없거나 변화를 시도하지 않는 것은 아니다. 오히려 자신이 방법대로 여러 번 생각하고 시도하지만 꾸준히 실행하지 못하거나 만족스런 결과로 연결되지 못해 중단하는 경우가 많다.

사례관리자는 클라이언트가 전혀 변화를 원하지 않는다고 낙담할 것이 아니라 클라이언트가 변화를 생각하거나 시도하고자 하는 타이밍을 알아차려 행동으로 이어질 수 있도록 돕는 것이 필요하다. 즉 사례관리자는 클라이언트가 변화의 준비가 되었을 경우 변화에 대한 대화를 이끌어 가는 것이 필요하다. 클라이언트가 대화 도중 다음과 같은 말들을 하게 되면 변화로의 대화를 이끄는 타이밍으로 고려해 볼 수 있다(신수경·조성희, 2009: 51-54. 재인용). 이것은 사례관리에서도 그대로 적용 가능하다.

(1) 문제에 대한 인식을 드러내는 경우

클라이언트가 자신의 입으로 자신의 문제에 대해 이야기할 때는 그 문제에 대해 보다 더 깊이 다루어주는 것이 필요하다. 일반적으로 "괜찮다. 앞으로 잘 하면 된다. 너무 걱정하지 마라."는 식으로 서둘러 위로하면 자신의 문제를 더 가까이 보기 어렵다. 이런 경우에는 본인이 문제라고 생각하는 것은 무엇인지, 그런 문제로 인해 힘든 점은 무엇인지, 왜 그것이 문제라고 생각하는지 등의 질문을 통해 자신의 내면에서 나오는 변화의 목소리를 듣도록 하는 것이 필요하다.

> 클라이언트: 게임을 하면 즐거워요. 스트레스가 다 풀리죠. 가끔 아침에 일어나지 못해 지각을 하긴 하지만요.
>
> 사례관리자: 게임은 스트레스도 풀어주고 즐겁긴 하지만 지각을 하는 것이 마음에 걸리는 것 같네요. 지각으로 인해 생기는 문제는 무엇인가요?
>
> 클라이언트: 선생님에게 꾸중 듣게 되고 학교에서 엄마에게 연락해서 또 혼나고.

(2) 문제에 대한 걱정이나 염려를 표현할 경우

자신의 문제에 대해 걱정하는 것은 변화를 위한 좋은 출발점이 될 수 있다. 모든 일에는 좋은 점과 힘든 점이 있다. 그러나 다른 사람들이 자신의 문제에 대해 걱정하면 반감이 생기거나 자신의 상황을 두둔하기 쉽다. 따라서 사례관리자가 먼저 문제에 대해 걱정하기보다는 클라이언트가 현재 상황에 대한 걱정이나 염려를 할 때 그 걱정에 대해 더 추가적인 질문을 통해 자신의 문제를 통찰할 수 있도록 하는 것이 필요하다.

클라이언트: 남자랑 2차 가면 쉽게 돈을 벌기 때문에 한 달에 2~3백 만지는 것은 힘들지 않죠. 그런데 이 일도 젊어서 한때이지 오래할 수 없어요. 위장병, 불면증, 관절염, 두통을 늘 달고 살아요. 그러나 이 일 안하면 뭘 해서 먹고 살아야 할지 막막하고

사례관리자: 잘 살기 위해 한 일이지만 결과적으로 잘 살 수 없게 되었고 더 많은 어려움이 생겼네요.

(3) 변화하려는 의도를 드러낼 경우

클라이언트가 자신의 행동에 대해 후회하거나 달라져야 한다는 이야기를 할 때이다. 이런 경우 그런 문제를 다루기 위해서는 어떻게 할 수 있을까요? 걱정스러운 일이 일어나지 않도록 하기 위해 당신이 할 수 있는 일은 무엇일까요? 등의 질문을 통해 변화의 의도를 보다 구체화할 수 있다.

클라이언트: 제가 너무 잘 못 산 것 같아요. 엄마가 학교 가라고 할 때 참고 갔으면 좋았을 텐데. 아침에 학생들이 책가방 메고 학교 가는 것을 보면 후회가 되고. 시간을 되돌리고 싶어요. 졸업장도 없는데 누가 오라고 하겠어요. 아무 데도 취직이 안 될 것 같아요.

사례관리자: 하고 싶은 일들이 있지만 지금은 늦었다고 생각하네요. 학교를 다니면 지금의 생활이 어떻게 달라졌을까요? 졸업장을 취득하는 것이 어떤 점에서 중요하다고 생각하나요? 취직이 잘 되기 위해 무엇이 필요하다고 생각하나요?

(4) 변화에 대한 낙관적인 태도를 보이는 경우

클라이언트가 자신의 문제를 별로 대수롭지 않은 것으로 생각하거나 언제든 마음만 먹으면 바꿀 수 있다는 식의 말을 하는 경우이다. 이러한 동기를 보다 구체화시키기 위해 추가적인 질문을 하고 생각을 명료화하게 한다.

클라이언트: 저는 마음만 먹으면 뭐든 할 수 있어요. 남들이 저보고 정신력이 강하다고 해요. 담배도 제가 마음만 먹으면 얼마든지 끊을 수 있죠. 그러나 아직 이 정도는 피워도 괜찮다는 생각이고... 담배를 피면 마음이 일단 안정되거든요.

사례관리자: 당신은 정말 정신력이 강한 것 같아요. 자신을 통제하는 능력도 뛰어난 것 같구요. 정말 해야겠다는 생각을 하면 해내는 결단력도 있네요. 그런 결단력을 발휘할 때는 언제라고 생각됩니까? 그렇게 생각하는 이유는 무엇입니까?

6) 클라이언트가 사례관리에 관심이 없고 반응이 없을 때

클라이언트가 관심을 보이지 않고 반응이 없는 경우 다음의 세 가지를 점검해 볼 수 있다(대전광역시장애인부모회·대전광역시장애인가족지원센터, 2012). 첫째, 사례관리자 자신의 눈높이와 기대에 맞춰 클라이언트의 반응을 기대하고 있는 것은 아닌지 성찰해 보아야 한다. 집중형 사례관리 대상자일수록 변화는 아주 천천히 일어난다. 특히 내면의 변화는 개입 초기 3개월까지 큰 반응이 없을 수 있다. 또 상황에 따라서는 아주 작은 변화로부터 시작하며 더 오랜 시간이 걸리기도 한다. 따라서 클라이언트가 삶에서의 늘 해오던 방식에서의 사소한 변화를 찾는 노력이 필요하다. 또한 얼마나 어떻게 변화되었는지 점검해야 한다.

둘째, 클라이언트가 관심은 있지만 표현하지 못하는 것은 아닌지 확인해 보아야 한다. 자신의 생각을 말로 잘 표현하는 것은 쉽지 않다. 특히 사회적 약자로 오랫동안 살아온 사람들은 자신의 의견이자 주장을 표현하는 방법을 잘 모른다. 의견이나 생각이 없는 것이 아니라 표현방법을 모를 수 있다는 점을 고려해야 한다. 따라서 클라이언트와의 면담에서는 비언어적 의사소통에도 주의를 기울여 볼 필요가 있다.

셋째, 정말 관심이 없다면 사례관리자가 모르는 이유가 있을 것이다. 예를 들어 사례관리자의 관심과 클라이언트의 관심이 전혀 다르거나, 사례관리자가 이해하지 못하는 다른 문제가 있을 수 있다. 이때는 신뢰관계 형성은 되었는지, 욕구사정은 정확하게 되었는지 점검이 필요하다. 가능한 클라이언트가 가장 민감하게 반응하는 것, 가장 좋아하는 것, 가장 관심을 보이는 것을 우선적으로 다루고 개입하는 것이 좋다.

4. 사정 단계의 양식 작성 지침 및 적용 예시

1) 사정기록지 작성[3)]

첫째, 인테이크 후 늦어도 3주 이내에 사례관리 사정기록지가 완료되어 늦어도 1개월 이내에 실제적인 사례관리가 행해지도록 한다.

둘째, 사정방법은 클라이언트의 1대1 면접은 물론 가정방문, 행동 및 상호작용 관찰, 편지, 사진, 기록 등 다양한 방법을 사용할 수 있다. 또한 클라이언트 이외에도 클라이언트와 관계를 맺어온 사회복지 담당공무원, 지역사회기관 실무자, 이웃주민 등으로부터 다양한 정보를 수집한다. 면담에 대한 녹음은 사전에 클라이언트의 동의를 구해야 한다. 클라이언트와 면담하는 그 자체가 치료이며 중요한 개입일 수 있으므로 지나치게 정보를 파악하거나 기록 작성에 몰두하기보다는 클라이언트의 이야기를 경청하는 것이 필요하다.

셋째, 욕구 파악은 생태학적 측면에서 개인, 가족, 집단, 조직, 지역사회 등 다양한 차원의 욕구를 파악하는 것이 필요하다. 일반적으로 범하는 오류는 주로 개인 및 가족 차원의 욕구는 파악하지만 클라이언트에게 영향을 미치는 동아리나 소모임, 직장, 시설, 지역사회 영역에서의 다차원적인 욕구는 무시하기 쉽다. 사람에게는 한 가지만 영향을 미치는 것이 아니라 여러 요소들이 상호작용한다. 따라서 생활 전반에 걸친 다양한 측면을 고려해야 한다.

또한 클라이언트를 둘러싼 중요한 타자들이 욕구와 어려움도 파악해서 개입하는

3) 본 책에서 제시한 사정기록지는 권진숙 외(2012)가 사용한 사정양식에 근거하였고 일부 수정하여 제시하였다. 또한 사정기록지의 용어 설명에서도 일부 내용을 인용하였다.

것이 필요하다. 만약 클라이언트가 인정하지 않지만 사례관리자의 관점에서 개입이 필요하다고 생각되는 사항은 사례관리자가 제시한 욕구로 기록할 수 있다. 각 수준별 욕구는 최대 3개 이내로 파악한다(권진숙 외, 2012: 199)

제시된 욕구는 클라이언트 및 중요한 타자들이 호소한 내용이나 희망사항을 그들이 표현한 대로 구어체로 기록한다. 사례관리자가 중립적인 말이나 자신이 이해한 것을 풀어서 작성하다 보면 원래 클라이언트가 표현하고자 하는 의미가 충분히 살려지지 않을 수 있다. 푸념이나 불평을 하는 클라이언트에게는 앞으로 어떻게 해결되었으면 좋겠는지에 대한 바람을 이야기하도록 질문한다. 클라이언트의 호소 정도, 클라이언트가 중요하다고 인식하는 정도, 긴급성, 실현 가능성 등을 고려하여 개입의 우선순위를 정한다. 클라이언트가 중요하다고 인식하는 문제, 클라이언트가 우선순위를 높게 하는 것을 먼저 다루는 것이 클라이언트의 참여 및 만족도를 촉진할 수 있다.

넷째, 이용 가능한 자원 및 내·외적 장애물을 파악하고 명시한다. 이용 가능한 자원이란 클라이언트의 욕구나 문제 해결에 이용 가능하거나 이용 가능성이 있다고 판단되는 자원을 의미한다. 이것은 외부의 자원에서부터 클라이언트의 의지, 낙관적 태도 등 강점까지도 포함하는 광범위한 내용을 포함한다(권진숙 외, 2012: 199). 내·외적 장애물은 클라이언트의 욕구 및 문제해결을 저촉하거나 방해가 되는 내·외부 요인들을 뜻한다. 내적 장애물은 클라이언트 및 가족들이 갖는 생각, 신념, 태도, 능력, 건강 등의 측면에서의 장애요인을 뜻하며 외적 장애물은 기관 및 지역사회, 환경 측면에서의 장애요인을 뜻한다(권진숙 외, 2012: 199). 신체 및 정신건강 문제는 병원치료 근거(처방전이나 영수증) 또는 진단서를 통해 질병 사실과 정확한 진단명을 확인하여 기록한다.

다섯째, 표준화된 측정도구(자아존중감 척도, 우울 척도, 사회지지 척도 등), 생태도 및 가계도 등을 사용할 수 있다. 이 경우 측정한 일시, 담당자, 결과 등에 대해 요약해서 기록하고 자세한 결과서는 사례관리 사정표 뒤에 첨부한다(권진숙 외, 2012: 199).

여섯째, 사정 결과를 토대로 사례관리 수준을 긴급, 집중 혹은 일반으로 판정한다. 또한 사정 결과를 바탕으로 사례에 대한 사례관리자의 종합적인 의견을 제시한다. 여기에는 사정에서 확인된 점과 향후 사례관리의 개입 방향, 판정 이유 등을 간략하게 제시한다.

일곱째, 사례관리 사정은 클라이언트 및 환경에 변화가 있을 때마다 재사정할 수 있다. 기본적으로 3개월 주기로 재사정을 실시하는 것이 바람직하다.

사정기록지(예시)

사례번호	2015-54	사례관리자	최봄
대상자명	강수지	사정일시	2015년 3월 15일
유형	☑ 신규 ☐ 재사정	정보제공자	강수지, 청소년일시쉼터 실무자

1. 개인력/가족력/가족관계

1) 개인력

- **유아기:** 큰 아들의 사망 후 오랫동안 임신이 되지 않다가 원치 않는 임신이 됨. 뒤늦게 임신인 줄 안 어머니는 결혼생활이 어려운 때라 낙태를 생각하기도 하였고 출산 후 산후우울증으로 매우 고생하였다고 함. 아이는 정상체중으로 건강하게 되어났지만 모유가 잘 나오지 않아 고생했다고 함. 출산 이후부터 계속 집안 사정이 좋지 않고 부부관계도 좋지 않은 상태에서 클라이언트 출생은 그다지 환영받지 못하였다고 함.
- **아동기:** 아버지의 잦은 외도와 혼자서 생계를 맡아온 어머니로 인해 아동기는 혼자 지내거나 이집 저집 맡겨 지내는 경우가 많았다고 함. 어렸을 때부터 다른 사람의 집에 살면서 눈칫밥을 많이 먹고 컸다고 함. 이모집에 몇 년간 살 때는 조카들 사이에서 놀림도 당하고 구박도 많이 받았다고 함.
동생을 잘 돌보고 동생과는 사이가 좋음. 성적은 좋지 않았지만 학교 가는 것을 좋아하고 친구들과 잘 어울려 지냄. 노래 부르고 춤추기를 좋아하고 달리기도 잘 해서 학교대표로 나가 수상을 한 적도 있다고 함. 초등학교 2학년 선생님이 학교 생활을 많이 챙겨주고 돌봐주심.
- **청소년기:** 대부분의 집안일이나 어린 동생을 돌보는 것은 클라이언트가 함. 가족에 대한 애착이 강하고 가정에서 엄마와 같은 역할을 함. 친구들 사이에는 활발하고 따르는 친구들이 많음. 부부불화와 부의 폭력으로 인해 가출을 여러 번 한 뒤 중3 때 학교를 자퇴함. 아버지와의 갈등이 증폭되면서 아버지에게 심하게 맞은 후 집을 나가 계속 바깥에서 지냄. 가출친구들과 어울려 혼숙을 하기도 하고 가출팸을 만들어 지내기도 함. 식당, 주유소, 택배 아르바이트도 하였고 선배의 소개로 유흥업소에서 일하면서 임금 착취와 성매매 강요 등의 피해를 당한 적도 있음. 외모에 관심이 많고 옷이나 액세서리 사는 것을 좋아하고

쉽게 돈을 벌지만 친구들이 빌려달라고 하면 주기도 하고 돈을 떼이기도 해서 돈관리가 잘 되지 않음. 사귀던 남자친구와 성관계 후 임신이 되어 낙태한 적이 있음. 집에서는 취직해 일하는 것으로 알고 있음.

2) 가족력

- **아버지(50세)**: 시장에서 야채가게를 하다 번 돈으로 식당을 크게 차린 후 큰 돈을 벌긴 하였지만 사기를 당해 돈을 날리고 이후 노래방, 치킨가게 등을 시도하는 가운데 빚이 늘어났음. 계속되는 사업실패를 한 방에 만회하겠다고 집을 나간 뒤 도박을 하고 다른 여자와 동거함. 가난에 시달린 동거녀가 도망을 간 뒤 다시 집으로 되돌아 오긴 했지만 술과 흡연으로 건강은 매우 나빠졌고 폭력적인 행동을 보임. 자존심이 강하고 자신은 이렇게 지낼 사람이 아니라며 허황된 욕심을 갖고 있음. 주변에서 권유하여 다른 가게에서 일하기도 하였지만 싸우거나 문제를 일으켜 그만두는 일이 많음

- **어머니(49세)**: 폭력적인 가정에서 살다가 16살에 가출해 식당을 전전하며 많은 고생을 하며 지냄. 일하던 동네에서 자주 부딪히는 종업원(지금의 남편)과 함께 술을 먹은 뒤 임신이 됨. 그 이후 지금까지 부부로 살게 됨. 갑작스런 임신으로 인해 동거를 시작해서 서로가 어떤 사람인지 모르는 채 결혼생활이 시작되었지만 큰 아들을 출산 후까지는 남편과 사이가 좋았으며 남편도 매우 성실하게 일을 하였다고 함. 그러나 큰 아들(8살)이 교통사고로 사망한 이후 부부는 큰 슬픔과 좌절에 빠졌고 그 이후 남편은 폭음과 도박, 외박을 하기도 하고 성격이 매우 난폭하게 변했다고 함. 연이은 남편의 사업실패와 가출, 외도, 폭력, 생활고에 시달리면서 이혼판정을 받았지만 아이들 장래 때문에 취소하여 지금까지 자녀들과 함께 살아왔음. 3년 전부터 집나간 남편이 들어와 함께 살고 있지만 일은 하지 않고 술만 마시고 게임이나 하고 방탕한 생활을 하고 있다고 함. 권위적이고 이기적인 남편과 성격이 맞지 않아 갈등과 마찰이 점점 늘어남. 남편이 없는 동안 일하면서 자녀를 양육해왔지만 오히려 그때가 더 나았다는 생각이 든다고 함. 2년 전 일하던 식당에서 음식배달을 하다가 무면허 오토바이와 부딪혀 허리를 다친 이후 지금까지 자유롭게 움직이지 못하고 집에서 지냄.

- **남동생(16세)**: 초등학교 때까지 특별한 문제 없이 잘 지냄. 온순하고 내성적인 성격으로 일하러 나간 엄마 대신 주로 클라이언트인 누나가 돌봄. 아버지와 함께 살면서 아버지에게 폭언 및 폭력을 당하는 경우가 많았고 아버지와 갈등이 증폭되면서 친구들과 어울려 집에도 늦게 오고 학교에 결석하는 날이 많아짐. 작년 학교 친구들과 폭력이 있은 후 학교폭력 가해자가 되어 소년원에서 지내다 두 달 전 퇴소하였고 현재 보호관찰 중임. 감정표현을 잘 하지 않고 욱하는 성격임. 어렸을 때 아버지와 떨어져 살아 아버지에 대한 기억이 전혀 없고 아버지와 적대적인 관계임. 누나인 클라이언트를 잘 따름.

3) 가족관계

- **부부관계**: 성격차이와 남편의 폭력으로 인해 결혼생활이 평판하지 않은 상태임. 어머니는 자식을 위해 남편이 있어야 한다고 참고 살지만 스트레스가 많음. 아버지는 강한 어머니의 성격과 잔소리가 괴롭다고 함. 술을 안 먹고 싶지만 집에 들어오면 짜증이 난다고 함.

- **부모-자녀관계**: 어린 시절 아버지의 오랜 부재로 인해 아버지와 자녀들과의 관계는 매우 형식적이고 끈끈한 정이 없다고 함. 특히 아버지의 폭력으로 인해 클라이언트는 물론 남동생도 아버지와는 적대적 관계임.

- **형제관계**: 클라이언트는 동생을 엄마 대신으로 돌보고 챙기고 있음. 동생도 누나 말은 잘 듣고 서로 의지하는 관계임

2. 사회적 자원 및 강점

1) 공식적 자원 :

청소년쉼터 선생님

2) 비공식적 자원 :

작은 이모: 어릴 때 수지를 돌봐준 사람으로 가끔 전화하는 사이임.

3) 강점 및 약점:

- **클라이언트 강점**: 타인을 배려하고 책임감이 강함. 가족에 대한 사랑이 많고 아버지가 밉지만 자신이 돌보고 살아야 한다고 생각함. 독립적인 편이고 눈치가 빠르고 정리정돈을 잘함.
- **클라이언트 약점** : 다소 감정기폭이 있고 충동적으로 행동하는 경향이 있음. 자신에 대해 부정적인 생각이 많고 돈 관리가 잘 되지 않음.
- **가족의 강점**: 어머니가 생활력이 강하며 가족을 지키겠다는 의지가 강함. 아버지도 최근 가족들과 합류해서 함께 살아보려고 노력하고 있음.

3. 대상자가 제시한 욕구 및 이용가능 한 자원

수준	우선순위	제시된 욕구	이용가능 한 자원(강점)	내/외적 장애물
개인 수준의 욕구	2	잠을 푹 자지 못하고 먹으면 소화가 잘 안돼요. 어쩔 땐 기분이 착 가라앉아 죽고 싶다가도 어떨 땐 들떠서 남들이 이상하다고 해요. 정신과에서 주는 약을 먹으면 멍해서 일을 할 수 없어요.	• 본 시설에서 의료비 일부 지원, 부족한 부분은 정신보건센터와 협의 중	• 장기적인 치료가 필요하므로 향후에도 치료비 지원 및 약물관리에 대한 관심이 필요함. • 낙태 및 성폭력에 대한 트라우마가 있음.
	4	나도 대학생이 되어 캠퍼스를 거닐고 싶어요. 나도 평범한 대학생처럼 데이트도 하고 남자친구도 만나고 싶어요. 사회복지사가 되어 어려운 사람들 도와주는 일을 하고 싶어요.	• 중학교 졸업 • 초등학교 교사나 쉼터 선생님과 좋은 관계 유지	• 대학을 다니고 싶다는 욕구는 높지만 검정고시 준비에 대해서는 그다지 관심 없음 • 집중이 잘 안 되고 위나 기초가 없어 공부를 할 수 있을지 하는 불안이 있음.

개인 수준의 욕구	6	체중이 많이 늘어 고민이에요. 다이어트를 하지만 매번 실패해요. 팔에 있는 문신을 지우고 싶어요. 성매매했다는 사실이 평생 따라다닌다고 들었어요. 일하러 갈 때 매번 파스를 붙일 수도 없고.	연계하고 있는 병원에서 문신제거 시술 지원 요청한 상태	• 외모에 관심은 많지만 폭식으로 과체중인 상태 • 성매매 사실이 알려질까 하는 두려움이 크면서도 돈이 떨어지면 성매매에 대한 유혹을 쉽게 뿌리치지 못함
가족 수준의 욕구	5	아버지가 자꾸 전화해서 돈을 보내달라고 해요. 엄마 치료비에다 동생이 또 사고를 쳐서 합의금을 만들어야 한데요. 보호관찰기간 중에 또 사고를 쳐서 이번에 합의금을 만들지 못하면 구속이라고 하네요. 엄마와 동생을 생각하면 불쌍하고. 가족들이 나에게는 아무런 도움이 되지 않아요. 가족들이 행복했으면 해요.	• 수지씨는 어머니 치료비 지원 문제를 사회복지전담공무원과 상의할 의향이 있음 • 수지씨는 동생 담당 보호관찰관과 상의하도록 기회제공, 수지씨와 함께 청소년 관련 법률자문 요청	• 아버지가 도박과 알코올중독 문제를 가지고 있고 중간에 딸이 보내주는 돈을 도박에 탕진하기도 함
가족 수준의 욕구	3	엄마가 사고로 허리가 아파 집에 혼자 있는데... 가끔 전화와서 아버지 때문에 힘들다고 하고... 엄마는 아픈데 너는 혼자서... 어쩌면 너는 그렇게 이기적인지라고 말해요. 엄마가 불쌍하기도 하지만 화도 나요.	• 지역복지관과 연계해서 자원봉사자 파견을 상의함	• 어린 시절 아버지에게 학대당하는 어머니와 함께 있었고 자살시도한 어머니를 발견한 적이 있음 • 엄마와는 감정적으로는 대립되어 있지만 이에 대한 죄책감이 큼. 엄마를 대신해서 가족을 챙겨야 한다는 책임감이 강해 자신과 분리시키는 데 어려움이 있음.
기관 및 조직 수준의 욕구	7	같이 생활하는 동생들이 짜증나게 해요. 내 물건에 손을 대기도 하고 청소도 잘 안하고... 쉼터에서 청소하고 식사준비하고 힘든 일은 내가 다 하는데... 선생님들은 나보고 동생들 잘 챙기라고 해요. 문제가 생기면 항상 나만 혼나는 것 같아요.	• 가족회의시간에 이 문제를 다룰 수 있음	• 책임감이 강하지만 반면 이로 인해 스트레스도 높음. 쉼터 선생님들에게 인정받고자 하는 욕구도 강함

	8	새로 온 선생님이 다른 사람과 나를 차별하는 것 같아요. 무슨 일이 생기면 나보고 야단치는 것 같아요. 무시하는 것 같기도 하고. 내가 나이가 많은데 자존심도 상하고...	• 해당 선생님과의 면담 • 수지씨와 해당 선생님이 함께 이야기할 수 있는 시간 마련	• 엄마와 해결되지 않은 감정들이 새로 온 선생님에게 전이되는 것 같음.
지역 사회 및 정책 수준의 욕구	9	퇴소 기일이 정해져 있는데 걱정이에요. 집에는 들어가고 싶지 않고... 나가서 살 집도 없고. 그나마 시설에 있을 때는 병원도 무료로 다니지만. 막막해요.	• 사회복지전담공무원과 협의 중	• 수급자 신청을 알아보고 있으나 어머니 명의의 시골 땅 때문에 수급자 자격에 해당되지 않음
기타 의미 있는 욕구	1	가출해서 알던 오빠가 내 이름으로 핸드폰을 개설해서 미납금이 200만원이나 나왔어요. 가슴이 쿵 내려앉고 너무 걱정이 돼요	• 법무법인 「○○」 김 ○○변호사	• 여러 건이 함께 얽혀 있는 복잡한 상태로 시간이 상당히 소요될 것 같음. 입증할 증거가 명확치 않음

4. 척도를 이용한 사정

척도 종류	가계도, 생태도
사정 결과	친인척들과는 단절된 상황이나 동생에 대한 특별한 애정과 가족에 대한 책임감이 있음. 사회적 지지체계는 빈약한 상태

5. 사례관리 수준판정

□긴급 ☑집중 □일반

6. 사례관리자의 종합의견

종합 의견

강수지양은 어린 시절 학대와 방임으로 인해 힘든 아동기를 지나 가출 이후 성폭력, 원조교제 등으로 인해 신체적, 정신적 건강상태가 좋지 않아 계속적인 치료와 보호가 필요함. 또한 아버지의 알코올문제, 동생의 사건 등을 비롯해 가족문제로부터 상당한 스트레스를 받고 있음. 가족은 수지양에게 위험요인인 동시에 지탱할 수 있는 보호요인으로도 작용하고 있어 가족지원이 시급히 필요함. 잘 살고 싶다는 생각은 많지만 쉽게 좌절하고 포기도 하며 사회적 지지망이 빈약한 상태라서 수지양 혼자만의 노력으로 지탱하기 어려울 수 있음. 지속적이고 체계적인 지원을 통해 수지양의 생활만족은 물론 사회적 지지망을 강화하고 자원을 활용할 능력을 확대시킬 수 있도록 사례관리 대상자로 선정하고자 함.

출처: 양식은 권진숙 외(2012)의 양식을 기본으로 하되 일부 내용은 수정·보완하였다.
사례내용은 청소년기관에서의 사례를 사정기록지에 맞게 재구성하여 제시하였다.

■ 표 11-1. 사례관리 대상자 수준 판정기준 및 예시

관리수준	사례관리 수준 판정기준 및 예시
긴급	• 대상자, 가족 혹은 의뢰자의 판단으로 긴급개입이 요청된 경우 • 의식주 관련 긴급 상황이 발생했을 경우(예: 결식-1일 이상, 주거 상태의 응급상황-난방시설, 위생상태 등, 3개월 이상 관리비 체납 등) • 폭력사건(아동학대, 가족폭력, 성폭력, 자살 등)이 일어난 직후 또는 발생 위험성이 높다고 판단된 경우 • 질병의 급격한 재발과 건강의 악화로 치료가 필요한 경우(예: 정신질환의 재발로 인해 자해 및 타해의 위험성이 있어 의료적 치료가 필요한 경우) • 위의 상황으로 인해 법적, 의료적 치료가 필요한 경우 • 대상자나 가족을 위한 긴급개입이 요청되나 가족 등 자연적 지지체계가 적절한 작동을 하지 못하는 경우 • 갑작스러운 사고(실직, 사고, 가족원의 사망 등)로 인해 경제적 및 사회적으로 위기 상황에 직면한 경우
집중	• 부채 관련 문제가 가족의 생계비에 직접적인 영향을 끼치고 있으나 적절한 관리를 위한 전문적, 법적 체계와 연결되어 있지 않은 경우 • 대상자 혹은 가족을 위해 긴급한 의료적 진단과 개입이 요구되나 현 시점에서 자연적 자원 연결이 불가능한 경우 • 대상자 혹은 가족을 위해 정신의료적 사정과 개입이 요구되나 현 시점에서 자연적 자원 연결이 불가능한 경우 • 대상자 혹은 가족이 심각한 의료적 문제, 물질중독 문제(알코올과 마약 중독 등), 행태중독 문제(오락, 게임, 도박중독 등), 정신질환 문제(정신분열병, 우울증 등)가 있으나 치료를 위한 적절한 지원체계와 연결되어 있지 못한 경우 • 대상자 혹은 가족원이 가족폭력(성학대를 포함하여 방임과 학대) 사건에 연루되어 있거나 학대 가능성이 있으나 현 상황에서 가족원의 안전계획(safety plan) 문제해결을 위해 관련 기관의 충분한 협력을 얻을 수 없는 경우 • 사정을 위해 3개 이상의 전문체계의 연계가 요청되나 현 시점에서 주 사례관리체계와 주 사례관리자에 대한 동의가 이루어지지 않는 경우 • 대상자나 가족원이 법적 체계(예: 보호관찰 대상자, 수감자 등)와 직접 연결되어 있는 경우 • 복합적인 욕구사정으로 인해 초기면접 후 1개월 이상 가정방문을 포함하여 주 2회 이상 대면상담이 이루어진 경우 • 긴급 사례관리 대상자로서 긴급개입 이후 위기 상황이 종료되었으나 일정 기간 집중적 개입이 요청되는 경우 • 기타 대상자, 가족 혹은 의뢰자에 의해 집중적 개입이 요청된 경우
일반	• 긴급 및 집중 사례관리 수준에 해당되지 않는 대상자로서 장기적인 사례관리가 필요한 경우

출처: 권진숙 외(2012: 200).

Chapter 12 개별서비스 계획 단계

1. 개별서비스 계획 단계의 목적

개별서비스 계획(individualized service plan)은 클라이언트가 지금보다 더 나은 삶을 영위할 수 있도록 하기 위해 어떤 지원 및 노력들이 행해져야 하는지를 구체화하는 것이다. 이 단계에서는 서비스의 목표, 제공방법 및 내용, 우선순위, 서비스 제공자, 시기, 관련된 사람들의 역할과 활동 등이 수립된다. 개별서비스 계획((ISP)은 이미 많은 서비스에서도 활용되고 있지만 특히 사례관리에서는 클라이언트의 참여와 욕구가 강조된다는 점이 두드러진 특징이다.

2. 개별서비스 계획 단계의 주요 과업

1) 사례관리의 목적 및 지향점에 대한 성찰

사례관리는 단순한 서비스 제공이 목적이 아니라 클라이언트나 지역사회의 역량을 강화해서 클라이언트가 조금 더 주체적인 삶을 살 수 있도록 하는 데 초점을 둔다. 따라서 사례관리의 개입방향은 클라이언트 및 지역사회 역량을 강화하는 데 있다. 신중한 고려 없이 단순히 클라이언트가 요구하는 대로 자원만을 연결하는 것은 클라이언트의 의존심을 높이고 임파워먼트를 저하시킬 우려가 있으며 사회적 부담을 높일 수 있으므로 사례관리의 계획수립에 보다 신중한 자세가 필요하다.

2) 단기·중장기 목표 수립

사례관리에서 중장기 목표는 클라이언트가 서비스 종결 시기에 도달하고자 하는 수준이나 상태를 뜻한다. 이는 자립이라든지 탈빈곤과 같은 엄청난 목표가 아니라 만성적이고 복합적인 어려움을 가진 클라이언트의 삶이 지금보다 조금 더 나은 삶이 되도록 하기 위한 큰 그림을 그리는 것이다.

반면 단기 목표는 중장기 목표를 달성하기 위한 보다 세부적, 구체적, 단계적으로 밑그림을 구체화해 나가는 것이라 할 수 있다. 사례관리에서 단기목표는 최대 3개월 이내 달성 가능한 것이 좋다. 단기 목표는 클라이언트가 단시간에 달성할 수 있는 수준이나 정도가 되어야 한다. 신속히 달성해서 클라이언트에게 성공적 경험을 줄 수 있는 것이 좋다. 장기 목표는 여러 개의 단기 목표가 달성되면 자연스럽게 이루어지는 것이어야 한다. 결과적으로 단기 목표와 중장기 목표는 서로 연결되어야 한다.

단기·중장기 목표는 클라이언트와 사례관리자가 서로 충분히 논의, 합의해서 결정한다. 사례관리자가 일방적으로 바람직하다고 생각하거나 좋다고 생각하는 목표를 설정하는 것이 아니다. 또한 합의란 클라이언트와 사례관리자의 의견이 일치되지 않을 때 적당히 절충한다는 것이 아니라 클라이언트 관점에서 현실적으로 감당할 수 있고 도전할 수 있는 지점을 설정하는 것을 의미한다.

3) 세부적인 계획 및 전략의 구체화

단기 목표를 달성하기 위해서는 적합한 서비스가 무엇인지를 찾고 이들 서비스를 제공하는 기관이나 사람이 누구인지를 구체시해야 한다. 누가, 언제, 어떻게, 무엇을 할 것인지에 대해 클라이언트와 함께 계획을 수립한다. 특히 클라이언트가 단지 서비스를 수동적으로 받는 사람이 아니라 서비스 실행을 위해 무엇을 할 수 있는지도 함께 검토한다. 이를 위해 사례관리자는 여러 서비스의 특징과 차이점을 설명하여 클라이언트가 우선순위를 정할 수 있도록 도와야 한다. 우선순위 결정에는 클라이언트가 중요하게 생각하는 것, 긴급하게 해결해야 할 것, 쉽게 해결할 수 있는 것 등이 중요하게 고려되어야 한다.

서비스 제공기관의 탐색에서는 우선적으로 클라이언트를 둘러싼 가족 및 친척, 지역주민, 생활시설(시설에서 살고 있는 경우) 등 비공식적 지지체계를 적극적으로 탐색, 활용한다. 관공서, 병원, 사회복지기관 등 공식적 지지체계는 자격 및 기준, 이용기간, 절차 등이 까다롭고 낙인 문제가 생기고 동일한 어려움이 생겼을 때 재이용하기 어려워 안정적인 클라이언트의 자원이 되기 어렵다. 반해 비공식적 지지체계는 클라이언트의 노력에 따라 상호의존적일 수 있고 쉽게 재이용이 가능하고 낙인이 적다는 점에서 실제적으로 클라이언트의 중요한 자산이 될 수 있다.

계획 수립과정은 1회로 끝나는 것이 아니라 클라이언트 및 관련인과의 수차례 면담, 협의과정을 통해 계속적으로 이루어진다. 목표 달성을 위한 가장 적절하며 도움을 줄 자원을 선정, 동의를 이끌어내기 위해서는 여러 기관을 타진하고 협의하는 과정이 반복된다. 타 기관과의 협의 시 서비스 제공 내용, 빈도, 기간, 형태 등을 결정할 때 최우선적으로 고려해야 할 점은 클라이언트의 욕구가 충족되는지 하는 점이다. 서비스 제공기관의 지침이나 규정, 패키지화된 프로그램에 의해 기계적으로 정해져서는 안 된다.

클라이언트의 복잡하고 다양한 욕구는 기존의 기관 서비스로는 충족되지 못하는 경우가 많다. 이런 경우에는 기관의 서비스를 클라이언트에게 맞게 수정, 보완, 확대하는 것이 필요하다. 예를 들어 클라이언트가 일하기 때문에 기존 낮시간 동안 진행되던 기관의 아기 양육 교육을 받기가 어렵다면 클라이언트를 위해 교육을 야간에 실시할 수 있는지를 타진하는 것이 필요하다. 한 마디로 클라이언트의 욕구에 맞는 개별 서비스가 계획되어야 한다. 이를 위해서는 클라이언트 및 관련된 기관 실무자와의 회의에서 브레인스토밍 기술을 적극적으로 활용하는 것이 필요하다.

4) 계약 수립

서비스 목표 및 계약 수립은 클라이언트, 사례관리자, 협력기관 등이 상호 동의해야 하고 구체적이고 현실적이고 논리적이어야 한다. 구체적인 계획이 마련되고 서비스 관련한 기관들 간에도 서비스 제공에 대한 합의가 이루어진 다음에는 사례관리 대상자인 클라이언트와 계약을 수립한다.

사례관리자와 클라이언트는 상호 책임성을 보장하는 서면화된 계약을 통해 공식적인 파트너로서 일한다. 계약 내용에는 서비스 제공기관, 기간, 내용, 빈도, 역할, 서명 등이 포함되어야 한다. 기관은 물론 클라이언트의 책임과 역할을 명확히 함으로써 문제해결의 주체가 클라이언트라는 점을 확고히 한다.

클라이언트의 서명은 단순히 형식적인 절차가 아니라 클라이언트가 자신의 문제해결과 관련해서 보다 적극적으로 참여, 노력한다는 것에 동의하고 확인하는 것이다. 사례관리에서 행해진 모든 기록은 클라이언트에게 공개될 수 있다는 점을 명심해서 작성한다. 계약서의 원본은 클라이언트와 기관에서 각기 1부씩 보관하고 사본은 서비스 제공기관에서 보낸다.

개별서비스 계획의 특징

- 개별서비스 계획에서는 사정과 마찬가지로 클라이언트를 문제적 관점에서 보지 않기 위해 강점과 단기해결 중심적 접근(brief solution-focused approach)을 적용하는 것이 좋다. 이 접근들은 세상에서 절대로 변화하지 않는 것은 없으며 절대로 변화하지 않을 것 같은 사람에게도 어느 순간 변화는 일어난다고 가정한다. 또한 긍정적인 관점에서 자신의 미래를 볼 수 있는 방법과 문제가 감소되었을 때를 지각하는 방법을 탐색한다. 그런 다음 미래를 위한 현실적 계획을 개발할 수 있다. 사례관리자는 클라이언트가 강점 및 해결중심적 관점을 갖고 변화와 참여의 동기를 고양시키는 데에는 적극적이어야 하지만 개별서비스를 계획하는 데 있어서는 클라이언트보다는 한 발자국 뒤로 물러서 함께 일하는 것이 바람직하다. 한 마디로 클라이언트가 자신의 삶에 대한 계획이 주도적일 수 있도록 하는 것이 필요하다.

- 개별서비스 계획과정은 심층적인 사정의 기능도 포함한다. 서비스 계획을 행하는 동안 이용자에게 필요한 자원이 접근 가능하고 채택될 수 있는지를 파악하게 된다. 또한 인테이크나 사정에서 미처 다루지 못한 심층적인 욕구들이 드러나기도 하고 새로운 주제들이 생길 수도 있다. 개별서비스 계획에 클라이언트가 참여하면서 클라이언트의 욕구를 보다 분명히 알 수 있고 클라이언트에 대해 더 깊게 이해할 수 있다.
- 잘 계획된 서비스는 클라이언트의 주도권(ownership)을 보장한다. 클라이언트와 사례관리자 각각의 과업, 명확한 시간표, 상호 역할과 책임 등에 대한 구체적인 명시는 클라이언트로 하여금 이들 계획이 전문가에 의해 짜여진 계획이 아니라 자신이 만든 계획이라고 느끼게 되고 그것을 실행하도록 임파워링되게 한다. 주도권, 예측성과 책임성을 강화하기 위해, 사례관리자는 클라이언트와 함께 계획을 주기적으로 검토할 시간, 예상 종결시기를 논의한다. 이것은 서비스 이용자의 의도된 변화를 모니터링하고 평가할 토대를 제공한다.

3. 개별서비스 계획 단계의 주요 기술

1) 욕구의 우선순위 정하기

클라이언트는 여러 가지 욕구를 동시에 희망할 수 있다. 그러나 제한된 자원과 시간 등을 볼 때 클라이언트의 욕구 중 가장 시급히 다루어야 할 것을 우선적으로 접근하는 것이 좋다. 이를 위해 클라이언트가 제시한 여러 욕구 중 우선순위를 정하는 것이 필요하다. 클라이언트에게 자신이 인식하는 욕구의 심각성을 수치로 표현하게 한다. 최고로 심각한 상태를 10점으로 보고 전혀 심각하지 않는 상태를 1점이라고 할 때 클라이언트가 주관적으로 인식하는 수준은 어느 수준인지를 파악한다. 점수가 10점에 가까울수록 클라이언트가 생각하는 욕구가 심각한 수준이라고 할 수 있다. 사례관리 개입 전과 개입 후로 구분하여 욕구의 우선순위를 정한다(전혀 심각하지 않다 1점 → 매우 심각하다 10점).

2) 합의된 목표 만들기

합의된 목표는 제시된 욕구 해결을 위해 사례관리자와 클라이언트가 늦어도 2~3개월 이내 달성할 수 있다고 서로 동의한 세부 목표를 뜻한다. 이는 한 번 정해지면 끝나는 것이 아니라 제시된 욕구가 해결되기까지 여러 단계별로 나눠서 수차례 설정될 수 있다. 통상 3개월 이내 재사정을 통해 다음 합의된 목표를 또 설정할 수 있다. 예를 들어 자기주장에 어려움을 갖고 있는 클라이언트의 경우 자기주장 향상을 위한 교육 참석(월 2회), 어려운 부탁 거절하기 연습(주 2회), 하루에 한 번 타인에게 요청하기, 일주간 자기표현일지 적기 등 단계별로 목표를 세울 수 있다,

목표는 장기 목표와 단기 목표로 세분화될 수 있다. 단기 목표는 늦어도 2~3주 안에 해결할 수 있는 목표가 되어야 한다. 가능한 주어진 기간 내에 클라이언트가 해 낼 수 있는 것에 초점을 둔다. 장기 목표는 궁극적으로 클라이언트가 희망하는 것으로 다소 추상적이고 바람직한 것이 될 수 있다. 여러 가지 단기 목표를 수행하면 장기 목표 달성에 가깝게 된다. 목표 수립은 구체적(specific)이고 측정 가능하고(measurable) 달성 가능하고(achievable) 주어진 자원을 통해 이루어질 수 있도록 현실적이며(realistic) 구체적인 시간(time framed)이 제시되어야 하며 강점에 근거한(strength-based) 것이어야 한다. 강점에 근거한 목표는 문제행동을 없애려고 하는 데 초점을 두기보다는 클라이언트가 할 수 있는 것, 조금이라도 잘하는 행동을 더 잘하도록 해서 클라이언트의 역량을 향상시키는 데 있다.

표 12-1. SMARTS 목표의 예

장기 목표	• 6개월 내, 진아양은 생활할 거주지를 마련하고 기본적인 생활이 안정적으로 유지될 수 있도록 필요한 기초수급자 신청 및 서비스를 제공한다. • 진아양은 6개월 이후 신체적, 심리적, 사회적으로 향상되고 생활의 만족도가 높아질 것이다.
단기 목표와 활동	• 진아양이 00푸드 뱅크의 긴급 음식지원을 받을 수 있게 한다. 이를 위해 모레까지 진아양과 함께 푸드 뱅크에 방문해 신청한다. • 진아양과 함께 기초수급자 신청을 하기 위해 6월 5일까지 동사무소 사회복지사를 찾아 면담한다. • 진아양은 6월에서 9월까지 3개월 동안 매주 2시간 00문화센터에서 실시하는 요가와 기타 수업에 참석하기로 동의하였다. 사례관리자는 매주 전화를 통해 참석 여부를 점검한다. • 6월 첫째 주까지 보건소에서 기본적인 건강검진을 한다. • 7월 이내로 정신보건센터에서 상담이 이루어질 수 있도록 사례관리자가 신청을 한다. • 사례관리사는 다음 면접일인 6월 1일까지, 진아양에게 폭력피해 및 아르바이트 가게의 임금체불과 관련된 법률 정보를 제공한다. 이를 위해 5월달 내로 법률 상담소와 연락해서 자문을 요청한다.

SMARTS 목적, 목표와 과업

- **구체적인**(Specific) : 목적, 목표, 과업은 클라이언트가 달성하고자 원하는 것을 구체시 하는가?
- **측정 가능한**(Measurable) : 목적, 목표, 과업이 달성가능한지를 측정할 수 있는가?
- **달성 가능한**(Achievable) : 목적, 목표, 과업이 달성하고 획득 가능한가?
- **현실적인**(Realistic) : 목적, 목표, 과업은 그들이 가진 자원 및 현실적 상황 안에서 달성할 수 있는가?
- **구체적인 시간 제시**(Time Framed) : 각각의 목적, 목표, 과업을 위한 구체적인 시간이 제시되는가?
- **강점토대**(Strength-based) : 목적, 목표, 과업을 달성하기 위해 클라이언트의 강점이나 건강한 면을 충분히 활용하는가?

4. 개별서비스 계획 단계의 양식 작성 지침 및 적용 예시

첫째, 개별계획은 사례관리자가 일방적으로 수립하는 것이 아니다. 클라이언트를 참여시켜 사례관리 과정 및 계획 단계에서 클라이언트가 원하는 삶을 위해 자신의 뜻과 생각을 구체화시키고 자원으로의 접근성을 위해 클라이언트의 역량을 증가시키도록 하는 것이다. 따라서 클라이언트로 하여금 사례관리의 목적을 제대로 이해하고 참여할 수 있도록 자발성과 책임성을 높이는 것이 중요하다.

둘째, '사례관리 사정기록지'를 기반으로 '개별서비스 계획지[1]'를 작성한다. 클라이언트가 이해 가능하도록 쉽고 구체적이고 실행 가능한 내용으로 구성한다. 또한 클라이언트 및 관련 기관들이 동의한 내용에 근거한다. '사정기록지'에서 제시된 욕구의 우선순위를 우선순위가 높은 것에서 낮은 순으로 다시 정렬한다.

셋째, 단기 목표는 2~3주 안에 해결할 수 있는 목표가 되어야 한다. 한 달이 넘어가면 클라이언트가 지치고 동기가 약해진다. 예를 들어 경제적으로 어려운 클라이언트가 취직을 원한다고 하자. 그러나 직장에 취직할 준비가 안 되어 있고 무엇을 하고 싶은지도 모르고 어떤 일을 해야 할지도 모른다고 말한다면 어떻게 해야 할까? 이런 경우에는 클라이언트의 상황과 관심에 따라 목표를 세분화시켜야 한다.

넷째, 목표는 상호작용적 관점에서 검토되어 작성되는 것이 필요하다. 경우에 따라 클라이언트와 가족 간의 욕구가 상이할 수 있고 어떤 경우에는 클라이언트 자신은 문제가 없고 상대방이 문제라서 자신이 할 수 있는 것을 없다고 회피하기도 한다. 이런 경우 일방적인 한 측의 목표 수립은 또 다른 갈등의 소지가 있으며 목표달성도 어려울 수 있다. 특히 자신에게 문제가 없다고 하는 경우에는 더욱 접근하기 어렵다. 이런 경우 상호작용적 관점에서 목표가 선정될 수 있도록 검토될 필요가 있다. 예를 들어 청소년의 욕구가 엄마가 잔소리를 하지 않았으면 좋겠다고 한다면 엄마의 잔소리를 적게

1) 본 책에서 제시한 개별서비스 계획지는 권진숙 외(2012)가 사용한 양식에 근거하였고 일부 수정하여 제시하였다. 또한 개별서비스 계획지의 용어 설명에서도 일부 내용을 인용하였다.

하도록 하기 위해 청소년인 자신이 할 수 있는 일이 무엇인지를 질문하는 것이 좋다. 이를 통해 청소년의 욕구도 충족시키면서도 부모와의 관계도 좋아질 수 있게 된다.

상호작용적 관점에서의 목표설정을 위한 면담(예시)

[아동·청소년과의 목표 설정 시]

사례관리자: "상황이 지금보다 조금 나아지기 위해 뭐가 달라져야 하죠."

아동: "엄마가 잔소리를 적게 해야죠."

사례관리자: "엄마가 잔소리하는 것이 무척 힘들구나."

"엄마가 잔소리를 적게 하려면 내가 어떻게 하는 것이 도움이 될까?"

(엄마가 기대하는 나, 엄마의 모습을 조명해야 한다.)

아동: "내가 게임을 조금만 하면 되겠죠."(클라이언트가 제시한 목표)

[어머니와의 목표 설정 시]

사례관리자: "어떻게 하면 아이가 엄마에게 잔소리를 듣는다고 생각하지 않으면서 행동을 다르게 할 수 있도록 하려면 엄마가 어떻게 할 수 있을까요?"

어머니: "그야. 내가 소리를 지르지 않으면 되겠죠?"(어머니가 제시한 목표)

※ 핵심은 엄마가 잘못했으니 반성하자고 하는 것이 아니라 아이로 하여금 잔소리를 듣는다는 느낌을 갖지 않도록 하면서 어머니가 원하는 결과를 얻도록 하는 방법을 강구하는 것이다. 해답은 당사자가 제일 잘 알고 있다.

다섯째, 문제행동을 줄이기보다는 새로운 행동을 하도록 하는 방식으로 목표를 세운다. 일반적으로 계획수립에 있어서는 문제행동을 감소시키거나 문제행동 중심으로 목표를 기술하는 경우가 많다. 생태체계적 관점에서 보면 인간이 하는 모든 행동에는 이유가 있다. 술을 많이 마시는 사람들에게 술은 해로운 것만 있는 것이 아니고 긍정적인 기능도 한다고 인식된다. "술을 먹어야 친구도 만나고 하루의 스트레스도 풀고 그동안 가슴에 묻어두었던 이야기를 할 수 있어 좋다", "술을 먹으면 잠시라도 괴로운 것을 잊을 수 있다", "통증을 잊는다" 등. 따라서 무조건 문제가 되는 행동을 참지 말라고 하기보다는 술을 통해서 해결하고 싶었던 욕구를 다른 유익한 방법으로 충족시킬 수 있도록 돕는다.

여섯째, 목표 달성 그 자체가 중요한 것이 아니라 목표를 달성하기 위해 클라이언트가 어떤 노력을 하는가가 중요하다. 예를 들어 우식이는 학교 밖 지원센터에서 하는 직장체험 프로그램에 10번 참석하기로 했는데 3번 결석하고 7번을 출석하였다고 하자. 대인기피증이 심한 우식이가 이 프로그램에 참석한 이유 중에는 직장체험 프로그램을 완료한다는 목표도 있지만 그보다는 사람들과 단절되어 무기력하게 지내던 우식이에게 조금의 동기를 부여하기 위한 목적이 크다고 하자. 그런 경우 10번의 출석이 중요한 것이 아니라 직장체험 프로그램에 참여해 사람들과 의미있는 시간을 나누고 새로운 경험을 얻기 위해 노력했는지가 더 중요할 수 있다.

클라이언트와 실천계획에 대해 충분히 의견을 나누고 협의해서 최종 실천계획을 수립한 후에는 다시 한 번 클라이언트 및 가족에게 사례관리 계획에서 다루어질 내용, 각 참여자의 역할과 책임에 대해 설명하고 조정, 수정되어야 할 내용이 없는지 확인하고 다른 특별한 사항이 없으면 이에 대한 계약서를 작성한다. 최종 체결된 계약서는 사례관리자와 클라이언트, 관련 참여 기관이 한 장씩 나누어 가진다. 수립된 '개별서비스 계획지'는 향후 클라이언트와 함께 계획의 실천 및 점검, 평가에 효과적으로 사용된다.

개별서비스 계획지(예시)

<table>
<tr><td rowspan="2">결
재</td><td>담당</td><td>사무국장</td><td>시설장</td></tr>
<tr><td></td><td></td><td></td></tr>
</table>

<table>
<tr><td>대상자명</td><td colspan="2">강수지</td><td>사례번호</td><td colspan="2">2015-54</td><td colspan="2">사례관리자</td><td colspan="2">최봄</td></tr>
<tr><td>일시</td><td colspan="2">2015.3.23</td><td>유형</td><td colspan="6">☑신규 □재사정</td></tr>
<tr><td colspan="10">서비스 계획</td></tr>
<tr><td rowspan="2">우선순위</td><td colspan="2" rowspan="2">제시된 욕구</td><td rowspan="2">합의된 목표</td><td rowspan="2">실천계획</td><td rowspan="2">빈도 (회/주)</td><td colspan="2">담당기관 (담당자명)</td><td rowspan="2">실천 기간</td><td rowspan="2">평가</td></tr>
<tr><td>내부</td><td>외부</td></tr>
<tr><td rowspan="2">1</td><td colspan="2">성매매를 도와주던 오빠가 내 이름으로 핸드폰을 여러 회사에서 개통해 미납금이 200만 원이 나왔어요.</td><td rowspan="2">명의 도용에 대한 법적 문제를 해결한다.</td><td>명의도용의 구체적 상황 및 신고 절차를 파악한다.</td><td>상시</td><td>청소년, 쉼터 담당자</td><td>법률 자문 기관</td><td>15.3.25 ~ 3.29</td><td rowspan="2">□달성 (정도:) □연장 □재사정</td></tr>
<tr><td>욕구의 심각성</td><td>개입 전(8)/ 개입 후(5)</td><td>명의도용 신고 및 절차를 진행한다.</td><td>상시</td><td>청소년, 쉼터 담당자</td><td>법률 자문 기관, 경찰서</td><td>15.4.1 ~ 5.1</td></tr>
<tr><td rowspan="2">2</td><td colspan="2">잠이 잘 안 오고 슬퍼요. 죽고 싶어요. 가출기간 중 가출팸 식구들에게 집단 성폭행을 당했는데 아무에게도 말할 수 없었어요.</td><td rowspan="2">정신과 치료를 받는다</td><td>정신과 외래진료를 위해 동행서비스를 실시한다.</td><td>월 1회</td><td>자원 봉사자</td><td></td><td rowspan="2">15.3.27 ~ 15.4.5</td><td rowspan="2">□달성 (정도:) □연장 □재사정</td></tr>
<tr><td>욕구의 심각성</td><td>개입 전(8)/ 개입 후(3)</td><td>인근에 청소년 전문병원을 물색한다.</td><td>주 1회</td><td>쉼터 담당자</td><td>정신 보건 센터 직원</td></tr>
</table>

3	살이 많이 쪄서 고민이에요. 외모 때문에 자꾸 자신감이 없어져요. 문신을 지우고 싶어요.		체중 조절 및 건강 관리를 한다.	시설에서 지하철까지 걸어간다.	상시	청소년		15.3.23 ~ 15.4.31	□달성 (정도:) □연장 □재사정
	욕구의 심각성	개입 전(8)/ 개입 후(5)		성형외과에 문의해서 문신제거에 대해 상담, 시술한다.		청소년	성형외과 전문의	15.4.1 ~ 15.4.31	
				콜라, 햄버거 등 인스턴트 음식을 적게 먹는다.	주 1회	청소년		15.3.23 ~ 15.4.31	
4	가족들이 나를 힘들게 해요. 아버지는 알코올 및 도박에 빠져 있고 보호관찰 중인 동생은 사고를 쳐서 합의금을 내야 한다고 하고 엄마는 허리가 아파서 힘들어해요		가족들이 건강하게 지낼 수 있도록 방안을 찾아 본다.	부모님 치료비가 지원될 수 있도록 동사무소에 요청한다.		청소년	동사무소 사회복지사	15.4.3 ~ 15.4.10	□달성 (정도:) □연장 □재사정
	욕구의 심각성	개입 전(8)/ 개입 후(5)		보호관찰 중인 동생의 문제를 알아보기 위해 보호관찰관 및 법률자문을 요청한다.		청소년, 동생	보호관찰관	15.3.26 ~ 15.3.29	
				지역복지관에서 어머니를 위한 돌봄 서비스가 제공될 수 있게 한다.	주 1회		복지관 사회복지사	15.4.3 ~ 15.7.31	
4	쉼터에서 동생들과 사는 것이 힘들어요. 선생님들이 나를 차별하는 것 같아요		쉼터 식구들과의 관계가 개선되도록 한다.	쉼터생활에서 불만스러운 부분을 해소하기 위해 가족회의시간에 다룬다.	매주 1회	쉼터 담당자		15.3.25 ~ 15.4.31	□달성 (정도:) □연장 □재사정
	욕구의 심각성	개입 전(8)/ 개입 후(5)		선생님과의 갈등을 해소하기 위해 개별상담시간을 갖는다.	매주 1회	쉼터 담당자		15.3.23 ~ 13.4.31	

<table>
<tr><td rowspan="3">5</td><td colspan="2">퇴소 기일이 다가오는데 살 집이 없어서 걱정이에요. 집에 가긴 싫어요</td><td rowspan="3">쉼터 퇴소 후 생활에 대해 준비한다.</td><td>퇴소 후 어떻게 지낼 것인지 계획을 수립한다.</td><td>매주 2회</td><td>청소년, 쉼터 담당자</td><td></td><td>15.3.25 ~ 15.4.31</td><td rowspan="3">□달성 (정도:)
□연장
□재사정</td></tr>
<tr><td rowspan="2">욕구의 심각성</td><td rowspan="2">개입 전(8)/ 개입 후(5)</td><td>퇴소 후 살 집을 알아본다.</td><td></td><td>청소년, 쉼터 담당자</td><td>LH 공사, 동사무소 사회복지사</td><td>15.4.1 ~ 13.6.31</td></tr>
<tr><td>돈관리를 위해 경제교육을 받는다. 가계부를 작성한다.</td><td>매주 2회</td><td>청소년, 쉼터 담당자</td><td></td><td>15.3.25 ~ 15.4.31</td></tr>
</table>

상기와 같은 서비스 제공 및 이용에 동의하며, 계획된 목표를 성취하기 위해 적극적으로 참여하고 협력할 것을 상호 약속합니다.

성명: 강수지 (인) 후견인: 없음 (인)/관계________(인)

사례관리자: 최봄 (인)

출처: 양식은 권진숙 외(2012)의 양식을 기본으로 하되 일부 내용은 수정·보완하였다.
사례내용은 청소년기관에서의 사례를 개별서비스 계획지에 맞게 재구성하여 제시하였다.

Chapter 13

실행 단계

1. 실행 단계의 목적

실행 단계는 서비스 계획을 실제 행동화해서 당초 계획한 목표가 현실화될 수 있도록 하는 것이다. 이 단계는 계획 단계에서 구상한 내용들이 실제 클라이언트에게 제대로 적절하게 제공될 수 있도록 다양한 기관과 협력하며 직접적(상담, 교육, 구체적인 활동, 연계, 의뢰) 및 간접적 서비스(점검 및 조정)를 행한다.

계획이 실제 실행되는 과정에서는 클라이언트의 상황이 변화하거나 서비스 제공기관의 변화 등 여러 가지 변수와 우여곡절이 생긴다. 사례관리자는 이러한 과정에서 직접 서비스를 제공할 수도 있고 클라이언트의 서비스에로의 접근성을 높이기 위해 새로운 자원을 발굴하기도 하고 옹호, 조정, 대변 등의 역할을 수행하면서 서비스 과정을 관리하고 유지한다.

일반적으로 실행 단계는 대부분의 서비스에서 필수적으로 행해지는 단계이다. 그러나 사례관리에서는 클라이언트가 단지 제공된 서비스를 받는 수동적인 대상이 아니라 자신에게 맞는 서비스가 이루어지도록 적극적으로 참여하고 적절한 책임을 부담하도록 한다는 점에서 큰 차이가 있다.

Part III
사례관리의 실제

2. 실행 단계의 주요 과업

1) 계획의 이행

클라이언트 및 여러 서비스 주체들과 계약한 개별서비스 계획을 구체적으로 실천한다. 계획수립 단계에서 클라이언트가 스스로 실천하겠다고 약속한 것을 주도적으로 행동화할 수 있도록 지지, 지원한다. 따라서 클라이언트의 참여를 고취시키고 계획대로 꾸준히 실천하고 유지하게끔 돕는다. 즉, 실무자가 아닌, 클라이언트가 개별서비스 계획을 실천할 수 있도록 동기를 고취, 유지시키는 것이 중요하다. 계획을 실행에 옮기는 초기 과정에서부터 클라이언트가 작지만 성공의 기쁨을 경험하는 것이 중요하다.

2) 직접적 서비스 제공

직접적 서비스는 사례관리자가 직접 클라이언트에게 행하는 서비스를 의미한다. 즉, 심리적 지지 및 상담, 교육, 활동지원, 연계, 의뢰 등이 해당된다. 심리적 지지 및 상담은 클라이언트가 적극적으로 참여할 수 있도록 심리적 안정을 갖도록 하고 동기를 부여하고 필요한 상담을 행하는 것을 의미한다. 교육 및 정보제공은 문제해결과 관련해 클라이언트에게 필요한 정보를 제공하거나 기술을 가르쳐주는 것을 말한다. 예를 들어 약물이나 술의 부작용, 부모-자녀 의사소통 기술 등에 대해 교육하거나 건강이나 법률, 사회복지서비스 정보 등을 제공하는 것이다. 활동지원은 클라이언트에게 필요한 서비스 제공이나 활동이 행해지도록 지원하는 것을 뜻한다. 예를 들어 법원 동행서비스, 문화활동 지원 등이 해당된다. 연계는 클라이언트의 욕구에 맞는 서비스를 지역에서 찾아 연결시켜 주는 것이다. 의뢰는 클라이언트가 필요한 서비스를 받을 수 있도록 기관에 클라이언트를 소개하는 것이 해당된다.

직접적 서비스 제공에 있어서는 사례관리자 요인이 매우 중요하다. 만약 사례관리자가 특정 가치를 중요하게 생각하고 있거나 비합리적 신념이나 인지적 왜곡을 가지고 있는 경우, 클라이언트에게 사례관리의 문이 제대로 열려질 수 없다. 예를 들어 성실을 최고의 가치로 생각하는 사례관리자의 경우에는 매일 일하러 가지 않는 클라이언트를 불성실한 사람으로 쉽게 판단할 수 있다. 또는 성매매여성은 결코 결혼을 해서는 안 된다는 비합리적 신념을 가진 사례관리자의 경우에는 남자친구와의 결혼 문제를 고민하는 성매매피해여성에게 적절한 상담을 하기 어렵다. 따라서 사례관리자는 사례관리자 개인의 요인(생각, 신념, 가치, 경험 등)이 서비스의 장애물이 되지 않도록 계속적으로 스스로를 성찰하는 것이 필요하다.

3) 간접적 서비스 제공

간접적 서비스는 사례관리자가 클라이언트가 아닌, 클라이언트를 둘러싼 환경에 영향을 미쳐 이들 환경이 클라이언트에게 바람직하게 작용하도록 하는 것이다. 여기에는 점검(또는 모니터링), 조정 및 재조정 등이 해당된다.

점검은 개별서비스 계획에서 제시된 내용이 계획대로 잘 실행되고 있는지, 실행에 영향을 미치는 클라이언트 및 서비스 제공기관 등에 새로운 변화나 장애물이 있는지 주기적, 지속적으로 체크하는 것이다. 이것은 지향한 바가 잘 달성될 수 있도록 하기 위한 것이지 상대 기관이나 상대 서비스 담당자를 감시, 평가하는 것이 아니다. 위압적인 태도로 점검하는 것이 아니라 협력자의 자세를 갖는 것이 중요하다.

조정은 개별서비스 계획의 점검과정에서 생기는 여러 가지 변화 및 문제점, 장애요인 등에 적극적으로 대처해서 서비스가 적절하게 실행, 유지되어 당초 계획한 방향으로 원만하게 달성할 수 있도록 지원하는 것을 의미한다. 한 마디로 당초 계획한 것이 조화롭게 진행될 수 있도록 여러 참여 기관을 조율하는 것이다. 경우에 따라 당초 계획과 달리 돌발변수가 생겨 서비스 진행에 차질이 생길 수 있다. 특정 기관이나 서비스 담당자에게 갑자기 문제가 생겨 서비스가 지연 또는 중단될 수 있고 서비스 제공자와 이용자 간에 갈등이 생겨 원활한 진행이 되지 않을 수도 있다. 이런 경우 관련 기관들과 협의해 역할을 재조정하거나 보완 또는 대체하거나 심지어는 새로운 자원을 투입해 서비스가 계속되도록 한다. 이러한 조정이 원만하게 이루어지기 위해서는 사례관리자는 클라이언트, 서비스 제공 기관들, 지역자원들 사이에서 끊임없이 상호작용하며 이들 주체 간의 소통이 원활히 이뤄지고 협력할 수 있도록 촉진한다.

4) 과정기록지 작성

사례관리뿐만 아니라 클라이언트 지원과 관련해 행해진 모든 업무는 과정기록지에 기록되어야 한다. 과정기록은 개입한 시간에 따라 기록하되 6하 원칙에 의거해 간략하면서도 서비스 진행사항이 명확히 드러날 수 있어야 한다. 경우에 따라 클라이언트에 대한 기록은 법적 분쟁 시 제출 자료가 되기도 하며 사례관리자를 보호해 줄 수 있는 근거 자료가 될 수 있으므로 충실히 기록해야 한다.

5) 재사정 및 자료 업데이트

실행 단계에서 발견된 새로운 정보는 사정 및 개별서비스 계획에 주기적으로 반영되어야 하며 이 경우 클라이언트에게 알리고 동의를 얻는다. 재사정은 가능한 3개월마다 이루어지는 것이 바람직하다. 만약 중요한 변화가 생겨 사례관리에 반영되어야 하면 더 빨리 실시할 수도 있다. 재사정에서는 지금까지 클라이언트의 변화와 진전을 사정하고 사례관리 목표달성의 방해요인을 구체시한다. 클라이언트의 강점과 욕구를 재평가하기도 한다. 이를 통해 서비스 또는 서비스 수준이 적절한지, 클라이언트에게 또 다른 서비스를 제공해야 하는지를 판단한다. 재사정이 끝나면 새롭거나 수정된 내용에 맞춰 개별서비스 계획을 수정한다. 그 외 관련된 자료들을 업데이트한다.

사례관리의 실행과 유지

클라이언트와 사례관리자 간의 파트너십은 실행 단계에서도 계속된다. 이 과정에서는 청소년에게 권한과 책임을 나누는 분업이 필요하다. 약속시간에 맞춰 나가도록 하고 훈련에 참여하도록 하는 것과 같이 자신이 할 수 있는 일들을 하도록 한다. 사례관리자는 서비스의 조정과 지속성을 유지하고 청소년으로 하여금 주도권을 갖고 능력을 개발할 기회를 제공한다. 이 관계는 역동적이고, 유동적이며 때때로 엄격하게 때때로 성가신 잔소리가 될 수도 있다. 그러나 이 모든 것에는 클라이언트에 대한 존중이 바탕이 되어야 한다.

사례관리자는 클라이언트가 당면한 문제를 구체시하도록 돕고, 문제를 서비스 니드로 전환시키고, 각각에 우선순위를 부여한 후에, 클라이언트가 선택할 수 있도록 여러 가지 서비스를 제시한다. 그리고 사례관리자와 클라이언트는 각각의 서비스와 선택이 클라이언트의 욕구에 맞는지를 토론한다.- 즉 각 기관의 평판, 자격기준, 필수요건, 요금, 클라이언트가 서비스를 이용하는데 소용되는 시간의 양, 기관 위치 등.

일단 클라이언트가 취사선택을 하면, 단계별로 서비스 절차를 설명한다. 책임성을 보장하기 위해, 사례관리자는 클라이언트와 간단히 약속한 후에 다시 클라이언트와 서비스 제공기관 모두와 접촉해야 한다. 클라이언트와 사례관리자는 클라이언트의 다음 단계가 무엇인지, 클라이언트의 실행을 위해 사례관리자가 어떻게 지지할 수 있는지, 서비스 계획의 변경이 요구될 수 있는지 여부를 결정해야 한다. 이런 과업들은 문서화되어야 하며 서비스 계획의 일부이다.

클라이언트가 프로그램에 성공적으로 배치된 이후 사례관리자는 서비스 계획대로 클라이언트의 니드가 충족될 수 있도록 하기 위해 계속 배치된 서비스에 대해 모니터링해야 한다. 만약 클라이언트가 서비스를 완료한다면 서비스 계획에 따라 다음 단계로 자연스럽게 이동할 수 있게 해야 한다. 반대로 당초 계획한 것이 달성하지 못한다면 사례관리자는 서비스기관들과 서비스 계획을 검토하고 조정하는 시간을 갖는다.

서비스 실행에 있어 책임성과 예측성은 서비스 제공 간의 의사소통에 따라 좌우된다. 가능한 한 관련된 다양한 서비스 제공자들과 정규적인 모임이 있어야 하고 대면적 접촉을 하는 것이 필요하다. 이들과 문제가 무엇인지 명확히 하고 어떤 일들이 진행되어 있는지를 공유하고 어떤 변화를 기대하는지를 명확히 해야 한다. 사례회의(case conference)는 지속적인 돌봄을 위한 핵심이다

실행 단계에서도 파트너십, 예측성, 책임성, 존중은 유지되어야 한다. 이것들은 청소년으로 하여금 서비스 계획을 완수하고 다른 서비스에 어떻게 접근하는지를 배우고 전문가 개입 없이 자신의 삶을 주도적으로 살 수 있는 힘을 기르게 해준다.

3. 실행 단계의 주요 기술

1) 점검 기술

첫째, 사례관리자는 서비스 이용자와 제공자와 계속 접촉해서 서비스 과정을 점검(모니터링)해야 한다. 이것은 전 서비스 과정 동안의 계속적인 작업이다. 서비스 과정을 관찰하고 이용자나 주요한 타자로부터 피드백을 받고 사례회의를 통해 서비스 제공자로부터 구두 또는 서면상의 투입을 받는 것 등이 모두 해당된다.

둘째, 서비스 이용자나 참여자들에 대한 정기적인 점검(모니터링)은 서비스 계획의 영향을 사정하게 하고 이를 통해 문제를 조기에 발견하고 협의할 수 있도록 한다. 모니터링 빈도는 서비스 형태, 서비스 이용자의 욕구 및 참여수준, 서비스 제공기간에 따라 달라질 수 있다. 사례관리 초기 단계에는 서비스 이용자와 제공자 간의 관계를 고려해, 좀 더 잦은 모니터링이 필요하다.

셋째, 모니터링 동안 서비스 제공자 간에 클라이언트 욕구 및 구체시된 이슈에 대한 대응, 전문직 간 문화와 가치 차이 등으로 인해 불일치가 일어날 수 있다. 이 때 사례관리자가 외부 서비스 제공자와 맺은 관계의 질과 네트워크 정도는 다양한 전문직의 문화를 이해하고 관련된 긴장을 해소하는 데 도움을 줄 수 있다.

넷째, 모니터링 기록은 누가, 어떤 대상에 대해 언제, 무엇을 모니터링했는지, 그 결과는 어떠한지, 향후 수정·보완해야 할 것이 무엇인지 등을 간략하게 작성한다.

2) 과정기록 작성

첫째, 과정기록(progress notes)은 사례관리자가 인테이크 이후 클라이언트와 함께 상호작용한 전 과정을 기록하는 것이다. 여기에는 클라이언트를 위해 사례관리자가 실시한 모든 개입내용 즉, 직접적 및 간접적 개입내용이 포함되어야 한다. 또한 실천과정 중 클라이언트의 반응, 변화는 물론 클라이언트를 둘러싼 환경에 대한 내용도 포함된다.

둘째, 좋은 과정기록은 사례관리자가 없더라도 동료가 기록을 보고 클라이언트가 목표를 달성하도록 돕기 위한 다음 단계를 쉽게 찾을 수 있어야 한다. 설사 클라이언트가 기록을 읽는다고 해도 존중받는다는 느낌이 들 수 있도록 작성되어야 하며, 상호작용에 대한 사례관리자의 객관적인 평가에 동의할 수 있어야 한다.

셋째, 과정기록의 형식은 다양할 수 있는데 본 책에서는 SOAPD 형식의 기록을 소개하고자 한다. 과정기록에는 주로 주관적인 평가, 객관적인 평가, 상황 및 개인의 사정, 계획, 새로운 정보 등이 포함된다. 구체적인 적용의 예는 아래와 같다.

과정기록 형식

S = 주관적인 평가, 주로 강점을 관찰한다

O = 상호작용에 대한 객관적 평가

A = 상황/개인의 사정

P = 계획(구체적인 목표에 따른 진전)

D = 데이터/수집된 새로운 정보

과정기록의 예

<S=주관적 평가>

나는 3월 8일에 쉼터에 가서 황선군을 만났다. 쉼터로 온 이후 3일 내내 잠만 잤다고 하는 황선군의 얼굴에서 옅은 미소가 보였다. 밥이 맛있어 하루에 5끼나 먹었다고 하는 말 속에 쉼터에서 어느 정도 안정감을 찾고 있음을 알 수 있었다. 계속된 부의 학대와 방임, 힘든 거리생활 등으로 인해 몸과 마음이 피폐해질 수 있음에도 불구하고 황선군은 알코올중독인 아버지와 동생을 걱정하였다. 또한 불쑥 쉼터로 아버지가 찾아와 행패를 부리면 어떻게 하냐는 말 속에 안전에 대한 불안감과 걱정이 있음을 알 수 있다.

<O=객관적 평가>

황선군은 불규칙한 식사, 영양 부족 등으로 몸무게가 또래 학생들에 비해 월등히 작으며 간혹 기침을 심하게 하고 있어 결핵검사, 건강검진 등이 필요하다. 아버지는 알코올중독으로 00중독센터에서 약을 복용하고 있고 2년 전에는 1년간 입원치료를 받은 적이 있다. 몇 달 전 일하던 곳에서 동료들과 싸운 뒤 일을 나가지 않은 후 집에서 술 마시는 일이 늘어났다고 한다. 황선군은 학교를 다니지 않은 지 3주 정도 되었으며 작년 11월에도 무단결석이 많아 학교에서 청소년기관에 의뢰해 특별교육을 받은 적이 있다. 올 봄 학교에서 2~3명의 친구로부터 괴롭힘을 당한 이후 가끔 숨이 막히는 듯하고 잠이 잘 오지 않고 학교가기가 싫어졌다고 하였다. 초등학교 6학년 때도 또래친구들로부터 지속적인 괴롭힘을 당한 적이 있었다. 1년 전에도 학대신고로 아동학대예방센터에서 나온 적이 있었지만 아버지가 완강히 거부해서 2~3회 정도 만나고 그 이후에는 별 도움을 받지 않았다고 한다.

<A=사정>

황선군은 부적절한 양육, 학대 및 방임, 학교폭력 피해경험 등에 오랫동안 노출되어 신체적, 정신적, 사회적 어려움이 있다. 장기 무단결석으로 학업이 중단될 어려움에 있고 안전하게 지낼 주거가 필요하다. 주양육자인 아버지는 다시 알코올중독의 위험에 노출되어 자신의 건강은 물론 자녀를 양육하기 어려운 실정이므로 조속한 개입이 필요하다. 아버지와 살고 있는 여동생도 건강하지 않은 양육환경으로 인해 위험에 노출될 우려가 있다.

<P=계획>

- 3월 9일 보건소에 가서 건강검진을 할 예정이다.
- 이번 주 내로 아동학대예방센터에 가서 학대신고 및 상담을 받을 예정이다.
- 3월 10일 동사무소 전담공무원과 함께 황선군의 집을 방문해 아버지와 면담을 할 예정이다.
- 3월 11일 황선군과 함께 학교를 찾아가 담임을 면담할 예정이다.
- 3월 9일 알코올중독센터에 전화해 아버지의 상황에 대해 알리고 조치를 요청할 예정이다.
- 학교폭력 피해에 대해서 법률자문을 받고자 하였으나 황선군이 조금 더 시간을 가졌으면 좋겠다고 하여 다음으로 연기되었다.

<D=데이터/수집된 새로운 정보>

- 동사무소 전담공무원으로부터 황선군의 어머니가 5년 전에 집에서 자살하였다는 사실을 알게 되었다.

좋은 과정기록을 위한 팁

- 작성 전에 무엇을, 어떻게 기록할 것인지 먼저 생각한다.
- 구체적인 활동이나 개입이 있은 후 바로 기록한다.
- 가능한 구체적으로 작성한다.
- 날짜와 작성자, 정보제공자를 정확히 적는다.
- 서비스 목표를 염두에 두고 클라이언트가 어떻게 약속을 이행하는지, 어떤 변화가 이루어지고 있는지를 알 수 있도록 기록한다.
- 객관적인 사실과 주관적인 생각을 잘 구분해서 기록한다. 사례관리자의 주관적 생각은 사례관리자의 생각임을 분명히 밝힌다.
- 과정기록은 클라이언트의 개별 파일에 잘 포함해서 둔다. 수기로 적은 것이나 필요한 관련 자료들은 함께 첨부해서 보관한다.

3) 계획대로 실행이 잘 되지 않을 때

사례관리자는 실행 단계에서 클라이언트들이 사례관리 목표에서 설정한 과업을 완성하도록 촉진한다. 이를 위해 클라이언트와 지지자에게 체계와 서비스에 대해 교육을 하기도 하고 방해물을 극복하도록 지지, 옹호, 협상하기도 한다. 또한 클라이언트들의 진전과 서비스 전달을 지속적, 주기적으로 모니터링한다.

그러나 계획대로 실행이 되지 않을 때가 종종 있다. 이런 경우 실행이 잘 되지 않는 원인을 파악하는 것이 필요하다. Rothman과 Sager(1998)에 따르면 사례관리 실행에 부정적 영향을 미치는 요인으로 클라이언트의 낮은 동기, 저항과 참여 부족, 느슨하게 설정된 목표, 관련 기관들의 협력 부족, 시간 부족과 업무에 대한 압력 등을 제시하였다. 클라이언트의 동기가 낮거나 저항이 있다면 동기를 높이고 저항을 낮추는 개입이 필요하다. 또한 목표는 클라이언트가 원하는 것이 맞는지, 달성하기 어려운 목표는 아닌지 재검토해야 한다. 기관의 협력이 잘 이루어지지 않는다면 장애요인은 무엇인지, 담당자 및 기관 측의 애로점은 무엇인지 파악하고 거기에 맞는 조치가 필요하다.

사례관리 실행에 부정적 영향을 미치는 요인

- 클라이언트의 낮은 동기
- 느슨하게 설정된 목표
- 클라이언트의 저항
- 클라이언트의 참여 부족
- 관련된 기관의 비협력
- 시간의 제한
- 업무에 대한 압력

출처: Rothman과 Sager(1998)

4) 자살위험이 있는 클라이언트에 대한 개입[1)]

첫째, 자살위험과 관련된 기본적인 이해를 먼저 하여야 한다. 자살유발 요인들은 매우 다양하다. 정신병적인 문제를 가진 젊은 사람들의 자살위험 요인을 중심으로 살펴보면 남성인 경우, 독신인 경우, 우울 및 절망, 약물남용, 실업이나 사회적 고립 등 환경적 위험이 있는 경우, 최근 의미있는 사람을 상실한 경험, 자살을 시도한 경험이 있는 경우, 가족 중에 자살을 시도한 사람이 있는 경우 등이다. 또한 최근 병원에 입원이나 퇴원을 하였거나 자기 파괴적인 명령형 환청(누군가 자기보고 죽어라고 하는 소리가 들린다고 하는 경우)이나 자신은 죽지 않는다는 망상과 환각, 피해망상 등을 가진 경우도 해당된다.

둘째, 자살위험에 대해 평가한다. 자살위험에 대한 평가는 인테이크에서부터 시작하여 사례관리 매 단계마다 중요하게 검토되어야 한다. 자살의 의도나 계획, 시도가 있는지 등의 내용을 직접적으로 묻고 확인한다. 이때 정서적 고통에 대해 경청, 공감하는 자세를 유지해야 한다.

1) 이 부분은 정신보건센터(2013)의 내용 중 일부를 발췌하여 재인용 및 수정한 것이다.

표 13-1. 자·타해의 위험을 알기 위한 질문

자해(self harm)	타해(harm to others)
자살시도를 한 경험이 있는가?	당신의 최근 문제의 책임이 특정한 사람이나 집단에 있다고 생각하는가?
자해를 하도록 하는 목소리를 들은 적이 있는가? 있다면 정확히 어떤 내용인가?	처벌받아 마땅한 가해자가 있는가?
현재 그 명령에 저항할 수 있는가?	타해의 욕구를 일으키는 목소리를 경험하는가? 그 목소리는 정확히 어떤 내용인가?
현재 상당히 우울하다거나 죽고 싶은 생각을 하고 있는가?	그 목소리에 따라 행동을 하려는가? 막을 수 있는 것은 무엇인가?
최근 정신과적인 진단을 받거나 병원에서 퇴원한 적이 있는가?	타해를 행할 계획을 갖고 있는가?
혼자 살고 있거나, 도움을 줄 여력이 없는 사람과 살고 있는가?	타해의 계획을 실행에 옮기기 위해 준비해 둔 방법이나 무기가 있는가?
결과를 예상하지 않고 충동적으로 행동하는 경향이 있는가?	결과를 예상하지 않고 충동적인 행동을 한 적이 있는가?

출처: 정신보건센터(2013)

셋째, 예방을 위한 사전교육을 실시한다. 현재는 뚜렷한 자살위험 징후가 없다 하더라도 대상자 및 가족에게 사전교육을 제공하는 것은 매우 중요하다. '회복의 과정 중에 누구나 죽고 싶은 생각이 들 수 있다'라는 안내는 추후 자살의 위험과 마주했을 때 대상자 및 가족으로 하여금 조금이나마 침착하게 대처할 수 있도록 돕는다. 따라서 사례관리자는 자살예방을 위한 기본적인 지식을 습득해야 하며 대상자와 가족에게 적절한 교육을 제공할 수 있도록 준비해야 한다. 자살예방을 위한 기본적인 교육 내용은 크게 다르지 않으나 대상에 따라 강조하는 부분이나 초점을 두는 부분은 다소 달라질 수 있다.

표 13-2. 대상자별 자살예방교육 내용

대상	중점적인 교육내용
초발 정신질환자	• 회복 단계에 따른 위기상황 • 회복기에 나타날 수 있는 이차 이환과 자살의 위험성 • 자살위기 대처방법 • 자살위기에 연락할 수 있는 지지체계 마련 – 도움 요청을 위한 자원리스트 만들기 – 응급 시 24시간 이용 가능한 상담전화 활용방법
가족 및 친구	• 대상자에게 제공한 교육내용을 동일하게 제공 • 자살위기에 따른 징후 파악하기 • 일차적으로 자살위험성을 평가할 수 있는 의사소통 방법 • 가족 및 친구에 대한 정서적 지지
사례관리자	• 자살에 대한 기본적인 이론 • 자살상담에 대한 기본원칙 • 자살위험성 평가방법 • 자살 위기개입에 대한 대처전략 및 자원의 자세한 파악

* 출처: 정신보건센터(2013)의 내용을 일부 수정하여 제시하였다.

넷째, 병의 진행 단계에 따른 자살의 위험성을 고려한다. 정신병적인 문제를 가진 사람들은 병의 진행단계에 따라 특정한 이유로 자살위기에 처할 수 있다. 사례관리자는 조금 더 민감하고 주의 깊게 회복과정에 따라 자살위기에 대해 평가해야 한다. 예를 들어 정신병 증상이 출현하기 직전인 전구기는 혼란스러움과 뭔가 변한 것 같은 느낌을 우울감으로 인지하는 경우가 많으며 이는 자살사고로 이어진다. 급성기에는 환청이나 혼란스러운 증상으로 인한 자·타해 문제가 발생할 가능성이 있다. 회복기에는 정신질환자라는 낙인과 수치심, 수행능력의 저하로 인한 직장과 학업 곤란, 가족이나 친구관계 상실 등으로 이차 이환의 발생과 함께 자살의 위험성이 증가할 수 있다.

이차 이환

이차 이환(Secondary morbidity)이란 정신병적 삽화의 직접적인 결과로 추가적인 문제가 일어날 경우를 말한다(Edward & McGorry, 2002). 정신병에서 회복되는 과정에 있는 사람들은 다음과 같은 동반 이환 증후군을 보일 수 있다.

- 외상 후 스트레스 장애
- 우울증
- 사회공포증
- 불면증
- 물질 오용
- 강박장애
- 공황장애

* 출처: 정신보건센터(2013)

이러한 이차 이환을 최소화하거나 개선하도록 하기 위해서는 다음과 같은 사항들이 고려되어야 한다.

- 가능한 한 입원보다는 외래치료를 유지하여 발달과제를 수행할 수 있게 한다.
- 입원이 필요할 경우 입원으로 인한 이득, 입원과정에서 발생할 수 있는 문제, 향후 치료계획 및 방향 등에 대해 충분히 설명할 수 있도록 한다.
- 비자의적인 입원으로 협조가 불가능한 경우라 하더라도 위협적인 상황은 최소화한다.
- 주치의와 유기적이고 협력적인 관계를 유지한다.
- 증상 변화에 따라 적절한 약물치료가 이루어지도록 한다.
- 자살위험성 및 이차이환에 대해 보고함으로써 필요한 약물처방이 이루어지도록 한다.
- 부작용에 대한 세심한 관찰과 보고를 통해 부작용을 최소화한다.

☞ **자세한 사항은 다음과 같은 자료 등을 참고하기 바란다.**

- 서울시자살예방센터. 2007. 「정신보건전문가를 위한 지역사회 위기관리」.
- 서울시자살예방센터. 2010. 「자살 및 정신질환 위기관리 프로토콜」.
- 서울시자살예방센터. 2010. 「자살위기개입 핸드북」
- http://suicide.blutouch.net/서울시자살예방센터홈페이지

5) 정신건강상의 문제로 약물관리를 받는 클라이언트에 대한 개입

사례관리를 하다 보면 정신건강상의 문제로 병원에서 치료를 받았거나 받고 있는 클라이언트를 만나게 된다. 클라이언트의 건강한 사회복귀 및 재발방지를 위해 사례관리자가 알아두어야 할 내용을 정리하면 다음과 같다. 이 부분은 정신보건센터(2013)의 내용을 일부 발췌하여 재인용 및 수정하여 제시하였다.

첫째, 초발 정신질환자의 대부분이 치료 초기에 상당한 증상 호전을 보이지만 대부분은 약물치료의 중단으로 재발을 경험하고 만성화의 길로 접어든다. 증상 회복과 원활한 사회복귀를 위해 지역사회 사례관리는 매우 중요한데 그중에서도 정신과 약을 복용하는 클라이언트에게는 약물관리를 잘 하도록 하는 것이 중요하다.

둘째, 약물과 관련해 초발 정신질환자와 만성환자의 차이를 이해하는 것이 필요하다. 초발 정신질환자는 처방된 약물에 대해 불안감이 높고 경미한 부작용에도 민감하다. 또한 약물의 부작용 등으로 인해 약물 조정이 종종 이루어지지만 약물 변경에 거부감이 그다지 크지 않다. 만약 불규칙하게 약을 복용하면 쉽게 증상 변화가 생긴다. 만성 정신질환자는 장기간 약을 복용해 왔기 때문에 약에 대해 익숙하거나 무관심하다. 약의 부작용을 어느 정도 감수하고 불규칙하게 약을 복용해도 재발하는 데 시간이 걸린다.

셋째, 클라이언트 및 가족들에게 약물치료에 대한 교육을 행한다. 종종 초발 정신질환자 및 가족들은 약물 부작용은 없는지, 정신과 환자라고 낙인을 받아 불리한 상황에 놓이지는 않을지, 평생 약물을 복용하고 살아야 하는지 여러 가지 걱정과 두려움을 가질 수 있다. 약물복용과 관련된 정확하지 않는 정보와 왜곡된 생각들은 약물치료를 방해하게 된다. 따라서 약물치료에 대한 정확한 교육을 제공하는 것이 필요하다. 교육내용에는 회복의 과정과 재발예방을 위한 약물치료의 원칙, 치료약물의 종류 및 특성, 약물의 효과, 발생가능한 부작용 및 대처방법, 약물치료에 대한 긍정적인 태도, 치료과정에서의 환자의 권리와 의무를 알 수 있도록 해야 한다(정신보건센터, 2013).

넷째, 약물관리 및 부작용에 대한 관리가 필요하다. 클라이언트가 정기적으로 치료를 받고 있는지, 약물을 규칙적으로 잘 복용하고 있는지를 점검해야 한다. 혹시 부작용이 생기지는 않았는지 점검하고 정기적으로 건강상태를 확인하는 것이 필요하다. 클라이언트가 질병이나 약물복용과 관련된 어려움을 호소할 때는 최대한 관심과 지지를 해 줄 필요가 있다. 예를 들어 '입이 마른다', '하루 종일 기분이 처지고 멍한 것 같다', '체중이 자꾸 늘어난다' 등을 호소할 수 있다. 이때 정신과 약 때문에 어쩔 수 없다고 대수롭지 않게 여기거나 참아야 한다는 식으로 대응한다면 클라이언트는 자신이 존중받지 못하다는 느낌을 가질 수 있다. 언제부터 그랬는지, 어떤 증상인지, 어떨 때 심하고 덜한지 등도 물어보고 고통스런 사항에 관심을 가져야 한다.

다섯째, 정신의료기관과의 협력이 필요하다. 필요한 경우 사례관리자는 클라이언트의 병원치료에 동행해 담당의사와 관계를 형성하는 것이 필요하다. 일단 관계가 형성되면 전화나 이메일 등으로 정보를 공유할 수 있다. 사례관리자는 클라이언트가 면담에서 건강과 관련해서 호소한 내용, 생활에서 드러난 증상이나 부작용, 약물 복용 상태, 최근 생활에서의 주요 에피소드 등에 대해 의료진과 정보를 공유한다. 클라이언트의 약물관리를 위해 필요한 의료적 조치나 정보를 의료진과 공유함으로써 클라이언트의 사회복귀를 도울 수 있다.

6) 긍정적 변화나 진전이 없을 때

어떤 경우에는 열심히 서비스를 제공했는데도 클라이언트의 변화가 잘 나타나지 않고 무기력하고 참여도 잘 하지 않는 경우가 있다. 이럴 때 사례관리자는 자신이 무능력한 것이 아닌지 자책감과 소진을 느끼고 클라이언트에게 서비스를 계속 제공하는 것이 맞는지 회의를 느끼기 쉽다.

클라이언트가 변화할 수 있는 부분도 있지만 변화하지 못하는 것도 있다. 예를 들어 하반신 미비가 왔다면 하반신을 다시 사용할 수는 없는 것이다. 다만 하반신 기능을 대신할 휠체어나 활동보조인의 도움을 받으면서 생활할 수 있다. 즉, 모든 것이 변화 가능한 것은 아니라는 인식이 필요하다. 신체적인 손실이 아니라 지능지수와 같은 정신적인 손상으로 회복이 어려운 경우도 있다. 그러나 변화가 일어나지 않는 것이 아니라 천천히 일어나기 때문에 사례관리자나 클라이언트가 알아차리지 못하는 경우도 있다. 따라서 변화를 체크할 수 있어야 하고, 변화하지 못하는 것을 구분하는 관점이 필요하다. 변화는 한순간에 점프하듯이 나타난다. 그러니 잘 하고 있는지 의심하지 말고 전진하고 있다는 확신과 소신이 필요하다(대전광역시장애인부모회·대전광역시장애인가족지원센터, 2012).

클라이언트의 삶이 지금보다 조금 더 나아지기 위해서는 두 가지 측면을 고려해 볼 필요가 있다. 하나는 클라이언트가 스스로 변화의 필요성을 느끼고 변화를 시도하는 것이다. 또 다른 하나는 클라이언트를 둘러싼 환경이 먼저 변화해서 클라이언트에게 도움이 되는 적절한 환경을 마련하고 힘을 가질 수 있도록 북돋아주는 것이다. 이 중 어느 것이 먼저 되어도 상관없다. 만약 클라이언트가 주체적으로 변화를 시작할 준비가 되어 있지 않거나 그럴 힘이 갖추어지지 않았다면 클라이언트에게 먼저 변화하고 노력하라고 할 것이 아니라 클라이언트가 살고 있는 주변 환경이나 기관, 지역사회가 클라이언트가 살기 좋은 환경으로 먼저 변화하도록 시도할 수 있다. 어느 쪽이든 변화가 일어나면 그 영향은 클라이언트에게 전달된다.

7) 더 이상 해줄 것이 없을 때

클라이언트가 요구하는 것을 해주고 싶어도 지역사회 내에 자원이 없거나 자원이 있어도 오래 기다려야 하는 경우, 또는 사례관리자가 더 이상 해줄 것이 없을 때 이제는 더 이상 사례관리 자체가 필요 없다고 생각하기 쉽다. 그 결과 시설로 보내거나 병원에 보내기로 결정하는 경우가 있다. 그러나 이 또한 클라이언트와 함께 풀어나가야 하는 과제이다. 먼저 클라이언트에게 있는 그대로 이야기하는 것이 필요하다. 현재의 상황에 대한 설명을 하고 몇 가지의 대안을 충분히 설명해 준다. 더 이상 사례관리자가 해줄 수 있는 것이 없는데, 우리가 함께 어떻게 하면 좋을 것인지에 대하여 협의한다.

또 다른 한편으로는 클라이언트가 필요로 하는 자원을 창의적으로 개발하는 것에 대한 숙고와 노력이 필요하다. 클라이언트 환경체계 변화를 위한 노력이 필요할 수 있다. 이때 사례관리자는 제공자의 관점이 아니라, 클라이언트의 관점에서 더 이상 필요한 것이 없는지 파악하는 것이 필요하다. 예를 들어 보호자가 없는 지적장애인을 시설에 보내기 전에 지역사회 내에서 살아갈 수 있도록 환경을 변화시킬 수 있는 가능성은 없는지 숙고하는 것이 필요하다. 이러한 일련의 과정은 클라이언트와 함께 생각하고 함께 결정하고 함께 공감하는 노력이 필요하다(대전광역시장애인부모회·대전광역시장애인가족지원센터, 2012).

8) 받아오던 서비스를 거부할 때

일반적으로 사람들은 타인의 도움을 받기보다는 타인에게 도움이 되길 원한다. 따라서 사회적 서비스를 받는 사람들은 언제든 중단하고 싶어 한다. 이것은 사례관리자와의 관계의 질과는 무관하다. 서비스를 받고 있는 사람이 서비스를 거부하는 것은 희망적인 신호일 수도 있고 그렇지 않을 수도 있다. 이를 분별하는 것이 필요하다. 즉, 사례관리자가 불필요하게 죄책감이나 자신의 책임으로 전가할 것이 아니라 서비스 거부에 대한 이유를 보다 명확하게 알아보는 것이 중요하다.

기능이 어느 정도 나아졌거나 문제가 어느 정도 해결되는 등 자연스런 과정으로 서비스를 거부할 경우에는 이를 자연스럽게 받아들이는 것이 필요하다. 서비스 전·후로 어떤 변화와 발전이 이루어졌는지, 클라이언트가 어떤 노력을 하였는지를 확인하는 작업을 통해 클라이언트가 임파워먼트될 수 있도록 돕는다. 또한 언제든지 도움이 필요하면 다시 만날 수 있다는 점도 재확인시키는 것도 필요하다. 특히 다시 도움을 요청하는 것이 실패가 아님을 알리는 것이 필요하다(대전광역시장애인부모회·대전광역시

장애인가족지원센터, 2012).

부정적인 이유로 서비스를 거부할 때는 여러 가지 시도를 행해보는 것이 필요하다. 사전에 미리 서비스를 거부할 수 있다는 점을 먼저 알리는 것이 필요하다. 예를 들면 "지금까지 해왔던 방식과 다르게 산다는 것은 쉬운 일이 아닙니다. 그리고 서비스를 거부하고 싶은 생각이 들 수 있습니다. 어떤 선택을 하든 당신은 당신의 삶에 가장 도움이 되는 것을 선택할 수 있어요. 만약 서비스를 그만두고 싶다는 생각이 들면 미리 그 점에 대해 의논할 수 있었으면 좋겠네요"라고 말할 수 있다.

필요한 경우 클라이언트의 가까운 지인들에게 이러한 상황을 알리고 도움을 요청할 수 있다. 그 밖에도 이메일, 카카오톡, 밴드, 문자 등 클라이언트가 크게 저항하지 않는 방법들을 활용해서 필요할 때 연락을 주고받는 창구를 마련하는 것도 고려해야 한다(대전광역시장애인부모회 · 대전광역시장애인가족지원센터, 2012).

서비스의 거부가 보내는 여러 가지 신호

"제가 지금 힘들어요, 더 고통스러워요. 견디기 어려워요."
"서비스 과정 중에서 그다지 존중받지 못하는 것 같아요."
"내가 바라던 서비스가 아니에요, 저는 다른 것을 원해요."
"이제 힘이 생겼으니 독립적으로 지내고 싶어요."

출처: 대전광역시장애인부모회 · 대전광역시장애인가족지원센터, 2012.

9) 적정 수준의 동기 유지를 위한 기술

클라이언트가 도움이 필요하여 실무자를 찾아와서 원조과정이 시작되면 문제해결을 위한 강한 열망과 동기를 가진다. 이러한 동기가 원조과정에서 증진되거나 적어도 유지될 수 있도록 하기 위해서는 개입의 잠재력에 관한 믿음을 표현하거나 클라이언트의 강점을 인식시키거나 예상되는 부정적 결과를 인식시키는 등의 방법을 통해 동기를 유지시킬 수 있다.

개입의 잠재력에 관한 믿음의 표현기술	이것은 전문적 개입이 도움이 될 것이라는 실무자의 믿음을 전달하는 것이다. 이는 클라이언트에게 현실적인 희망을 준다. 예) W: "당신이 말한 문제는 심각한 것입니다. 나는 당신이 왜 압도되어 있는지 이해할 수 있습니다. 하지만 우리가 함께 노력해서 그 문제를 한 번에 하나씩 해결해 나간다면 당신은 이 문제를 성공적으로 다루어 나갈 수 있습니다. 쉽지는 않겠지만 다음 몇 주간 우리는 신선해 갈 수 있을 것이라고 생각합니다."
클라이언트 강점을 인식시키는 기술	이것은 어려운 상황에 대처하고 특정한 과제를 해결할 수 있는 클라이언트의 능력에 대한 확신을 전달하는 것이다. 예) W: "당신은 전에도 이 문제에 부딪친 적이 있고 어떻게든 견뎌 왔습니다. 저는 당신이 그저 상황을 피하고 싶어하는 건 잘 압니다만 당신은 지적인 사람이고 당신이 해결책을 찾을 수 있다고 믿습니다."
부정적인 결과를 지적하는 기술	이것은 부정적인 결과를 피하기 위해서는 변화가 필요하다는 것을 클라이언트에게 상기시키는 언급을 말한다. 예) W: "우리가 처음 만났을 때 당신은 신용카드에 너무 많은 빚을 져 당황하고 있었죠. 지난 달 동안 우리는 당신의 낭비벽을 조절하는 데 실제적인 진전을 가져왔습니다. 지금 당신은 매우 비용이 많이 드는 휴가를 이야기하고 있어요. 과거의 습관으로 빠져드는 게 아닌지 걱정이 되는군요."

출처: 남미애·윤숙자(2013)

10) 문제해결을 위한 기술

효과적인 지원은 단지 클라이언트의 문제나 상황을 이해하는 것 이상이어야 한다. 클라이언트는 사례관리과정을 통해 의사결정을 하고 적절한 행동을 취할 수 있도록 격려된다. 새로운 행동을 시도하고 익숙지 않은 과제에 도전해야 하는데, 클라이언트에게 이것은 두려운 것일 수도 있다. 이럴 때 문제해결을 돕기 위해 사례관리자는 직면, 저항 다루기, 정보 제공, 해석, 지지 기술, 재명명 기술, 예외질문, 기적질문, 대처질문, 척도질문 등을 사용할 수 있다. 이와 관련된 구체적인 내용은 부록을 참고하기 바란다.

4. 실행 단계의 양식 작성 지침 및 적용 예시

1) 과정기록지 작성[2)]

첫째, 과정기록지는 사례관리자가 클라이언트를 지원하기 위해 인테이크에서 부터 사후관리까지 과정에서 행한 모든 서비스에 대해 기록하는 것이다. 과정기록은 시간순에 따라 순차적으로 기록하며 제반 서비스 내용을 총체적으로 파악할 수 있도록 해야 한다.

둘째, 행정업무를 가중시키지 않도록 하기 위해 가능한 중복된 기록은 삼가고 기록의 전산화를 포함해 간소화시키는 방안을 마련하는 것이 필요하다. 기관에 따라 별개의 서비스 대장이나 세부 일지를 작성하는 경우에는 실행된 제목만이라도 기록해서 필요한 경우 관련된 서류를 쉽게 찾을 수 있도록 하는 것이 좋다. 기존에 사용하던 전산 프로그램 내 서비스 일지 또는 상담일지를 기록하고 있다면 그것으로 대체할 수 있다. 단 중복으로 여러 번 기록하는 것은 피하는 것이 좋다.

셋째, 사례관리의 과정기록지에는 사례관리자가 클라이언트에 대해 직접 행한 직접 서비스 이외에도 클라이언트가 속한 내·외부 환경이 클라이언트에게 적합한 서비스나 지원을 행할 수 있도록 행한 연계, 정보제공, 협의, 조정, 점검 등 일체의 모든 내용이 포함된다. 기록은 SOAP형식으로 육하원칙에 의거해 구체적으로 기록한다.

넷째, 구체적인 작성방법이다. 과정기록지의 구분에는 클라이언트에게 제공되는 서비스 형태가 직접 서비스인지 간접 서비스인지를 적는다. 예를 들어 기관 내 사례관리팀 이외의 부서, 타 기관이나 조직 등이 제공한 서비스. 미술치료, 방과 후 교실, 병원진료, 자원봉사자의 방문 등은 간접 서비스에 해당된다. 접촉방법은 전화, 내방, 방문, 메일, 문자 등 서비스의 실행을 위해 행한 방법을 기입한다. 접촉대상은 서비스의 실행을 위해 접촉한 사람으로 클라이언트, 가족 및 친척, 서비스 기관담당자, 지역사회자원 등이 해당된다(권진숙 외, 2012: 206-207).

2) 본 책에서 제시한 과정기록지는 권진숙 외(2012)가 사용한 양식에 근거하였고 본 책의 목적에 맞게 일부 수정하여 제시하였다. 또한 과정기록지의 용어 설명에서도 일부 내용을 인용하였다.

과정기록지(예시)

등록번호	2015-54	대상자	강수지	사례관리자	최봄

일시	구분	접촉 방법	접촉대상	내용	소요 시간	기타
2015. 3. 5	직접	내방	강수지	일시쉼터 실무자에 의해 의뢰됨. 명의도용 및 미납금 문제, 가정폭력 및 성폭력 문제, 주거문제 등이 확인됨	2시간	상담 기록부 참조
2015. 3.6	직접	입소	강수지	쉼터에 입소함. 입소생활 안내 및 방 배치		
2015. 3.7	간접	//	강수지	3일간 초기적응프로그램 실시	3일	
2015. 3.8	간접	방문	보건소	보건소에서 간단한 검사 실시	2시간	
2015. 3.10	직접	면담	강수지	사정을 위한 개별면담	45분	
2015. 3.11	간접	전화	일시쉼터 실무자	클라이언트에 대한 정보파악 및 요청사항 세부적 검투	30분	
2015. 3.11	간접	전화	보건소	건강검진 결과에 대해 통보받음	5분	
2015. 3.13	직접	면담	강수지	사정을 위한 개별면담	60분	
2015. 3.15	직접	//	강수지	사정을 위한 개별면담	40분	
2015. 3.15	간접	전화	정신보건센터	강수지의 정신적 문제에 대한 자문	55분	
2015. 3.16	직접	방문	강수지, 정신과	강수지와 정신과 진료	2시간	
2015. 3.17	직접	면담	강수지	정신과 진료에 대한 부담감 표현	2시간	
2015. 3.17	간접	면담	자원봉사자	정신과 진료 동행서비스 요청	2시간 30분	
2015. 3.21	간접	전화	의사협회	문신제거 서비스 제공 기관 탐색	30분	
2015. 3.20	간접	전화	법률자문기관	명의도용 문제 및 미납금에 대해 상담 및 자문	20분	
2015. 3.23	직접	방문	정신과	정신과 상담(자원봉사자 동행서비스)	2시간	
2015. 3.23	간접	전화	의사협회	문신제거 서비스 제공 기관에 대한 답변	10분	
2015. 3.23	직접	면담	강수지	시설에서 지하철까지 걸어가도록 하고 인스턴트 음식을 적게 먹는다. 이에 대한 매일 일지를 작성함.	15분	
2015. 3.23	간접	면담	쉼터직원	쉼터담당자와의 관계개선을 위한 상담이 이루어지도록 함	40분	

일시	구분	접촉 방법	접촉대상	내용	소요 시간	기타
2015. 3.25	직접	방문	강수지, 법률자문기관	클라이언트와 찾아가 명의도용 문제와 신고 절차에 대해 파악함	60분	
2015. 3.25	직접	회의	쉼터식구	가족회의를 개최, 규칙문제를 다룸	60분	
2015. 3.25	직접	면담	강수지	퇴소 계획 수립을 위한 면담	60분	
2015. 3.26	직접	방문	강수지, 경찰서	경찰서에 가서 명의도용 문제 및 미납금 문제에 대한 신고	2시간	
2015. 3.26	간접	전화	보호관찰관	클라이언트 동생에 대한 자문	20분	
2015. 3.27	직접	방문	강수지, 보호관찰관	클라이언트 동생을 위한 면담	60분	
2015. 3.28	직접	방문	강수지, 법률자문기관	클라이언트 동생을 위한 면담	2시간 30분	
2015. 3.28	직접	면담	강수지	퇴소 계획 수립을 위한 면담	50분	
2015. 3.29	간접	전화	지역경제 교육기관	경제교육 진행에 대한 협의	25분	
2015. 3.30	직접	방문	정신과	정신과 상담(자원봉사자 동행서비스)	2시간	
2015. 3.30	직접	면담	강수지	일지 작성 검토	15분	
2015. 3.30	간접	면담	쉼터직원	쉼터담당자와의 관계개선을 위한 상담이 이루어지도록 함	35분	
2015. 4.1	직접	방문	강수지, 성형외과	문신제거와 관련한 상담을 함	1시간	
2015. 4.1	간접	전화	LH공사	퇴소 후 살 임대주택에 대한 문의	15분	
2015. 4.2	직접	회의	쉼터식구	가족회의를 개최, 규칙문제를 다룸	60분	
2015. 4.3	직접	방문	강수지, 법률자문기관	클라이언트와 찾아가 명의도용 문제 진행과정에 대해 의논함	40분	
2015. 4.3	간접	방문	동사무소	주거지원에 대한 문의	30분	
2015. 4.4	직접	면담	강수지	퇴소 계획 수립을 위한 면담	30분	
2015. 4.4	간접	전화	복지관	클라이언트 어머니의 돌봄서비스 제공에 대한 자문	15분	
2015. 4.5	간접	전화	동사무소	클라이언트 부모 치료비 지원 가능성에 대한 문의	15분	
2015. 4.5	간접	면담	쉼터직원	쉼터담당자와의 관계개선을 위한 상담이 이루어지도록 함	45분	
2015. 4.6	직접	면담	강수지	일지 작성 검토	15분	

일시	구분	접촉 방법	접촉대상	내용	소요 시간	기타
2015. 4.6	직접	방문	강수지, 동사무소	동사무소 사회복지사 방문해서 부모 치료비 지원에 대한 상담	45분	
2015. 4.7	직접	방문	정신과	정신과 상담(자원봉사자 동행서비스)	2시간	
2015. 4.7	직접	면담	강수지	퇴소 계획 수립을 위한 면담	50분	
2015. 4.11	직접	면담	강수지	퇴소 계획 수립을 위한 면담	30분	
2015. 4.9	직접	회의	쉼터식구	가족회의를 개최, 규칙문제를 다룸	60분	
2015. 4.10	직접	방문	복지관	클라이언트 어머니의 돌봄서비스 제공에 대한 신청	60분	
2015. 4.13	직접	방문	정신과	정신과 상담(자원봉사자 동행서비스)	2시간	
2015. 4.13	직접	면담	강수지	일지 작성 검토	15분	
2015. 4.15	직접	방문	강수지, 성형외과	문신제거 시술 받음		
2015. 4.15	직접	방문	LH공사	임대주택 신청	2시간	
2015. 4.15	간접	교육	지역경제 교육기관	경제교육 실시	60분	
2015. 4.20	직접	방문	정신과	정신과 상담(자원봉사자 동행서비스)	2시간	
2015. 4.20	직접	면담	강수지	일지 작성 검토	15분	
2015. 4.26	간접	교육	지역경제 교육기관	경제교육 실시	60분	
2015. 4.27	직접	방문	정신과	정신과 상담(자원봉사자 동행서비스)	2시간	
2015. 4.29	간접	전화	법률자문기관	클라이언트와 찾아가 명의도용 문제 진행과정에 대해 의논함	15분	
2015. 4.28	간접	전화	동사무소	부모 치료비 지원에 대한 경과 보고	20분	

출처: 양식은 권진숙 외(2012)의 양식을 기본으로 하되 일부 내용을 수정하였다.
사례내용은 청소년기관에서의 사례를 과정기록지에 맞게 재구성하여 제시하였다.

Part III 사례관리의 실제

2) 서비스 의뢰서 작성[3)]

첫째, 서비스 의뢰서는 사례관리자가 사례관리 과정 중 클라이언트의 욕구를 충족시키거나 목표를 달성하기 위해 외부 기관에서의 적합한 서비스를 연결하고자 할 때 사용한다.

둘째, 서비스 의뢰가 필요하다고 판단될 경우 1차적으로 사전에 클라이언트에게 의뢰의 필요성을 설명하고 의뢰과정에서 제공될 정보에 대해 어느 수준까지 공개할 것인지에 대해 합의하고 동의를 구한다. 지역사회 자원을 검토해서 클라이언트를 의뢰할 적합한 기관이나 자원을 파악하고 잠정적으로 해당 기관의 담당자와 의뢰에 대해 충분히 의견을 나누고 향후 제공될 서비스에 대해 구두로 합의를 한다.

셋째, 클라이언트와 상대 기관과 충분히 합의가 이루어지면 의뢰서를 작성, 전달한다. 의뢰서의 전달은 협조문이나 공문을 첨부하여 공식적으로 전달한다. 서비스 의뢰서의 원본은 해당 기관에 전달하고 사본은 본 기관에서 보관한다. 또한 사례관리 과정 기록지에 의뢰서 전달을 간단히 기록한다.

넷째, 구체적인 작성방법이다. 사례요약에는 서비스 의뢰와 관련해서 사례관리 대상자의 욕구 및 현재 상황, 합의된 목표, 실천계획 등 클라이언트를 총체적으로 이해하는 데 도움이 되도록 간단히 요약된다. 즉, 사례에 대한 불필요한 조사 및 사정을 피하고 설정된 목표를 공유하게 한다. 의뢰내용에는 상대 기관에 대해 의뢰 이유와 어떤 서비스를 필요로 하는지 가능한 구체적으로 기록한다. 필요한 경우 서비스 빈도 및 내용, 방법 등을 구체적으로 명시할 수 있다. 이 외에도 클라이언트와 관련된 자료를 함께 보낼 수 있다(권진숙 외, 2012: 208-209).

3) 본 책에서 제시한 서비스 의뢰서는 권진숙 외(2012)가 사용한 양식에 근거하였고 일부 수정하여 제시하였다. 또한 서비스 의뢰서의 용어 설명에서도 일부 내용을 인용하였다.

서비스 의뢰서(예시)

기관: 00	담당자: 김00 사무국장 귀하

사례번호	2016-013	성명	최○○	성별/나이	여/17
주소	○○시○○구○○동			전화번호	042-000-0000
후견인 성명	(관계)			전화번호	
입소기간	2개월			담당자	강○○
사례 요약	위 사람은 가출 이후 성매매를 하다 경찰에 적발되어 위기교육센터에서 교육을 받은 후 본 ○○시설에서 2개월째 보호를 받고 있습니다. 아버지는 ct가 3세 때 어머니와 이혼, 재혼, 이혼을 반복하다 현재는 교도소에서 5년 복역 중이며 친할머니가 초등학교 1학년 때부터 양육하다 현재는 치매로 노인요양시설에 입원 중입니다. 본 시설에 입소 후 어느 정도 심리적 안정을 찾고 고향으로 내려가 학교에 다시 복학할 의지도 있지만 퇴수 후 돌아갈 가정이 없어 미래생활에 대한 걱정을 하고 있습니다. 현재 복학준비를 위해 1:1 학업지원을 받고 있으며 아버지가 출소한 뒤 함께 살고자 하는 의지가 있습니다.				
의뢰 내용	성매매 진입 초기에 발견되어 자신의 행동에 대해 반성을 많이 하고 장래를 위해 보다 안정적인 생활로의 복귀 및 대학입학에 대한 의지도 높습니다. 친구들이 있고 평소 보살펴주시는 목사님이 계신 고향에서 학교를 다니고 싶은 생각이 큽니다. 00청소년이 희망하는 00시에서 아버지가 출소할 때까지 안전하고 편안하게 생활할 수 있도록 입소를 부탁합니다.				
첨부내용	사례관리 사정지, 개별서비스 계획지, 청소년동의서				

본 기관의 대상자가 보다 건강하고 안정된 생활을 영위하도록 지원하기 위해
위와 같이 입소를 의뢰하오니 협조하여 주시기 바랍니다.

2016년 6월 5일

00청소년지원시설

담당자: 강00

연락처: 000-0000

출처: 양식은 권진숙 외(2012)의 양식을 기본으로 하되 일부 내용은 수정·보완하였다.
사례내용은 청소년기관에서의 사례를 서비스 의뢰서에 맞게 재구성하여 제시하였다.

3) 사례관리 보고서 작성

첫째, 사례관리 보고서는 사례의 진행사항 보고, 서비스의 조정 및 점검, 협의, 수퍼비전 등 다양한 목적으로 내부 사례회의, 통합사례회의, 솔루션위원회 등에 사례를 보고할 때 행해진다.

둘째, 보고 내용은 보고의 목적이나 보고대상에 따라 다소 달라질 수 있는데 일반적으로는 사례에 대한 개략적 소개(클라이언트의 의뢰 이유, 가족력, 가계도, 생태도, 클라이언트의 욕구, 사정 내용 등), 지금까지의 개입 내용, 클라이언트의 변화, 향후 계획, 사례회의에서 논의되었으면 하는 사항 등이 포함된다.

셋째, 사례관리 보고에서의 클라이언트 정보공개와 관련된 사항은 초기 인테이크 시 동의서 내용에 포함되도록 한다. 사례보고에서도 클라이언트 정보 보호 및 사생활 보호와 관련된 부분은 최대한 보호될 수 있도록 주의한다.

넷째, 사례관리 보고 후 회의에서 논의되어진 내용들이나 권고사항들은 잘 정리해서 사례관리 보고서에 첨부하여 보관하며 과정기록지에도 사례보고가 있었음을 간단히 기록한다. 사례관리의 경우 기존의 사례보고서 양식을 같이 사용할 수도 있고 사례관리 보고서라는 명칭으로 따로 구분된 양식을 사용할 수 있다.

사례관리 보고서(예시)

<table>
<tr><td>사례번호</td><td>2015-54</td><td rowspan="2">상담방법</td><td rowspan="2">□현장방문 ☑내방
□전화 □사이버
□기타( )</td></tr>
<tr><td>사례관리자</td><td>최봄</td></tr>
<tr><td>상담일시</td><td colspan="3">2015년3월5일 (오전/오후) : ~ :</td></tr>
<tr><td>성명</td><td>강수지(19세)</td><td>성별</td><td>☑여성 □남성</td></tr>
<tr><td>학력</td><td>중 자퇴</td><td>경제상태</td><td>■일반 □차상위 □ 수급자</td></tr>
<tr><td rowspan="2">연락처</td><td colspan="3">전화 :</td></tr>
<tr><td colspan="3">이메일 :</td></tr>
<tr><td>주소</td><td colspan="3">대전 동구 용운동 00번지</td></tr>
</table>

1. 사례 개요

1) 의뢰경위

청소년일시쉼터 실무자에 의해 의뢰됨. 아웃리치에서 발견된 가출청소년이 명의도용 및 미납금 문제, 가정폭력 및 성폭력에 대한 정서적 문제, 주거문제를 가지고 있어 지원이 필요하다고 의뢰됨

2) 개인력

- **유아기:** 큰 아들의 사망으로 오랫동안 임신이 되지 않다가 원치 않는 임신이 됨. 뒤늦게 임신인 줄 안 어머니는 결혼생활이 어려운 때라 낙태를 생각하기도 하였고 출산 후 산후우울증으로 매우 고생하였다고 함. 아이는 정상체중으로 건강하게 태어났지만 모유가 잘 나오지 않아 고생했다고 함. 출산 이후부터 계속 집안 사정이 좋지 않고 부부관계도 좋지 않은 상태에서 클라이언트 출생은 그다지 환영받지 못하였다고 함.
- **아동기:** 아버지의 잦은 외도와 혼자서 생계를 맡아온 어머니로 인해 아동기는 혼자 지내거나 이집 저집 맡겨 지내는 경우가 많았다고 함. 어렸을 때부터 다른 사람의 집에 살면서 눈칫밥을 많이 먹고 컸다고 함. 이모집에 몇 년간 살 때는 조카들 사이에서 놀림도 당하고 구박도 많이 받았다고 함. 동생을 잘 돌보고 동생과는 사이가 좋음. 성적은 좋지 않았지만 학교 가는 것을 좋아하고 친구들과 잘 어울려 지냄. 노래 부르고 춤추기를 좋아하고 달리기도 잘 해서 학교대표로 나가 수상을 한 적도 있다고 함. 초등학교 2학년 선생님이 학교생활을 많이 챙겨주고 돌봐주심.
- **청소년기:** 대부분의 집안일이나 어린 동생을 돌보는 것은 클라이언트가 함. 가족에 대한 애착이 강하고 가정에서 엄마와 같은 역할을 함. 친구들 사이에는 활발하고 따르는 친구들이 많음. 부부불화와 부의 폭력으로 인해 가출을 여러 번 한 뒤 중3 때 학교를 자퇴함. 아버지와의 갈등이 증폭되면서 아버지에게 심하게 맞은 후 집을 나간 후 계속 바깥에서 지냄. 가출한 친구들과 어울려 혼숙을 하

Part III 사례관리의 실제

기도 하고 가출팸을 만들어 지내기도 함. 식당, 주유소, 택배 아르바이트도 하였고 선배의 소개로 유흥업소에서 일하면서 임금 착취와 성매매 강요 등의 피해를 당한 적도 있이 있음. 외모에 관심이 많고 옷이나 액세서리 사는 것을 좋아하고 쉽게 돈을 벌지만 친구들이 빌려달라고 하면 주기도 하고 돈을 떼이기도 해서 돈 관리가 잘 되지 않음. 사귀던 남자친구와 성관계 후 임신이 되어 낙태한 적이 있음. 집에서는 직장에서 일하는 것으로 알고 있음.

3) 가족력

- **아버지**(50세): 시장에서 야채가게를 하다 번 돈으로 식당을 크게 차린 후 큰 돈을 벌긴 하였지만 사기를 당해 돈을 날리고 이후 노래방, 치킨가게 등을 시도하는 가운데 빚이 늘어났음. 계속되는 사업실패를 한방에 만회하겠다고 집을 나간 뒤 도박을 하고 다른 여자와 동거함. 가난에 시달린 동거녀가 도망을 간 뒤 다시 집으로 되돌아오긴 했지만 술과 흡연으로 건강은 매우 나빠졌고 폭력적인 행동을 보임. 자존심이 강하고 자신은 이렇게 지낼 사람이 아니라며 허황된 욕심을 갖고 있음. 주변에서 권유하여 다른 가게에서 일하기도 하였지만 싸우거나 문제를 일으켜 그만두는 일이 많음
- **어머니**(49세): 폭력적인 가정에서 살다가 16살에 가출해 식당을 전전하며 많은 고생을 하며 지냄. 일하던 동네에서 자주 부딪히는 종업원(지금의 남편)과 함께 술을 먹은 것이 계기가 되어 임신을 하게 됨. 그 이후 지금까지 부부로 살게 됨. 갑작스런 임신으로 인해 동거를 시작해서 서로가 어떤 사람인지 모르는 채 결혼생활이 시작되었지만 큰 아들을 출산 후까지는 남편과 사이가 좋았으며 남편도 매우 성실하게 일을 하였다고 함. 그러나 큰 아들(8살)이 교통사고로 사망한 이후 부부는 큰 슬픔과 좌절에 빠졌고 그 이후 남편은 폭음과 도박, 외박을 하기도 하고 성격이 매우 난폭하게 변했다고 함. 연이은 남편의 사업실패와 가출, 외도, 폭력, 생활고에 시달리면서 이혼판정을 받았지만 아이들 장래 때문에 취소하여 지금까지 자녀들과 함께 살아왔음. 3년 전부터 집 나간 남편이 들어와 함께 살고 있지만 일은 하지 않고 술만 마시고 게임이나 하고 방탕한 생활을 하고 있다고 함. 권위적이고 이기적인 남편과 성격이 맞지 않아 갈등과 마찰이 점점 늘어남. 남편이 없는 동안 일하면서 자녀를 양육해 왔지만 오히려 그때가 더 나았다는 생각이 든다고 함. 2년 전 일하던 식당에서 음식 배달을 하다가 무면허 오토바이와 부딪혀 허리를 다친 이후 지금까지 자유롭게 움직이지 못하고 집에서 지냄.
- **남동생**(16세): 초등학교 때까지 특별한 문제없이 잘 지냄. 온순하고 내성적인 성격으로 일하러 나간 엄마 대신 주로 클라이언트인 누나가 돌봄. 아버지와 함께 살면서 아버지에게 폭언 및 폭력을 당하는 경우가 많았고 아버지와 갈등이 증폭되면서 친구들과 어울려 집에도 늦게 오고 학교에 결석하는 날이 많아짐. 작년 학교 친구들과 폭력이 있은 후 학교폭력 가해자가 되어 소년원에서 지내다 두 달 전 퇴소하였고 현재 보호관찰 중임. 감정표현을 잘 하지 않고 욱하는 성격임. 어렸을 때 아버지와 떨어져 살아 아버지에 대한 기억이 전혀 없고 아버지와 적대적인 관계임. 누나인 Ct를 따름.

4) 가족관계

- **부부관계**: 성격차이와 남편의 폭력으로 인해 결혼생활이 평판하지 않은 상태임. 어머니는 자식을 위해 남편이 있어야 한다고 참고 살지만 스트레스만 많음. 아버지는 강한 어머니의 성격과 잔소리가 괴롭다고 함. 술을 안 먹고 싶지만 집에 들어오면 짜증이 난다고 함.
- **부모-자녀관계**: 어린 시절 아버지의 오랜 부재로 인해 아버지와 자녀들과의 관계는 매우 형식적이고 끈끈한 정이 없다고 함. 특히 아버지의 폭력으로 인해 클라이언트는 물론 남동생도 아버지와는 적대적 관계임.
- **형제관계**: 클라이언트는 동생을 엄마 대신으로 돌보고 챙기고 있음. 동생도 누나 말은 잘 듣고 서로 의지하는 관계임

5) 가계도와 생태도

가계도	생태도
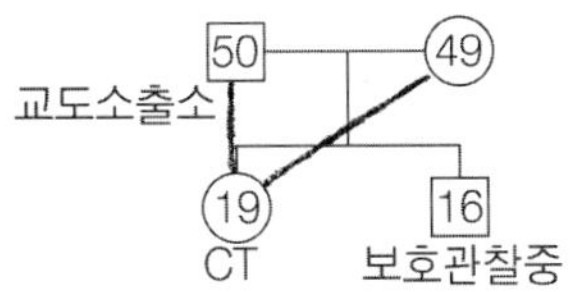	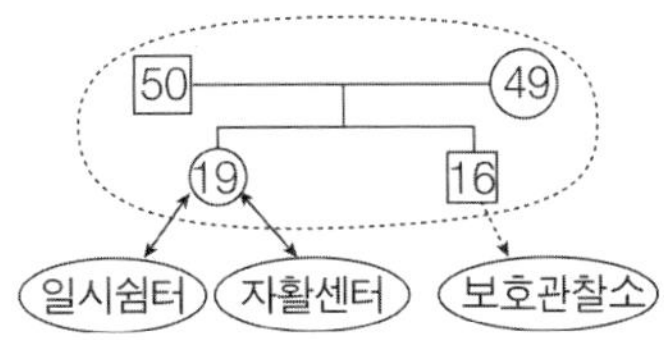

6) 욕구와 합의된 목표

① 제시된 욕구

- "가출해서 알던 오빠가 내 이름으로 핸드폰을 개설해서 미납금이 200만원이나 나왔어요. 가슴이 꿍 내려앉고 너무 걱정이 되어요."
- "잠을 푹 자지 못하고 먹으면 소화가 잘 안돼요. 어쩔 땐 기분이 착 가라앉아 죽고 싶다가도 어떨 땐 들떠서 남들이 이상하다고 해요. 정신과에서 주는 약을 먹으면 멍해서 일을 할 수 없어요."
- "체중이 많이 늘어 고민이에요. 다이어트를 하지만 매번 실패해요. 팔에 있는 문신을 지우고 싶어요. 성매매 했다는 사실이 평생 따라다닌다고 들었어요. 일하러 가면 매번 파스를 붙일 수도 없고."
- "나도 대학생이 되어 캠퍼스를 거닐고 싶어요. 나도 평범한 대학생처럼 데이트도 하고 남자친구도 만나고 싶어요. 사회복지사가 되어 어려운 사람들 도와주는 일을 하고 싶어요."

- "아버지가 자꾸 전화해서 돈을 보내달라고 해요. 엄마 치료비에다 동생이 또 사고를 쳐서 합의금을 만들어야 한데요. 보호관찰기관에 또 사고를 쳐서 이번에 합의금을 만들지 못하면 구속이라고 하네요. 엄마와 동생을 생각하면 불쌍하고. 가족들이 나에게는 도움이 되지 않아요. 가족들이 행복했으면 해요."
- "엄마가 사고로 허리가 아파 집에 혼자 있는데... 가끔 전화와서 아버지 때문에 힘들다고 하고... 엄마는 아픈데 너는 혼자서... 어쩌면 너는 그렇게 이기적인지라고 말해요. 엄마가 불쌍하기도 하지만 화도 나요."
- "같이 생활하는 동생들이 짜증나게 해요. 내 물건에 손을 대기도 하고 청소도 잘 안하고... 쉼터에서 청소하고 식사준비하고 힘든 일은 내가 다 하는데... 선생님들은 나보고 동생들 잘 챙기라고 해요. 문제가 생기면 항상 나만 혼나는 것 같아요."
- "새로 온 선생님이 다른 사람과 나를 차별하는 것 같아요. 무슨 일이 생기면 나 보고 야단치는 것 같아요. 무시하는 것 같기도 하고. 내가 나이가 많은데 자존심도 상하고..."
- "퇴소 기일이 정해져 있는데 걱정이에요. 집에는 들어가고 싶지 않고...나가서 살 집도 없고. 그나마 시설에 있을 때는 병원도 무료로 다니지만. 막막해요."

② 합의된 목표
- 명의도용에 대한 법적 문제를 해결한다.
- 정신과 치료를 받는다.
- 체중조절 및 건강관리를 한다.
- 가족들이 건강하게 지낼 수 있도록 방안을 찾아본다.
- 쉼터식구들과의 관계가 개선되도록 한다.
- 쉼터 퇴소 후 생활에 대해 준비한다.

7) 자원 및 장애물 사정

① 외적 자원사정
- 공식적 자원 : 청소년쉼터 선생님
- 비공식적 자원 : 작은 이모: 어릴 때 수지를 돌봐준 사람으로 가끔 전화하는 사이임.

② 내적 자원 및 강점
- 클라이언트 강점: 타인을 배려하고 책임감이 강함. 가족에 대한 사랑이 많고 아버지가 밉지만 자신이 돌보고 살아야 한다고 생각함. 독립적인 편이고 눈치가 빠르고 정리정돈을 잘함.
- 가족의 강점: 어머니가 생활력이 강하며 가족을 지키겠다는 의지가 강함. 아버지도 최근 가족들과 합류해서 함께 살아보려고 노력하고 있음.

③ 장애물 사정
- 내적 장애물 : 낮은 자아존중감, 오랜 학대 및 성폭력으로 인한 트라우마, 우울.

다소 감정기폭이 있고 충동적으로 행동하는 경향이 있음. 자신에 대해 부정적인 생각이 많고 돈 관리가 잘 되지 않음.

- 외적 장애물 : 명의도용 및 미납금 문제, 부모의 건강 및 심리적 의존, 주변 친구들의 유혹

2. 개별서비스 계획

차원	합의된 목표	실천계획	빈도 (회/주)	담당기관 (담당자명)		실천 기간
				내부	외부	
기타 의미 있는 욕구	명의 도용에 대한 법적 문제를 해결한다.	명의도용의 구체적 상황 및 신고 절차를 파악한다.	상시	청소년, 쉼터담당자	법률 자문기관	15.3.25 ~3.29
		명의도용 신고 및 절차를 진행한다.	상시	청소년, 쉼터담당자	법률 자문기관, 경찰서	15.4.1 ~5.1
개인 차원	정신과 치료를 받는다.	정신과 외래진료를 위해 동행서비스를 실시한다.	월 1회	자원 봉사자		15.3.27 ~15.4.5
		인근에 청소년 전문병원을 물색한다.	주 1회	쉼터담당자	정신보건센터 직원	
	체중조절 및 건강관리를 한다.	시설에서 지하철까지 걸어간다.	상시	청소년		15.3.23 ~15.4.31
		성형외과에 문의해서 문신 제거에 대해 상담, 시술한다.		청소년	성형외과 전문의	15.4.1 ~15.4.31
		콜라, 햄버거 등 인스턴트 음식을 적게 먹는다.	주 1회	청소년		15.3.23 ~15.4.31
가족 차원	가족들이 건강하게 시낼 수 있도록 방안을 찾아본다.	부모님 치료비가 지원될 수 있도록 동사무소에 요청한다.		청소년	동사무소 사회복지사	15.4.3 ~15.4.10
		보호관찰 중인 동생의 문제를 알아보기 위해 보호관찰관 및 법률 자문을 요청한다.		청소년, 동생	보호관찰관	15.3.26 ~15.3.29
		지역복지관에서 어머니를 위한 돌봄서비스가 제공될 수 있게 한다.	주 1회		복지관 사회복지사	15.4.3 ~15.7.31

차원	합의된 목표	실천계획	빈도 (회/주)	담당기관 (담당자명)		실천 기간
				내부	외부	
기관 및 조직 차원	쉼터식구들과의 관계가 개선되도록 한다.	쉼터생활에서 불만스러운 부분을 해소하기 위해 가족회의시간에 다룬다.	매주 1회	쉼터담당자		15.3.25 ~15.4.31
		선생님과의 갈등을 해소하기 위해 개별상담시간을 갖는다.	매주 1회	쉼터담당자		15.3.23 ~13.4.31
지역 사회 및 정책 차원	쉼터 퇴소 후 생활에 대해 준비한다.	자립준비프로그램이나 지원정책을 찾아 연결한다.	상시	청소년, 쉼터담당자	시청 및 구청 공무원, 자립담당 실무자	15.3.25 ~15.4.31
		퇴소 후 살 집을 알아본다.		청소년, 쉼터담당자	LH공사, 동사무소 사회복지사	15.4.1 ~13.6.31
		돈관리를 위해 경제교육을 받는다. 가계부를 작성한다.	매주 2회	청소년, 쉼터담당자		15.3.25 ~15.4.31

3. 총평

강수지양은 어린 시절 학대와 방임으로 인해 힘든 아동기를 지나 가출 이후 성폭력, 원조교제 등으로 인해 신체적, 정신적 건강상태가 좋지 않아 계속적인 치료와 보호가 필요함. 또한 아버지의 알코올문제, 동생의 사건 등을 비롯해 가족문제로부터 상당한 스트레스를 받고 있음. 가족은 수지양에게 위험요인인 동시에 지탱할 수 있는 보호요인으로도 작용하고 있어 가족지원이 시급히 필요함. 더불어 지금보다 조금 더 나은 삶을 살고 싶다는 생각은 많지만 쉽게 좌절하고 포기도 하며 사회적 지지망이 빈약한 상태라서 수지양 혼자만의 노력으로 지탱하기 어려울 수 있음. 지속적이고 체계적인 지원을 통해 수지양의 생활만족은 물론 사회적 지지망을 강화하고 자원을 활용할 능력을 확대시킬 수 있도록 사례관리 대상자로 선정하고자 하였음. 현재 합의한 계획은 비교적 잘 진행되고 있음.

출처: 양식은 권진숙 외(2012)의 양식을 기본으로 하되 일부 내용을 수정·보완하였다.
사례내용은 청소년기관에서의 사례를 사례보고서에 맞게 재구성하여 제시하였다.

4) 수퍼비전 보고서 작성

첫째, 수퍼비전은 실무자의 원활한 직무수행을 위해 교육적, 행정적, 심리적 지원을 행하는 것을 의미한다. 수퍼비전은 기존 서비스나 사례관리에서나 모든 영역에서 중요한 부분이다. 수퍼비전에는 크게 일정한 기간을 정해놓고 정기적으로 행해는 수퍼비전과 특별한 사안이 생겼을 때 하는 수퍼비전으로 구분할 수 있다. 수퍼비전을 행하는 방법은 개별로 행하는 방법과 집단으로 행하는 방법으로 대별된다(권진숙 외, 2012: 208-209).

둘째, 수퍼바이저는 크게 내부 수퍼바이저와 외부기관 수퍼바이저로 구분된다. 내부 수퍼바이저는 상사, 동료 등이 될 수 있고, 외부기관 수퍼바이저는 사례관리와 관련된 내용으로 자문이나 컨설팅을 받을 수 있는 전문가라고 할 수 있다. 예를 들어 법률 관련해서는 변호사나 법률공단 실무자가 해당될 수 있고 수급자 지정 및 관리 등은 사회복지전담공무원이 해당된다. 중독관련해서는 의사, 중독상담 전문가, 정신보건사회복지사들이 해당될 수 있다.

셋째, 수퍼비전에 대한 기록은 별도의 일지를 작성하는 방법, 기존의 사례관리 과정지나 사례보고서에 기록하는 방법 등이 있을 수 있다. 이는 기관의 특성 및 내부 구성원의 의견에 따라 방침을 정하는 것이 필요하다.

넷째, 수퍼비전에서 다루어진 내용은 수퍼비전 기록 양식과 관계없이 중요하므로 핵심적인 내용을 잘 기록해서 관련된 직원들이 함께 공유할 수 있도록 해야 한다. 또한 다음 회기에서 이전 회의에서 다루어진 내용이 어떻게 변화, 검토되었는지가 파악될 수 있도록 필요하다. 별도의 일지를 기록하고자 한다면 다음의 수퍼비전 일지를 참고할 수 있다.

다섯째, 사례관리 수퍼비전 일지의 작성은 기존 서비스의 수퍼비전 기록과 크게 다를 바 없다. 그러나 사례관리의 수퍼비전 일지에는 사례관리가 제대로 행해지고 있는지, 사례관리를 위한 기관 내부 운영시스템은 잘 가동되는지, 기관 간 연계협력은 잘

되는지에 대해 보다 초점을 둔다. 임상사례 부분은 실무자가 수퍼비전에서 검토되었으면 하고 요청한 부분과 수퍼비전에서 논의된 내용 등을 정리해서 기록한다. 운영체계 부분은 사례관리를 잘 하도록 지원해야 하는 운영체계와 관련해서 수퍼비전에서 논의된 내용 등을 정리해서 기록한다(권진숙 외, 2012: 208-209).

수퍼비전 일지(예시)

일시		2016년 5월 8일 (요일) 11:00-12:00
장소		00기관 집단상담실
참석자	수퍼바이저	□기관 내부: ☑기관 외부: 000교수(00대학교)
참석자	수퍼비전형태	□개별 ☑집단
참석자	실무자	최00, 김00, 박00, 강00, 구00
수퍼비전내용	임상사례	• 강수지양의 쉼터 적응을 돕기 위한 지원방안과 임파워먼트 향상을 위한 개입방법은 무엇인지를 논의함 • 강수지양이 부모에 대한 갖는 양가감정을 알고 부모와의 관계를 적절하게 다루어나가는 방법은 무엇인지를 협의하였음
수퍼비전내용	운영체계	• 시설생활에서 이용자와 맞지 않아 개선되어야 할 규칙은 무엇인지를 협의함. • 주간 실무자와 야간 실무자와의 의사소통을 원활하게 하기 위해 시설 차원에서 개선되어야 할 점에 대한 의논함. • 실무자의 소진을 막기 위해 1인당 담당 적정 사례 수 조정에 대해 의논함.
수퍼비전내용	기타	수퍼비전에 클라이언트의 참여가 가능한지에 대해 질문함
다음 모임		다음 달 첫 번째 월요일 저녁 6시.

기록자: 최봄

출처: 양식은 권진숙 외(2012: 213)의 양식을 기본으로 하되 일부 내용을 수정하여 작성하였다.
사례내용은 청소년기관에서의 사례를 수퍼비전 일지에 맞게 재구성하여 제시하였다.

Chapter 14

종결 단계

1. 종결 단계의 목적

종결에서의 목표는 전문적인 원조관계를 종결하는 것이다. 이는 일반 서비스의 종결 목표와 크게 다르지 않다. 그러나 사례관리에서는 클라이언트가 자신을 둘러싼 환경에 영향력을 행사하고 환경이 클라이언트에게 도움이 되도록 긍정적으로 반응하고 지지망이 탄탄해졌는지에 보다 더 초점을 둔다. 따라서 종결에서는 자연스럽게 지금까지의 서비스나 클라이언트의 변화에 대해 평가를 하게 된다. 평가는 서비스 중간에 언제든지 알 수 있으며, 꼭 종결 단계에서만 실시하는 것은 아니다. 그러나 사례관리에 대한 최종 평가는 종결 단계에서 매우 중요한 부분이다.

사례관리에서의 종결은 영원한 서비스의 종결이 아니다. 만성적인 어려움을 가진 클라이언트의 경우 서비스 이용 및 종결이 반복될 가능성이 높다. 따라서 적절한 종결은 클라이언트로 하여금 기관 및 시설에 도움을 요청하게 하는 연결고리가 되게 한다.

2. 종결 단계의 주요 과업

1) 종결

첫째, 종결 이유이다. 사례관리에서 종결은 사례관리자가 종결하고 싶다고 해서 되는 것이 아니다. 적절한 이유에 의해 종결이 이루어져야 한다. 예를 들면 클라이언트의 목표가 달성된 경우, 클라이언트가 이사나 다른 서비스 참여 등으로 종결을 원하는 경우, 더 이상 서비스를 받을 자격이 없을 때, 기관의 예산 삭감 등 외부적 요인에 의한 종결 등이 해당된다.

사례관리에서의 종결은 클라이언트에 대한 서비스가 영원히 종결되는 것을 의미하는 것이 아니다. 사례관리에서 당초 계획된 목표가 달성되거나 더 이상 사례관리가 필요하지 않을 경우 종결된다. 만약 클라이언트에게 새로운 욕구가 생기고 향후 사례관리가 필요하다면 또 다시 시작할 수 있다.

둘째, 종결시기 결정 및 종결 계획 수립이 필요하다. 클라이언트와 사례관리를 언제 종결할 것인지를 함께 의논해서 정한다. 인테이크 시점부터 종결에 대해 간단히 언급한 후 개별서비스 계획 수립부터는 클라이언트와 서서히 종결 준비를 하도록 조금씩 다루어 갑작스럽게 종결이 행해지지 않도록 하는 것이 바람직하다.

또한 종결에 대한 준비 및 계획을 수립해야 한다. 예를 들어 시설에 입소한 경우라면 퇴소계획을 수립해야 한다. 퇴소 몇 달 전부터 점진적으로 퇴소에 대해 준비할 수 있도록 클라이언트와 함께 퇴소계획을 수립하고 퇴소 전에 다루어야 할 사항들을 점검해 나간다. 마찬가지로 계획된 종결의 경우 종결을 몇 주 앞두고 어떻게 종결할지 미리 클라이언트와 협의하는 것이 필요하다. 여기에는 사후관리 계획도 포함되어야 한다. 종결 이후 언제, 어떤 방식으로 사례관리자와 접촉할 것인지가 검토되어야 한다.

셋째, 종결상담을 행한다. 종결상담에서는 지금까지 행해온 것, 이루어진 성과와 변화 등이 최종 평가되고 클라이언트의 입장에서 종결에 대한 생각과 느낌, 서비스를 통해 얻게 된 성과 등을 함께 다룬다. 퇴소 후 기거할 장소, 생활방법, 사후관리 계획수립 등도 검토한다. 또한 최종 서비스 종결에 대한 심리적 반응에 대한 상호 해결이 필요하다. 종결에 대한 클라이언트와 사례관리자 간의 부정적 감정들(분리불안, 두려움, 이별의 슬픔 등)을 적절하게 해결하고 긍정적 감정들을 유지한 상태에서 돕는 관계를 끝내야 한다. 클라이언트에게 사례관리의 종결은 영원한 종결이 아니며 종결 이후에도 또 새로운 욕구가 발생되면 새로운 서비스가 행해질 수 있다는 것을 이해시키는 것이 필요하다.

넷째, 종결을 축하하는 의식을 마련한다. 서비스 종결을 축하하는 간단한 의식이나 파티를 마련해서 관련된 사람들이 감사와 이별에 대한 감정을 나누고 축하할 수 있도록 하는 기회의 장을 마련한다.

다섯째, 종결 보고를 한다. 사례가 종결되는 경우, 24시간 이내 종결에 대한 보고서를 작성하고 보고한다.

여섯째, 종결 후 사후관리이다. 사례관리 종결 후에도 언제든지 필요한 경우 새로운 사례관리로 이어질 수 있으므로 종결 이후 클라이언트와 지속적인 관계를 유지하도록 사후관리를 행한다.

2) 평가

첫째, 평가의 초점이다. 평가는 사례관리를 통해 클라이언트 및 클라이언트 환경에 어떤 변화가 생겼는지를 확인하는 것이다. 사례관리의 궁극적인 목표는 클라이언트가 스스로 자신이 원하는 삶을 자신의 힘으로 살아갈 수 있도록 하고 이를 지역이 적절하게 뒷받침해서 좋은 환경을 만들어 주는 것이다. 구체적으로 표현하면 클라이언트의 인간관계 기술을 확장시키고 더 나아가 임파워먼트를 향상시키는 것이다. 따라서 평가에서의 초점은 도시락 서비스를 해주거나 병원에 가서 치료를 받게 해주거나 서비스 연계를 많이 하였는지가 아니다. 이런 서비스를 통해 향후 사례관리자의 도움 없이도 이용자가 직접 접근할 수 있고 이용자가 직접 컨트롤할 수 있는 자원으로 바뀌어지 이용자의 안전망이 탄탄할 수 있나. 또한 클라이언트의 인간관계 및 문제해결 기술이 확장되었는지, 클라이언트가 혼자서 자신의 삶을 영위할 수 있도록 임파워먼트 되었는지가 더 중요하다.

둘째, 평가대상 및 방법, 평가 유형이다. 평가 대상은 사례관리에 관여했던 사람이나 기관이 해당된다. 즉 클라이언트는 물론 가족, 서비스 제공기관, 사례관리자 등이 평가 대상이 될 수 있다. 평가 방법은 크게 질적 평가(개별면접, 포커스집단)와 양적 평가

(설문지, 사전-사후평가 등)로 대별할 수 있다. 양적 평가는 간단한 질문지를 만들어 평가 대상자가 응답하거나 표준화된 척도를 사용하여 사전-사후 검사를 통해 변화를 파악할 수 있다. 질적 평가는 평가 대상자 개인이나 집단과의 심층 면담을 통해 사례관리에 대해 평가를 하는 것이다.

평가 유형에는 구조평가, 과정평가, 결과평가 등이 있다. 구조평가에서는 사례관리자의 사례수, 기관의 운영시스템, 지원내용 등 사례관리 운영과 관련된 전반적인 사항을 평가한다. 과정평가는 사례관리가 진행되는 전체 과정을 중심으로 사례관리가 어떻게 이루어졌는지를 평가한다. 결과평가는 서비스 종결 후 행해진 서비스의 효과성 및 효율성, 서비스 이용 수준 등을 평가한다.

예를 들어 생태도가 서비스 전과 후에 어떻게 변화했느냐는 것도 평가에서 중요하게 고려될 수 있다. 그러나 생태도 그림에서 단지 동그라미가 많이 생겼다거나 서비스를 많이 연계했다고 해서 사례관리가 적절했다고 단정짓기 어렵다. 클라이언트에게 복지관, 구청, 알코올 중독센터 등 5개 이상 자원이 생긴다고 해도 그 수가 중요한 것이 아니다. 클라이언트가 필요할 때 그 자원을 쉽게 잘 이용할 수 있고 사례관리자나 다른 사람의 의존 없이도 자신의 의지와 욕구에 맞게 자원을 잘 활용할 수 있게 되었는지, 그런 힘이 생겼는지가 더 중요하다.

평가에서 사례관리자의 질문

사례관리는 비용과 시간, 많은 노력이 수반된다. 따라서 그 결과를 평가하는 것이 중요하다. 이를 위해 스스로 다음과 같은 질문이 제시되어져야 한다.

- 사례관리 후 클라이언트가 그들의 욕구를 충족할 수 있는 적절하고 적당하게 서비스와 자원을 가졌는가?
- 사례관리 이후 청소년은 1년 이후, 2년 이후 어떻게 변화했는가? 만약 사례관리를 하지 않는다면 어떤 변화가 생길까?
- 만약 사례관리가 성공적이지 않다는 평가가 나온다면 그것을 그만둘 것인지, 아니면 필요한 조정을 할 수 있는 것인지? 등을 고려한다.

3. 종결 단계의 주요 기술[1]

1) 사례관리 평가의 특징

사례관리 종결에서 중요한 내용 중 하나는 사례관리에 대한 평가이다. 여기서는 종결에 대한 기술 중 사례관리 평가와 관련된 내용을 중점적으로 설명하고자 한다. 사회복지영역에서의 평가는 크게 2가지로 양분되어 있는데 하나는 프로그램 평가(program evaluation)이고 다른 하나는 실천평가(practice evaluation)이다. 전자의 경우는 프로그램과 조직에 대한 평가이고 주로 거시적(macro) 차원에 초점을 둔다. 반면 후자는 개인, 집단, 가족에 초점을 두고, 개별 실천가와 실천개입에 초점을 둔다. 그러나 이 두 가지는 유사한 연구개념, 원칙, 방법, 전략을 사용한다(Jayaratne, 2006: 327).

프로그램 및 실천을 평가하는 이유는 조금 상이하다. 공식적 프로그램 평가는 평가되어진 프로그램이 다른 프로그램보다 효과적이고 효율적이라는 것을 증명한 다음 이들 프로그램의 존재, 계속성, 수정 및 보완 등을 정당화할 수 있다. 이를 통해 프로그램의 우수성과 효과성이 입증될수록 프로그램에 많은 자금이 제공될 수 있다.

그러나 이런 평가에는 정치성을 벗어나기 어렵다. 프로그램 평가의 목적, 형태, 방법들은 프로그램 및 프로그램 평가에 관심을 갖는 사람(stakeholder)에 의해 좌우되기도 하고 반대로 이데올로기, 가치, 정치적 반대에 의해 방해를 받기도 한다. 즉 프로그램의 성격뿐 아니라 정치적 요소가 프로그램 평가에 영향을 미치기도 한다(Jayaratne, 2006: 328).

반면 실천의 평가는 사회복지직에 더 깊은 뿌리를 둔다. 사회복지실천의 평가는 사회복지사가 무엇을 목적으로 개입하였고 그 개입이 클라이언트에게 긍정적 영향을 미쳤다는 것을 무엇을 통해 알 수 있느냐는 질문에서 시작된 것이다.

먼저 사회복지사가 무엇을 목적으로 개입하였는가 하는 질문은 사회복지사가 개입

1) 이 부분은 홍봉선·남미애(2013). 『학교사회복지론』의 일부 내용을 발췌하여 사례관리 평가에 맞게 수정·보완하여 제시한 것이다.

한 이유, 과정, 개입 특성에 대해 자세히 제시함으로써 얻을 수 있다. 이러한 질문에 사회복지사가 단순히 집단사회복지실천을 하였다고 답변하는 것은 적절치 않다. 14개 세션으로 구성된 자아존중감 프로그램을 실시하였는데 첫 세션에서는 집단성원들이 자신의 의견을 편안하게 표현할 수 있도록 디자인된 자기주장 훈련연습을 실시하였다고 답변하는 것이 보다 적절하다. 여기에는 어떤 목표를 달성하기 위해, 어떤 상황에서 어떤 변화를 초래하기 위해 어떤 의도적인 개입을 하였는지에 대한 구체적인 정보가 제시되어야 한다.

다음으로 클라이언트에게 어떤 영향을 미쳤는가 하는 질문은 성과와 관련된 문제이다. 즉 개입의 목적이 달성되었는가 하는 점이다. 이런 경우 개입 전과 개입 후에 자기주장 정도를 비교해서 증가되었다면 이 프로그램은 증명할 수 있는 효과를 가졌다고 할 수 있다(Jayaratne, 2006: 328-329). 사례관리의 평가는 위에서 제시한 두 가지 측면을 모두 가지고 있다.

2) 사례관리 평가의 의의

프로그램 및 실천평가는 윤리(ethics), 책임성(accountability), 가시성(visibility), 서비스의 확대(expand service) 등의 차원에서 사회복지사에게 중요하다(Jonsonreid, 2006: 226). 이는 사례관리영역에서도 마찬가지이다. 구체적으로 살펴보면 첫째, 윤리적 측면이다. 사례관리자가 이용자 및 가족, 지역사회에 어떻게 개입하였는가를 아는 것은 사회복지실천 윤리와 관련된다. 사례관리자가 이용자의 전반적인 삶의 안녕과 복지를 위해 가장 효과적이고 효율적인 방법을 사용하는 것은 사례관리자의 윤리적 책임이다.

둘째, 책임성이다. 사례관리는 국가 및 지방정부, 지역자원 등의 지원으로 행해진다. 공적 자금을 지원받아 행해진 사업이나 프로그램이 당초의 목표를 효과적, 효율적으로 달성하였는지를 증명할 책임이 있다.

셋째, 가시성이다. 사례관리자는 그가 무엇을 실행하고 있는지를 외부에 알게 해야 한다. 사례관리자가 이용자를 위해 어떤 접근을 하였고 어떤 자원을 연결하였고 누구와 협력하였는지가 명확히 드러나야 한다. 이는 사례관리자의 노력을 알게 할 뿐 아니라 사례관리자의 개입 효과성을 평가하도록 돕는 데 유익하다. 사례관리자의 개입 이후 청소년의 긍정적 행동이 증가하였다는 것을 알리는 것은 사례관리가 청소년의 삶을 돕는 가치있는 접근이라는 것을 확인시켜 준다.

넷째, 서비스의 확대이다. 평가는 서비스의 확대가 필요하다는 주장을 지지할 수 있는 좋은 정보를 제공한다. 만약 사례관리자가 직·간접 서비스를 통해 이용자의 니드가 해결되고 이용자의 임파워먼트가 향상되었음을 증명하는 객관적인 데이터를 제공할 수 있다면 사례관리의 유지 및 추가 자금 지원에 유리하다.

3) 사례관리 평가의 유형

평가는 크게 과정평가와 산출평가로 대별된다. 형성평가(formative evaluation)로 불리기도 하는 과정평가(process evaluation)의 목적은 실천이나 프로그램을 수정하거나 새롭게 다듬기 위해 유용한 정보를 1차적으로 얻는 것이다. 이것은 먼저 사례관리자의 개입이 서비스 과정 속에서 제대로 잘 전달되었는지를 확인하는 데 초점이 있다. 즉 만약 평가의 목적이 독립변수(X)가 종속변수(Y)에 영향을 미치는지를 알기 위한 것이라면, 독립변수(X)에 대해 알수록, X와 Y 간의 관계를 확립할 수 있는 가능성이 더 크다(Jayaratne, 2006: 331-332).

이러한 이유로 과정평가에서는 프로그램 모니터링이 매우 중요한데 그 이유는 다음과 같다. 첫째, 프로그램이 의도한 것대로 전달되는지 여부를 확인하게 한다. 이러한 과정을 통해 프로그램에서 유지되어야 할 부분, 비효과적인 부분, 삭제되어야 할 부분들이 파악된다. 둘째, 프로그램 계획 시에는 생각하지 못하였던 원인과 결과 사이에 부가적인 정보를 얻을 수 있다. 셋째, 모니터링은 반복(replication)과 확산(diffusion)을 가능케 한다. 개입에서 의도한 것이 실제에서 그대로 적용되는 동안 어떤 과정과 내용으로 진행되었는지를 구체적으로 설명할 수 있다면 이와 같은 프로그램을 다른 곳에서도 그대로 반복해서 실시할 수 있고 그 결과 좋은 프로그램을 확산할 수 있다.

산출평가(outcome evaluation)는 프로그램의 성공 또는 실패에 대한 정보를 얻기 위한 목적으로 실시된다. 이것은 프로그램이 의도한 목표를 충족한 정도를 알아보는 것이다. 산출평가에서는 사례관리자가 어떤 변화가 기대되는지를 구체시하고, 변화를 사정하는 방법을 모색하고 데이터 수집을 위한 방법을 계획한다. 의도되어진 산출의 정의가 구체시 될수록, 좋은 산출지표를 얻을 가능성이 높다.

예를 들어 가출청소년에게 성인 자원봉사자를 연결하는 프로그램이 반사회적 행동을 줄이고, 공격적 행동을 감소시키는 긍정적인 변화를 초래하고, 또래관계를 개선하고 자아개념에 긍정적으로 영향을 미칠 것이라는 가설을 설정하였다고 하자. 이 경우 반사회적 행동은 알코올, 약물사용, 비행행동으로 조작화할 수 있다. 또한 자아개념의 측정을 위해서는 전체적 자기가치(global self-worth), 사회적 수용, 자기확신을 측정하는 측정도구를 사용함으로써 자아개념을 측정하고자 할 수 있다. 이러한 산출변수들을 분명히 하고 프로그램 실시 전과 후를 측정한다면 당초 목표했던 변화가 일어날 수 있는지 사정할 수 있다(Jayaratne, 2006: 333).

4) 사례관리 평가에서 고려되어야 할 점

평가는 크게 평가의 디자인, 평가 사정, 평가 실행, 평가결과 및 보고서 제출 등의 일련의 과정으로 구성된다. 평가에서 고려되어야 할 점을 제시하면 다음과 같다.

첫째, 평가 전에 미리 어떤 목적과 방법, 내용의 평가를 할 것인지가 구체적으로 설계해야 한다.

둘째, 평가 목적이 명확해야 한다. 평가 목적에는 무엇을 평가하고자 하는 가를 명확히 제시해야 한다. 예를 들어 사례관리에서 행해진 여러 프로그램 중 멘토링 프로그램의 효과를 알아보고자 한다면 평가의 목적은 다음과 같이 제시할 수 있다.

사례관리 평가의 목적을 기술한 예

<예 1>

멘토링 프로그램이 이용청소년에게 미치는 효과는 무엇인지를 알아보고자 한다. 즉 구체적으로 제시하면 멘토링 프로그램 참여를 통해 청소년의 생각과 태도는 어떻게 변화하였는가? 멘토링 프로그램 참여를 통해 청소년의 행동(친사회적 행동 또는 비행행동)은 어떻게 변화하였는가? 멘토링 프로그램 참여를 통해 청소년의 정서(우울, 생활만족감 등)은 어떻게 변화하였는가?를 알아보고자 한다.

<예 2>

사례관리에 참여한 지역사회기관 실무자들이 이용자 및 지역협력에 대해 어떻게 생각하고 있는지를 알아보고자 한다.

셋째, 목표(goals)와 목적(objectives)이 분명하고 구체적이고 측정 가능해야 한다. 사례관리에서 평가 대상은 크게 이용자와 이용자를 둘러싼 환경체계가 될 수 있다. 이용자에 대한 개입 결과를 평가하기 위해서는 표준화된 질문지, 학교 및 동아리활동 기록, 행동 측정(학교에 결석한 수, 가족이나 친구들에게 한 폭언이나 공격적 행동, 하루 중 게임 횟수) 등을 행할 수 있다. 이용자를 둘러싼 환경체계에는 이용자와 밀접히 상호작용하는 학교나 시설, 지역사회 등이 해당된다. 이들에 대한 변화는 학교나 시설, 지역사회 등 환경 차원의 변화를 사정하기 위한 것이다. 학교나 시설 차원의 평가에서는 학교 및 시설의 친인권적 문화, 교사 및 실무자의 지지, 건강한 학교 및 학급 풍토, 프로그램 참여율 등을 측정할 수 있다. 또한 지역사회 차원에서의 변화를 알기 위해서는 지역사회 청소년 자살률, 실업률, 비행률을 측정할 수 있다.

넷째, 사례관리자가 무엇을 평가하고자 하는지를 분명하게 알 수 있도록 진술되어야 한다. 이를 위해서는 평가목표를 가설 형식으로 보다 구체적으로 제시하는 것이 좋다.

Part III 사례관리의 실제

평가목표를 가설로 제시한 예

<가설 1>
분노조절훈련에 참여한 이용자는 통제집단보다 분노조절 척도 점수는 상대적으로 높고, 분노표현 척도 점수는 더 낮을 것이다.

<가설 2>
프로그램에 참여한 청소년들은 첫째, 성폭력과 데이트폭력이 무엇인지를 명확히 이해할 것이다. 둘째, 성폭력 원인과 대처에 대한 지식이 확장될 것이다. 셋째, 성폭력과 청소년 데이트폭력에 대한 민감성(intolerance)이 증가될 것이다.

다섯째, 목표 달성 여부를 판단할 수 있는 측정방법은 구체적이어야 하며 그 방법은 타당하고 신뢰할 수 있는 것이어야 한다. 측정방법은 표준화된 척도를 사용해 이용자가 직접 기입하는 자기보고 측정방법이나 관찰이 있을 수 있고 필요한 경우에는 시나 법원, 경찰청 등 공공기관에서 생산한 자료를 활용할 수 있다. 이 밖에도 목표성취 척도(Goal Attainment Scale)를 활용할 수 있다. 이것은 시간에 따른 성취의 정도를 측정한 것으로 〈표 14-1〉과 같이 변화를 한눈에 볼 수 있다.

사례관리 평가에서 목표측정 방법

<목표측정 방법의 예 1>
멘토링 프로그램이 이용청소년에게 미치는 효과를 측정하기 위해 자기보고 측정과 관찰을 하고자 한다. 자기보고 측정(self-report measures)에서는 자아존중감 척도와 임파워먼트 척도를 사용한다. 관찰은 이용자를 관찰한 직원이 작성한 매일 보고(daily report)를 통해 하고자 한다.

<목표측정 방법의 예 2>
사례관리 후 지역사회의 변화를 측정하기 위해 청소년비행률을 조사한다. 이를 위해 지역 경찰청에서 생산하는 비행청소년 검거율 및 관련 자료를 이용한다.

▮표 14-1. 목표성취 척도

목표성취 척도(Goal Attainment Scale)				
학생이름: 샐리 목표 설정 날짜: 2008.7.1 follow-up 날짜: 2008.12			목표설정자: 린다와 샐리 제시된 목표의 수: 4개 달성된 목표: 3개	
예상된 성취 수준	〈목표 1〉 나쁜 감정을 극복하기 위한 노력을 행하는 것	〈목표 2〉 나쁜 감정의 빈도를 줄이는 것	〈목표 3〉 대학진학을 위해 결정하는 것	〈목표 4〉 딸과의 관계 종결
예상된 것보다 많이 적게	우울을 멈추기 위한 노력을 하지 않음 1/16, 2/20	5일간 나쁜 기분을 느낌 1/16, 2/20	아무것도 하지 않음	3/6 딸이나 딸의 입양부모에게 편지쓰는 것을 시작하였으나 완료하지 못함. **최종**
예상된 것보다 다소 적게		4일간 나쁜 기분을 느낌	대학을 방문하였으나 신청하지 않음	딸과 딸의 입양부모에게 편지를 쓰기 시작함
예상된 수준	1/23 다음과 같은 활동을 시작함: 바이올린, 요리, 친구와 놀기 1/30 **최종**	2/6 나쁜 감정, 또는 침체된 감정을 보고함. 1주일 중 3일 2/13 **최종**	3/6 적어도 한 학교를 방문하고 신청함 3/6 **최종**	딸과 딸의 입양부모에게 보낼 편지를 완성함. 3/6 내용에 대해 만족함
예상된 것보다 다소 많게	2/6 일주일당 2시간 행동을 취함 2/13, 2/27		대학에 방문하고 신청함. 다른 대학은 방문하지만 신청하지 않음	딸과 딸의 입양부모에게 보낼 편지를 완성함. 3/6 내용에 대해 만족함. 둘 다에게 편지를 보냄
예상된 것보다 매우 많게	우울할 때마다 행동을 취함 3/6	2/27 2일간 바쁜 기분을 느낌 3/6, 1/30	적어도 2개 대학에 신청함	딸과 딸이 입양부모에게 보낼 편지를 완성함. 편지 내용에 대해 치료자와 부모에게 이야기함. 둘 다에게 편지를 보냄

출처: Jayaratne, 2006: 349.

여섯째, 적절한 연구설계가 선택되고 실행되어야 한다. 연구설계는 크게 단일사례(single-subject), 비동일통제집단디자인(non-equivalent control group design)과 같은 양적 연구와 질적 연구로 대별된다. 평가목적에 맞게 적절한 연구설계를 사용해야 한다.

사례관리 평가를 위한 연구설계

〈연구설계 예 1〉
멘토링활동이 청소년의 공격성에 어떤 영향을 주는지를 알아보기 위해 단일사례(single-subject) 디자인 중 ABAB를 사용하였다. 이를 위해 멘토링을 하기 전 1주일 동안은 개입하지 않고 공격행동을 관찰하여 평상시의 공격행동을 측정하였고 멘토링 프로그램 참여 후 1주일 동안 공격행동을 측정하였다. 이렇게 공격행동에 대해 기초선과 개입을 두 번씩 반복하여 측정하였다.

〈연구설계 예 2〉
멘토링활동이 청소년의 공격성에 어떤 영향을 주는지를 알아보기 위해 비동일통제집단디자인(non-equivalent control group design)을 사용하였다. 치료집단을 위해 시설 내 프로그램에 자발적으로 참여하고자 한 이용자집단을 선택하였고 비교집단은 시설 내 동일한 연령대의 청소년 중 프로그램에 참여하지 않는 이용자로 이루어졌다.

〈연구설계 예 3〉
사례관리 이후 지역기관의 협력이 어떻게 변화하였는지를 알기 위해 질적 연구를 실시하였다. 질적 연구에서는 지역기관 실무자들로 구성된 초점집단(focus group)에 대한 심층면담이 행해졌다.

일곱째, 평가 자료 수집방법이 분명해야 한다. 데이터 수집은 직접 데이터가 수집되는 방법에 대한 것으로 연구문제에 대한 경험적인 확인을 위해 자료를 수집하는 데는 다양한 방법을 사용할 수 있다. 예를 들면 이용자에게 표준화된 측정도구를 읽은 후 직접 응답하도록 하는 방법, 실무자나 가족이 특정 행동을 관찰해서 보고하는 방법, 사전-사후에 조사를 통해 자료수집을 하는 방법, 문헌연구, 면담 등이 해당된다(〈표 14-2〉 참고).

표 14-2. 사례관리 평가에 있어 자료 수집방법

- **기존 자료** : 출석, 의뢰, 징계 기록, 폭력 기록, 아동학대 기록과 같은 객관적 상황에 대한 기록
- **시험** : 정규시험의 결과(학업 추이 분석)
- **관찰** : 교실, 운동장, 집 등에서 체계적으로 관찰될 수 있는 행동에 대한 기록(행동빈도, 기간, 강도 등에 초점. 예를 들어 과제수행기간, 의사표현의 횟수, 울음의 시간, 교사의 지시와 실행의 시간, 조용한 독서시간에 떠든 횟수 등)
- **척도** : 특정 행동, 태도, 감정의 강도, 발생빈도와 같은 점수를 측정하는 척도. 본인이 직접 체크하거나 주위의 교사, 부모 또는 또래들이 측정하는 방법
- **설문지** : 구조화 또는 비구조화 설문지 형태
- **시뮬레이션** : 학생에게 가상적 문제상황을 주고 이러한 상황에서 사람들이 어떻게 할 것 같은지 질문하는 방법. 시뮬레이션은 학생의 사회적 유능감을 알아보기 위해 처음 개발된 것으로 사회적으로 적절한 행동을 얼마나 알고 있는지 구별하는 데 유용한 방법
- **그래픽** : 빠르게 개입집단이 결과를 보고할 수 있는 방법으로 단일한 행동변화를 보여주거나 여러 변수의 변화를 묘사하는 데 사용됨. 대표적으로 생태도가 포함되며 그래픽과 서술보고를 함께 사용하면 더욱 효과적인 보고서가 됨
- **면접** : 대화 안에서 효과적인 의사소통 기술과 해석 기술을 사용하여 상황과 관련된 정보를 획득하기 위해 사용됨.
- **자기보고** : 클라이언트의 일지나 자신의 감정, 행동을 묘사한 기록, 클라이언트 스스로의 변화 과정을 모니터링할 수 있는 방법

여덟째, 자료처리 및 통계분석이다. 수집된 자료를 자료처리하는 방법은 편집(editing), 부호화(coding), 입력, 분류 및 제표(tabling), 분석 및 해석의 순서로 이루어진다(오혜경, 2005). 편집은 자료 처리의 1단계로 수집된 자료를 점검하여 기호나 누락된 것을 시정하는 것을 뜻한다. 부호화는 각 조사항목에 대한 응답을 분류하는 일이다. 예를 들어 설문조사에서는 실제 나이를 그대로 기입하도록 하였지만 조사 목적에 맞추어 응답범주를 10대, 20대, 30대로 재분류할 수 있다.

자료분석의 목적에 따라 통계분석도 달라진다. 자료분석은 크게 탐색적, 기술적, 설명적 또는 가설적이라는 3가지 목적을 가진다. 첫째, 탐색적 목적이다. 이것은 조

사한 모든 변수에 대해 빈도분포를 파악하는 것이다. 둘째, 기술적 목적이다. 이것은 지정된 변수들의 값이 어떻게 분포되는지를 추적해서 분석하는 것이다. 예를 들면 비례, 백분율, 중심경향 측정, 산포도 등을 알아보는 것이다. 셋째, 설명적 또는 가설적 목적이다. 실험연구에서 둘 이상의 변수들 간의 관계를 둘러싸고 인과적 설명이나 가설검증을 시도하는 경우이다. 이 밖에도 척도의 타당도나 신뢰도를 측정하거나 지표개발을 위한 요인분석 등도 해당된다. 이렇게 처리된 데이터는 다양한 통계분석 프로그램을 활용해서 통계분석이 이루어진다.

아홉째, 평가 보고이다. 평가연구의 전 과정이 끝나면 1차적으로 평가결과의 결론을 공표하는 것이 필요하다. 평가결과를 공표하는 방식은 여러 가지가 있을 수 있다. 먼저 사례관리자가 평가보고서를 작성해서 책임자에게 업무를 보고하고 목표가 성취된 것, 변화가 요구되는 항목에 중점을 두어 만든 연차보고서를 관련인들에게 배포할 수 있다. 또한 지역사회에 사례관리를 알리기 위해 공식적인 보고회를 개최할 수도 있다. 보고서에는 평가의 목적과 필요성, 연구방법 및 내용, 연구결과, 논의, 정책 및 실천적 함의 등의 내용으로 구성될 수 있다.

5) 사례관리 평가에 있어 윤리문제

인간을 대상으로 하는 모든 조사연구에는 윤리성과 정치성의 문제가 뒤따른다. 평가를 위해 이용자 및 기관을 조사할 때 사회복지의 윤리와 사회복지 조사연구에 있어서의 윤리를 잘 알고 대처하는 것이 필요하다. 사례관리자는 조사에 있어 다음과 같은 내용들을 명심해야 한다.

첫째, 사례관리 평가를 위해 실시하는 조사의 목적은 1차적으로 클라이언트를 위한 것이어야 한다.

둘째, 조사 참여자들의 자발적 참여와 동의를 얻는 것이 필요하다. 조사는 응답자에게 시간과 에너지를 빼앗고 경우에 따라 사적 정보가 드러나는 경우도 있기 때문에 기본적으로 조사에서는 자발적인 참여를 원칙으로 해야 하며 응답자에게 조사 참여에 대한 동의를 얻는 것이 필요하다.

셋째, 신체적 또는 정신적 위해로부터 조사참여자를 보호해야 한다. 많은 자료 수집방법들이 응답자 개인의 기억에 의존한다. 개인들이 떠올리기 싫어하는 것을 되새기게 만듦으로써, 옛날의 상처를 재현하고 심각하게 할 가능성이 있다. 응답자의 생각과는 다른 것을 강요하듯이 하는 질문들, 개인들의 정보를 노출하여 개인들을 어렵게 할 가능성이 있는 문제 등도 조사연구의 과정에서 개인들에게 해를 끼칠 수 있다(김영종, 2002: 451). 최근 우리나라에서도 대학 및 연구소에서 행해지는 연구들은 연구계획에 대한 사전심사를 받도록 하고 있다. 그러나 사전심사만으로는 조사참여자가 윤리적으로 보호되기 어렵기 때문에 연구자의 각별한 주의가 필요하다.

넷째, 조사는 익명으로 처리되며 비밀보장이 되어야 한다. 조사는 응답자가 누구인지 드러나지 않아야 하며 이를 공개해서는 안 된다. 이것은 조사자의 윤리인 동시에 연구의 응답률을 높이는 데 기여한다.

다섯째, 개입의 성격, 연구의 목적, 알려진 위험과 이득에 대한 설명을 조사 대상자에게 해야 한다. 조사자는 조사에 앞서 조사의 목적, 활용방안 등에 대해 응답자에게 간단히 공지해야 하며 조사로 인해 받을 수 있는 이득과 위험에 대해서도 공지하는 것이 필요하다.

4. 종결 단계의 양식 작성 지침 및 적용 예시

1) 종결보고서 작성[2)]

첫째, 다루던 사례가 종결되면 종결보고서를 작성한다. 종결보고서는 사례관리에서

2) 본 책에서 제시한 종결보고서는 권진숙 외(2012)가 사용한 양식에 근거하였고 본 책의 목적에 맞게 일부 수정하여 제시하였다. 또한 종결보고서의 용어 설명에서도 일부 내용을 인용하였다.

당초 계획된 목표가 달성되거나 더 이상 사례관리가 필요하지 않을 경우 작성된다. 클라이언트에게 새로운 욕구가 생기고 향후 사례관리가 필요하다면 사례관리는 또 다시 시작할 수 있다.

둘째, 보고서에는 종결일, 종결 이유, 제공된 서비스 내용 및 총량, 클라이언트의 변화, 종결에 대한 담당자의 의견, 사후관리 계획 등이 포함된다. 서비스의 내용 및 투입시간의 총량은 서비스 계획에 근거해서 실행된 것을 계산해서 기록한다. 클라이언트의 욕구 유형별(개인, 가족, 기관/조직, 지역사회/정책 수준) 제공된 서비스의 내용 및 투입시간의 총량을 계산하여 기록한다.

클라이언트 변화사항에는 클라이언트가 제시한 욕구에 근거하여 사례관리 전과 후를 비교하여 설명한다. 이때 클라이언트가 지각하는 주관적인 변화, 만족도는 물론 객관적 평가를 위해 생태도, 행동관찰, 표준화된 척도 및 측정도구를 활용할 수 있다. 사례관리자 의견에는 서비스 전반에 대한 사례관리자의 평가, 종결과 관련된 사례관리자의 의견 및 조치사항 등에 대해 기록한다.

사후관리 계획은 종결을 준비하는 과정에 클라이언트 및 해당 기관과 충분히 상의해서 동의를 받아 행한다. 사후관리 계획에는 종결 후 행해질 사후관리 기간, 횟수, 방법, 내용을 기술한다. 사후관리 기간은 기관에 따라, 클라이언트의 문제특성에 따라 상이할 수 있으나 최소 종결 후 6개월간은 사후관리가 행해져야 한다.

셋째, 종결보고서 작성 및 사후관리에 대한 내용은 과정기록지에도 기록한다. 필요한 경우 종결보고서와 사례관리 종결보고서를 따로 구분하지 않고 동일한 양식으로 사용할 수 있다.

넷째, 사후관리가 종료되면 사례관리 서비스가 전체적으로 종료된다. 서비스가 종료되면 대상자에 대한 모든 기록을 다음 순서로 묶어 보관한다. ① 사례관리 종결보고서 ② 인테이크지 ③ 사정기록지 ④ 개별서비스 계획지 ⑤ 과정기록지 ⑥ 서비스 의뢰서 ⑦ 기타 평가척도 등 부수적인 기록 등이 포함된다.

종결보고서(예시)

결재	담당	사무국장	시설장

사례번호	2015-54	대상자이름	강수지	사례관리자	최봄
생년월일	-			나이	19 세
등록일	2015. 3. 5	종결일	2015. 7. 3		

Ⅰ. 종 결 상 황

종 결 이 유	□목표달성 □귀가 □ 사망 ■ 타 서비스 기관으로 연계 □ct의 서비스 거부 □ 보호자의 서비스 거부 □ 무단퇴소 □ 기타( )		
사후 연락처	주소(기관명)	경기도 ○○구 ○○동	
	전화번호 1		전화번호 2
	퇴소 후 동거인	□부 □ 모 □ 계부 □ 계모 □ 조부 □조모 □ 형제자매 □기타친척 □ 동성친구 □ 이성친구 ■ 기타(시설입소)	

Ⅱ. 종 결 평 가

	욕구 유형	구분	제공된 서비스 총량
서비스 제공 현황	개인 수준	직접	진로검사(2회), 진로탐색 및 심리적 안정을 위한 상담(43회), 정신과 치료비 지원(20회), 문신 제거 시술비(1회)
		간접	문화센터-요가 및 건강관련 프로그램 연결, ○○정신과병원과 치료 협의 및 지원, ○○클리닉의 문신제거 시술비 감액 받음
	가족 수준	직접	가족상담 및 교육(5회), 동생문제로 00보호관찰관과 면담에 동행 서비스 실시(2회)
		간접	○○주민센터와 협력(7회), ○○보호관찰관의 연계, ○○지역복지관(자원봉사자 파견 요청)
	기관/조직 수준	직접	직원회의 시 강수지양의 시설생활의 고충에 대해 논의 소장이 강수지양과 00실무자가 함께하는 상담 실시 가족회의시간에 쉼터생활 규칙에 대해 안건 제시

<table>
<tr><td rowspan="5"></td><td></td><td>간접</td><td colspan="2">○○실무자와 강수지양의 어려움에 대해 설명하고 강수지양에 대한 ○○실무자의 고충을 함께 나눔.
다른 실무자들에게 야간 핸드폰 사용 등 규칙준수에 대한 의견 수렴</td></tr>
<tr><td rowspan="2">지역
사회/
정책
수준</td><td>직접</td><td colspan="2">사회복지전담공무원, 지역 내 자립담당실무자와의 면담</td></tr>
<tr><td>간접</td><td colspan="2">강수지양과 같이 청소년 주거문제 개선을 위한 정부의 정책적 지원 필요하다는 의견서 제출</td></tr>
<tr><td rowspan="2">기타</td><td>직접</td><td colspan="2">미납금 문제에 대한 법률 지원 및 동행서비스 실시</td></tr>
<tr><td>간접</td><td colspan="2">법률사무소와 정보 교류 및 협의</td></tr>
<tr><td rowspan="2">목표
달성에
대한
평가</td><td colspan="3">초기 상황</td><td>종결 상황</td></tr>
<tr><td colspan="3">가출 및 성폭력문제, 법률, 신체, 심리, 대인관계적 어려움이 있었음. 부모님의 치료, 동생의 비행문제 등 가족문제로 스트레스가 높았음.</td><td>어머니께 복지관에서 돌봄서비스가 제공되고 아버지가 약물중독센터에 참여하고 있음. ○○자활센터에서 ○○프로그램을 잘 이수함.</td></tr>
<tr><td>사례
관리자
의견</td><td colspan="4">강수지양은 힘든 여건 속에서도 자신 및 가족의 문제해결을 위해 여러 가지 노력을 해왔음. 그러나 담당의사에 따르면 심리치료는 당분간 지속되는 것이 필요하다고 하고 가족 갈등 문제는 여전히 높기 때문에 새로운 환경 적응을 위해 사례관리는 계속될 필요가 있다고 판단됨. 이에 00자활센터에 강수지양의 사례를 의뢰함.</td></tr>
<tr><td>사후
관리
계획</td><td colspan="4">의뢰 후 향후 6개월까지는 월 1회 전화 또는 방문하여 새로운 생활에 적응을 잘 하는지 살펴보고 지지하기로 함. 사후관리에 대한 강수지양의 동의를 받았음</td></tr>
</table>

출처: 양식은 권진숙 외(2012: 215)의 양식을 기본으로 하되 일부 수정하였다.
사례내용은 청소년기관에서의 사례를 종결보고서에 맞게 재구성하여 제시하였다.

부록

부록 1 사례관리에 있어 문제해결을 위한 기술[1)]

1. 직면

개념	• 클라이언트의 문제해결과 관련된 사항에서 말과 행동 간의 일치되지 않는 점을 클라이언트가 알 수 있도록 하는 기술이다. • 클라이언트의 면담목적과 관련이 있어야 하며, 실무자와의 신뢰성 있는 관계가 형성되고 난 다음 적절한 시점에 사용한다. • 직면의 사용 시에는 클라이언트가 명확히 알 수 있는 말과 행동과 관 련된 것에 초점을 맞추고 클라이언트에 대한 존중의 마음과 따스한 분 위기를 유지하는 것이 필요하다.
효과	자신이 인식하지 못하던 행동이나 사고의 불일치를 알게 될 수 있음. 이를 통해 자신의 문제를 바로 보고 명확하게 이해하여 새로운 변화
예	직면 1) C: (몇 차례의 상담에서 클라이언트 A는 아기를 위해서라도 이번 연도에 검정고시에 도전해서 대학을 가겠다는 말을 자주 했다. 그러나 최근 들어 A는 자주 검정고시 학원을 결석하고 인터넷 게임에 몰입하는 등 검정고시에 대한 준비를 제대로 하지 않았다.) 어제는 학원에 안 갔어요. 학원에서 나이 어린 동생들과 공부하는 것이 자존심도 상하고,,,,,, 학원에 있으면 어린이집에 있을 아기가 걱정이 되어서 공부가 잘 안 돼요. W: A양의 이야기를 들으면서 제가 조금 혼란스러워요. 이런 면담에서 여러 번 좋은 엄마가 되기 위해서 올해 대학을 가겠다고 했는데, 지금은 학원에도 잘 가지 않고 나이 어린 학생들과 공부하는 것이 힘들다고 하니까요. 대학 진학에 대한 열망과 실제 계획성 있게 준비하는 것과는 일치하지 않는 것 같다는 생각이에요. **직면 2) 언어와 비언어 행동과의 불일** W: 지금 마음은 어때요? C: "편안해요."(언어 메시지)라고 말하면서 손을 꼬집고 뒤튼다(비언어 메시지). W: "말로는 편안하다고 하면서, 손을 꼬집고 비트는군요."

1) 이 부분은 남미애·윤숙자(2013)에서 재인용하였다.

2. 저항 다루기

개념	• 저항이란 상담과정 중에 클라이언트가 어떠한 이유에서든 불편함을 느낄 때 그것을 회피하거나 그로부터 벗어나고자 하는 행동이다. • 비밀보장 문제, 변화에 대한 저항, 수치심, 드러날 자신에 대한 두려움, 쏟아질 감정에 대한 염려 등 지나치게 심각한 주제, 민감하거나 논쟁적인 사안, 사적이고 개인적인 문제들에 대한 이야기가 진행될 때 청소년이 자기개방을 하기 어려울 때가 많다. • 첫 면담부터 억지로 아동의 내면을 파고 들려는 대화를 시도하는 것은 자제하는 것이 좋다. 저항은 청소년이 자신을 보호하려는 건강한 기제라고 긍정적으로 인정하고 수용하는 것이 필요하다.
효과	• 꼭 부정적인 측면만 있는 것이 아니며 그 근원과 형태에 대한 이해는 상담의 효과를 높일 수 있다. • 사회복지실천의 면담과정에서 저항이 생기는 이유 – 클라이언트가 면담에서 무엇을 해야 하는지를 모르는 경우 – 클라이언트가 실무자의 제안을 어떻게 적절히 실행하는지를 모르는 경우 – 클라이언트의 문제해결을 위한 동기가 부족하거나 성공적인 치료 결과에 대한 기대가 낮은 경우 – 상담과정에서 만들어진 혹은 이전의 행동에서 발생하는 불안이나 죄의식으로 인하여 일어나는 경우
예	• 서먹서먹하고 어색해하는 내담자의 반응을 수용하고 바로 그런 행동을 대화의 출발점으로 삼는 것도 고려해 볼 일이다. – "갑자기 상담을 하자니 어색하고 이상한 느낌이 들지요?" – "선생님이 오라 해서 오기는 왔는데 내가 왜 여기 와서 상담을 해야 하는지 이해할 수 없다는 표정이구나." – "마치 이야기할 것 있으면 해보라는 자세를 취하고 있구나." – "얼굴표정과 말하는 모습을 보니 매우 굳어 있다는 느낌이 든다. 나하고 무슨 이야기를 할 거라고 예상하고 왔는지 그 얘기부터 시작해 볼까?" • 실무자의 탐색 질문에 대해 계속 "모르겠어요."로 일관하는 내담자에게 "혹시 안다고 가정하면 뭐라고 말할 수 있을까?" 또는 "네가 실무자라고 가정해 보면 이런 상황에 너라면 그 사람에게 어떤 식으로 말을 붙이겠니? 등과 같은 가정법도 사용해 볼 수 있다.

3. 정보제공

개념	• 클라이언트에게 문제해결이나 의사결정에 필요한 유용한 정보를 제공한다. • 정보 제공 시에는 클라이언트의 지적 수준, 학력, 정서 상태 등을 고려해서 적절한 수준에서 이루어져야 하며, 정보의 내용은 논리적이고 명확하고 구체적이며 단계적, 복잡하고 내용이 많은 지시사항은 서면으로 제공하고, 마지막에는 클라이언트가 제대로 이해하고 전달받았는지를 확인하는 것이 필요하다. • 충고·조언하기는 클라이언트가 따라야 할 해결책이나 처방을 제시하는 것인 반면, 정보 제공은 문제가 되는 사태에 대해 정확한 정보를 제공하는 데서 그친다. 결정은 청소년의 몫으로 한다.
효과	• 경우에 따라 무지와 정보 부족이 청소년이 고민하는 중요한 문제의 원인일 경우가 있다. 바른 정보는 문제해결에 도움이 된다. • 클라이언트의 문제해결이나 의사결정 과정 시 다양한 정보를 제공함으로써 다양한 대안을 검토하도록 하고 클라이언트가 자신에게 맞는 정보를 취사선택하게 하는 데 도움이 된다. • 문제나 상황에 대한 관점이나 생각을 전환하거나 더욱 확고히 하도록 돕고, 여러 정보를 자신의 상황에 적용하고 검토하는 과정에서 자신에 대한 더 깊은 성찰과 이해를 하게끔 한다.
예	• 개인회생 또는 파산에 대해 향후에 은행거래도 못한다고 알고 있는 클라이언트에게 개인회생과 파산이 무엇인지 무엇이 다른지, 향후 경제 활동하는 데 제한이 되는 것이 있는지 설명해 줌으로써 쉽게 해결된다.

4. 해석

개념	• 클라이언트가 명확하게 언급하거나 인식하고 있는 것 이상의 진술이고, 클라이언트로 하여금 새로운 시각에서 문제를 볼 수 있도록 새로운 의미와 원인, 설명을 제공한다. • 해석에서 주의해야 할 점은 그것이 실무자의 욕구(클라이언트를 이용하여 자신을 좋게 보이게 하거나 과시하거나, 실망시킨 것에 대하여 성매매피해자를 벌주기 위해서 등)에 의한 것이 아니어야 하며, 성매매피해자와 충분한 신뢰관계가 형성되고 난 후에 제공한다. • 실무자와 클라이언트가 함께 협력적으로 통찰해 나가는 것이 필요하다. 해석 후에는 클라이언트의 반응을 살펴보며, 클라이언트가 실무자의 해석에 동의하지 않을 경우에는 클라이언트의 마음을 그대로 수용하는 것이 필요하다.

효과	• 통찰을 촉진시키는 것, 감정을 파악하고 강렬화 하는 것, 다른 사람을 비난하기보다는 자신의 행동에 책임을 지기 시작하도록 자기 통제를 촉진시키는 것이다. • 적절한 해석은 클라이언트로 하여금 자신의 행동, 감정, 생각에 대한 폭넓은 이해 및 통찰을 하도록 도움. 문제해결 및 의사결정과 관련하여 새로운 인식틀과 대안을 갖게 하고 자신에 대한 책임감을 증진한다.
예	• '내가 보기에는 ~같은데', '~가능성도 있지', '아마 ~것들이 원인일 수도 있을 것 같아' 등 열린 진술을 사용하는 것이 좋다. C: 나는 정말 남자친구를 사랑해요. 그리고 결혼하고 싶어요. 그러나 최근에 나는 그를 자주 보려고 하지 않아요. 우리가 함께 있을 때마다 나는 나 자신이 그를 비판하고 있는 것을 발견해요. 그가 나를 짜증나게 하는 어리석은 짓을 한다는 걸 당신도 알 거예요. 나는 그가 맥주를 마시며 나의 아버지 앞에서 트림을 하는 모습을 쉽게 떠올릴 수가 있어요. 나의 부모가 지금까지 그를 만난 적이 없다는 것을 당신도 알지요. 그러나 내가 왜 그를 집에 데려가고 싶어 하지 않는지 잘 모르겠어요. W: 내가 보기에는 당신의 부모님이 당신의 남자친구를 좋아하지 않을까 걱정하는 부분이 있는 것 같아요(통찰을 촉진하기, 감정을 파악하고 강렬화 하기). 또한 당신의 남자친구가 당신의 아버지와 너무 다르기 때문에 그 남자친구를 선택한 것이 아닌가 의심스럽군요(통찰을 촉진하기). 당신의 부모님에게 남자친구를 데려가는 것에 대한 두려움은 아마 그에 대한 당신의 감정에 대하여 당신이 확신하지 못하기 때문일 겁니다(통찰을 촉진하기, 감정을 파악하고 강렬화 하기, 통찰을 촉진하기)

5. 지지 기술

개념	• 원조과정에서 폭넓게 사용하는 기술로 클라이언트에게 심리적 안정과 더불어 지금보다 자신의 삶이 조금 더 나아질 수 있도록 동기를 유지하고 긍정적 변화를 위한 실천을 하도록 하는 기술 • 격려 기술, 인정 기술, 재보증 기술 등이 포함 • 격려 기술 새롭고 도전적인 일이나 행동을 하고자 하는 클라이언트에게 가능성에 대한 확신을 표현하는 것으로, 클라이언트의 강점을 인정하고 지지하는 수단. 단, "나는 당신이 원하는 모든 것을 할 수 있다고 확신해요."와 같은 지나친 일반하는 클라이언트에게 진실성 있게 인식되지 않을 수 있으므로 적절하지 않다.

부록

	• 인정 기술 클라이언트가 어떤 행동을 취하거나 과업을 완수한 뒤에 그것에 대해 긍정적 평가를 내려 주는 것이다. • 재보증 기술 위기개입에서 많이 사용하는 기술로서 사실상 합리적이고 현실적인 생각과 결정에 대해서 클라이언트가 의구심을 갖고 있을 때 사용한다. 클라이언트로 하여금 불안을 감소시키고 편안한 감정을 가질 수 있도록 하는 데 유용하다. 클라이언트의 감정이나 고통을 제대로 탐색하지 못한 채 실무자의 필요에 의해 사용해서는 안 된다.
효과	• 클라이언트를 지지하고 격려함으로써 참여 및 변화에 대한 동기를 갖게 하고 유지할 힘을 주며 변화를 계속할 수 있도록 한다.
예	• 격려 기술 예) “지난 3개월간 기상, 출근상황 등에 근거해 본다면, 두려운 마음도 있겠지만 당신이 직장생활 유지를 잘 할 수 있다고 생각해요”. • 인정 기술 예1) “지난 시간에 우리는 자기주장 훈련에 대해 배웠고, 오늘 지난 시간에 제가 냈던 과제를 확인해 보니 숙제를 잘 해 오신 것 같아요. 특히 오늘 역할극을 할 때 상대방의 눈을 보면서 큰 소리로 분명하게 자기 의사를 밝히고자 하는 것은 매우 잘한 것 같네요.” 예2) 음주량이 상당히 많이 줄었네요. 자신을 위해 노력한 것에 대해 칭찬해 드리고 싶어요. 예3) 좋은 딸이 되기 위해 힘든 노력을 하고 계신다는 것이 느껴지네요. 예4) 매우 힘든 상황에서 심리적 고충이 클 것으로 짐작됩니다만 정말 잘 해나가고 계세요. • 재보증 기술 예) (갑작스러운 딸의 가출로 일시적인 수면장애와 불안을 경험한 어머니가 딸이 귀가한 다음에도 그런 증상이 계속되지 않을까 걱정할 때) “지나치게 걱정하지 않으셔도 될 것 같아요, 하루 이틀 지나면 기분이 조금씩 나아지시고 지금보다 편안해지실 거예요.

6. 재명명 기술

개념	• 재부여 혹은 재정의 등과 유사한 것으로, 클라이언트가 특정 사건, 행동 혹은 인생경험에 부여하는 의미를 수정하도록 돕기 위해 사용한다. • 우리에게 문제를 일으키는 것은 사물 자체가 아니라 그에 대해 우리가 갖고 있는 견해 때문이라는 가정에 근거한다.

	• 예를 들어, 아동이 오줌을 잘 가리지 못하는 것은 어머니로부터 사랑을 확인하기 위한 방법일 수 있다고 하거나, 딸이 잦은 가출로 걱정을 끼치는 것은 심리적 별거상태에 있는 부모가 이혼하지 않도록 막기 위해 관심을 자신에게 돌리려는 노력일 수 있다고 재정의한다.
효과	• 클라이언트가 다양하고 보다 긍정적인 조망으로 사건이나 행동을 볼 수 있도록 부드럽게 설득하는 데 목적이 있다. • 가족 구성원들이 그들의 문제 규정, 다른 사람들이 행동하는 이유에 대한 자신의 생각을 재검토하도록 격려한다. 대인간의 이해를 촉진하고 다른 사람에 대해 호감을 갖도록 도움을 준다.
예	C: 우리 부모님은 항상 나를 통제하려고 해요. 내 의견과는 상관없이 자기들 마음대로 해요. 폭군이에요. W: 부모님 때문에 숨이 막힐 것처럼 느끼는구나. 내가 보기에는 부모님이 과격한 사랑을 표현하시는데도 참 잘 참았구나.

7. 예외질문

개념	예외는 클라이언트의 생활에서 일어난 과거의 경험상 문제가 발생할 것이라 생각했는데 일어나지 않는 것이다. 예외는 문제가 있다 없다가 아니며 클라이언트의 주관적 입장에서 클라이언트가 원하는 변화와 관련이 있는 예외와 최근에 있었던 것을 알아보는 것이다.
효과	예외를 알아봄으로써 실무자와 클라이언트 모두 클라이언트가 원하는 변화와 관련하여 현재와 과거의 성공을 더 잘 알 수 있으며 이는 앞으로 더 나아질 수 있다는 희망을 가질 수 있는 좋은 단서가 된다.
예	• 저와 만나기로 약속한 후 1주일 동안 혹시 지내시면서 나아진 것이 있으시면 어떤 것이 있는지 이야기해 주시겠어요? • 조금이라도 나아졌을 때는 언제인가요? • 그런 일이 일어나지 않을 때는 언제였나요? 그때는 무엇이 달랐나요? • 조금이라도 나았을 때는 지금과 무엇이 달랐나요? • 그렇게 되도록 그 때는 무엇을 다르게 하였나요?

출처: 해결중심실천가협회(2013).

8. 기적질문

개념	기적질문은 예외가 없다고 생각하는 클라이언트에게 문제가 다 해결되었을 때를 상상하게 하여 해결로 초점을 전환하게 한다.
효과	기적질문은 첫째, 기적에 관하여 질문함으로써 클라이언트에게 변화의 가능성에 대하여 제한 없이 자유롭게 생각하게 주고 둘째, 이 질문은 미래에 초점을 두고 있으므로 클라이언트가 과거와 현재의 문제에서 벗어나 만족스러운 삶을 그릴 수 있는 미래로 관심을 돌릴 수 있게 한다는 점에서 유용하다.
예	"자 이제 이상한 질문을 하나 하려고 합니다. 오늘 이 시간 이후 당신은 평소 지내는 대로 지냈습니다. 그리고 밤이 되어 주무시잖아요. 그런데 잠든 동안 '기적'이 일어났습니다. 기적이 일어나서 지금 힘들고 어려운 모든 것이 다 해결이 되었어요. 하지만 자고 있기 때문에 기적이 일어난 것을 모르잖아요. 내일 아침에 일어나서 무엇을 보면 '와! 밤 사이 기적이 일어났구나!' 하고 알 수 있나요?" 기적질문은 클라이언트가 원하는 변화로 나가는 첫 시작이다. 실천가는 클라이언트가 자신이 원하는 변화가 무엇인지 구체적으로 이야기할 수 있도록 계속해서 관계된 질문을 하는 것이 중요하다. **기적질문 후 질문의 예)** • 그리고 또 어떤 것이 있을까요? • 기적이 일어났다는 것을 누가 또 알게 될까요? • 그 사람은 당신을 보고 무엇이 달라졌다고 할까요? • 그러면 그 사람은 어떻게 다르게 할까요? 그리고 또 무엇을 다르게 할까요?

출처: 해결중심실천가협회(2013).

9. 척도질문

개념	척도질문은 클라이언트에게 자신이 인식한 여러 가지를 점수로 이야기하게 하여 스스로 상황을 보다 객관적으로 인식하게 도울 수 있다.
효과	척도질문은 클라이언트가 인식하는 것의 모든 것(면담 전 변화, 동기와 자신감, 문제해결 우선순위, 실현가능성, 의지, 진척상황에 대한 평가 등)에 대해 다양하게 알아볼 수 있다.

예	• 저와 만나야겠다 약속했을 때를 0점이라고 하고, 오늘 이야기한 기적이 일어난 날을 10점이라고 할 때 오늘은 몇 점인가요? • 모든 문제가 다 해결된 상태를 10점, 전혀 아닐 때가 1점이라고 한다면 지금은 몇 점입니까? • '이 정도면 괜찮다' 하고 알 수 있을 때는 몇 점인가요? • 지금보다 1점이 올라갔습니다. 그럼 그때는 어떻게 다르게 지내고 있을까요? • 지금보다 1점이 올라가는 데 도움이 될 수 있는 것은 무엇이 있을까요?

출처: 해결중심실천가협회(2013).

10. 관계성질문

개념	관계성질문은 클라이언트에게 중요한 사람들과의 상호작용의 맥락에서 질문하는 것이다.
효과	이것은 클라이언트가 자신에게 도움 되는 것을 선택하고 이를 확대하는 데 도움이 되고 클라이언트가 이에 대한 대답을 하면서 원하는 변화와 그것을 이루는 방법이 유용하고 현실 가능한 것인지 가늠하는 데도 유용하다.
예	• 담임선생님이나 부모님은 어떤 것을 보면 네가 여기 오지 않아도 된다고 이야기하실까? • 어머니가 여기 계셔서 제가 어머니께 '기적이 일어나면 무엇이 달라지게 될까요?' 라고 물어보면 무엇이라고 말씀하실까요? • 부모님께 물어 보면 당신이 어떻게 해서 그렇게 할 수 있었다고 이야기할까요?

출처: 해결중심실천가협회(2013).

11. 대처질문

개념	이 질문은 클라이언트가 문제에 압도되어 있거나 스스로 할 수 있는 것이 전혀 없다고 여기는 절망과 무기력한 상황에 있는 경우에 사용한다.
효과	이렇게 질문함으로써 클라이언트 스스로 힘이 없고 아무것도 하지 않은 존재가 아니라 힘든 상황에서도 무엇인가를 해왔다는 것으로 초점을 전환할 수 있다.
예	• 그렇게 힘든 상황에서도 어떻게 그렇게 할 수 있었나요? • 그런 상황에서도 어떻게 견뎌 올 수 있었니요? • 견디는 데 도움된 것이 무엇이 있었나요? • 상황이 더 나빠지지 않도록 어떻게 하셨나요? • 그렇게 견딜 수 있는 힘이 어디서 나오시나요?

출처: 해결중심실천가협회(2013).

부록 2 사례관리 관련 양식[2)]

<양식 1>

인테이크(Intake)지

결재	담당	사무국장	시설장

사례번호		상담방법	□현장방문 □내방 □전화 □사이버 □기타( )
사례관리자			
상담일시	년 월 일 (오전/오후) : ~ :		
성명		성별	□여성 □남성
연락처	전화 :		
	이메일 :		
주소			
의뢰인	□본인 □부모 □친인척 □형제·자매 □동료 □기타( ) □미파악		

인적사항								
성명				연령				
주소								
연락처								
가족사항	관계	이름	성별	나이	학력	직업	동거 여부	특이 사항

2) 본 책에서 사용한 사례관리 양식은 권진숙 외(2012)의 양식을 기본으로 사용하였다. 단, 일부 양식의 경우 청소년에 맞게 수정·보완하여 제시하였다.

<table>
<tr><td rowspan="2">건강상태</td><td>건강 정도</td><td>□양호 □보통 □허약</td><td rowspan="2">장애유무:</td></tr>
<tr><td colspan="2">질환:</td></tr>
<tr><td rowspan="2">대상자 분류</td><td>보호구분</td><td colspan="2">□일반수급 □조건부수급 □저소득 □일반</td></tr>
<tr><td>세대유형</td><td colspan="2">□아동·청소년가족 □한부모가족 □일반가족 □기타( )</td></tr>
<tr><td colspan="2">가계도</td><td colspan="2">생태도</td></tr>
<tr><td colspan="2"></td><td colspan="2"></td></tr>
<tr><td>현재 문제 및 어려움</td><td colspan="3"></td></tr>
<tr><td>현재 이용서비스</td><td colspan="3"></td></tr>
<tr><td>지원요청 사항</td><td colspan="3">클라이언트:
의뢰기관:</td></tr>
<tr><td rowspan="2">면접자 의견</td><td colspan="3"></td></tr>
<tr><td>사례관리 대상판정</td><td colspan="2">□대상(긴급/일반) □비대상(정보제공/연계:)</td></tr>
<tr><td colspan="4">사례관리사</td></tr>
</table>

출처: 권진숙 외(2012)의 양식을 기본으로 하되 일부 내용을 수정·보완하였다.

부록

〈양식 2〉

사례관리 동의서

- 본 기관(시설)의 사업 및 사례관리 서비스에 대해 설명해 드리겠습니다.
- 본 기관(시설)은 귀하의 요구를 해결하기 위해 최선의 사례관리 서비스를 제공하도록 노력하겠습니다.
- 아래의 목적 이외에 귀하의 개인적인 정보가 노출되지 않도록 하겠습니다.

○○ 기관장(인)

본인은 귀 ○○기관(시설)에 관한 소개와 사례관리 서비스의 과정 및 내용에 대한 설명을 충분히 듣고 이해했습니다. ………… (　　)

- 본 동의서 작성일로부터 귀 ○○기관(시설)에서 제공하는 사례관리 서비스를 제공받는 것에 동의합니다. ………… (　　)
- 사례관리 서비스를 위해 필요한 정보를 제공하는 등 제반 활동에 함께 참여하겠습니다. ………… (　　)
- 본 자료가 본인과 관련된 서비스의 질적 향상과 전문가 양성을 위한 교육 및 학문적 목적을 위해서 사용되는 것에 동의합니다. ………… (　　)

20　　년　　월　　일

성 명:________(인)

후견인:________/관계:________(인)

출처: 권진숙 외(2012)의 양식을 기본으로 하되 일부 내용을 수정·보완하였다.

<양식 3>

개인정보 수집 · 이용 동의서

1. 개인정보의 수집·이용 목적

________________서비스 지원에 필요한 개인정보를 수집하고 이용하고자 함

2. 수집하려는 개인정보의 항목(예시)

▶ 일반정보 – 성명, 주소, 연락처

▶ 사회정보 – 학력, 성적, 경력사항, 병역, 자격

▶ 통신정보 – 전자우편, 전화번호

3. 개인정보의 보유 및 이용기간

원칙적으로, 개인정보 수집 및 이용목적이 달성된 후에는 해당 정보를 지체 없이 파기합니다.

「개인정보보호법」, 「동법 시행령」, 「동법 시행규칙」에 의거하여 본인의 개인정보를 위와 같이 수집·이용하도록 하는 데 동의합니다.

20 년 월 일

성명 : (인)

※ 청소년인 경우 반드시 법적 대리인의 동의가 필요합니다.

보호자(법정대리인) 성명 : (인)

출처: 권진숙 외(2012)의 양식을 기본으로 하되 일부 내용을 수정·보완하였다.

<양식 4>

사정기록지

사례번호		사례관리자	
대상자명		사정일시	년 월 일
유형	□ 신규 □ 재사정	정보제공자	

1. 개인력/가족력/가족관계

1) 개인력

2) 가족력

3) 가족관계

2. 사회적 자원

1) 공식적 자원 :

2) 비공식적 자원 :

3. 대상자가 제시한 욕구 및 이용가능 한 자원

수준	우선 순위	제시된 욕구	이용가능한 자원(강점)	내/외적 장애물
개인 수준의 욕구				
가족 수준의 욕구				
기관 및 조직 수준의 욕구				
지역사회 및 정책 수준의 욕구				
기타 의미 있는 욕구				

4. 척도를 이용한 사정

척도 종류	
사정 결과	

5. 사례관리 수준판정
□ 긴급 □ 집중 □ 일반
6. 사례관리자의 종합의견

출처: 권진숙 외(2012)의 양식을 기본으로 하되 일부 내용을 수정·보완하였다.

〈양식 5〉

사례회의록

결재	담당	소장

대 상 자		생년월일		담당자	
일 시	년 월 일	장 소		구 분	초기/ 중기/ 종결/ 기타
참가인원					
사례개요 (현재 상황 및 주요욕구)					
회의내용					
결과 및 계획					

출처: 권진숙 외(2012)의 양식을 기본으로 하되 일부 내용을 수정 · 보완하였다.

<양식 6>

개별서비스 계획 수립지

<table>
<tr><td rowspan="2">결재</td><td>담당</td><td>사무국장</td><td>시설장</td></tr>
<tr><td></td><td></td><td></td></tr>
</table>

<table>
<tr><td>대상자명</td><td></td><td>사례번호</td><td></td><td>사례관리자</td><td></td></tr>
<tr><td>일시</td><td></td><td>유형</td><td colspan="3">☐ 신규 ☐ 재사정</td></tr>
</table>

<table>
<tr><th colspan="11">서비스 계획</th></tr>
<tr><th rowspan="2">우선순위</th><th rowspan="2" colspan="2">제시된 욕구</th><th rowspan="2">합의된 목표</th><th rowspan="2">실천계획</th><th rowspan="2">빈도 (회/주)</th><th colspan="2">담당기관 (담당자명)</th><th rowspan="2">실천 기간</th><th rowspan="2">평가</th></tr>
<tr><th>내부</th><th>외부</th></tr>
<tr><td rowspan="2">1</td><td colspan="2"></td><td rowspan="2"></td><td></td><td></td><td></td><td></td><td></td><td rowspan="2">☐달성
(정도:)
☐연장
☐재사정</td></tr>
<tr><td>욕구의 심각성</td><td>개입 전( )/
개입 후( )</td><td></td><td></td><td></td><td></td><td></td></tr>
<tr><td rowspan="2">2</td><td colspan="2"></td><td rowspan="2"></td><td></td><td></td><td></td><td></td><td></td><td rowspan="2">☐달성
(정도:)
☐연장
☐재사정</td></tr>
<tr><td>욕구의 심각성</td><td>개입 전( )/
개입 후( )</td><td></td><td></td><td></td><td></td><td></td></tr>
<tr><td rowspan="2">3</td><td colspan="2"></td><td rowspan="2"></td><td></td><td></td><td></td><td></td><td></td><td rowspan="2">☐달성
(정도:)
☐연장
☐재사정</td></tr>
<tr><td>욕구의 심각성</td><td></td><td></td><td></td><td></td><td></td><td></td></tr>
<tr><td rowspan="2">4</td><td colspan="2"></td><td rowspan="2"></td><td></td><td></td><td></td><td></td><td></td><td rowspan="2">☐달성
(정도:)
☐연장
☐재사정</td></tr>
<tr><td>욕구의 심각성</td><td></td><td></td><td></td><td></td><td></td><td></td></tr>
<tr><td colspan="11">상기와 같은 서비스 제공 및 이용에 동의하며, 계획된 목표를 성취하기 위해 적극적으로 참여하고 협력할 것을 상호 약속합니다.

성명:________(인) 후견인:________(인)/관계_______(인)

사례관리자:________(인)</td></tr>
</table>

출처: 권진숙 외(2012)의 양식을 기본으로 하되 일부 내용을 수정·보완하였다.

〈양식 7〉

과정기록지

사례번호		대상자		사례관리자	

일시	구분	접촉 방법	접촉대상	내용	소요 시간	기타

〈양식 8〉

서비스 의뢰서

기관: 담당자:

등록번호		성명		성별/나이	
주소				전화번호	
후견인 성명				전화번호	
입소기간				담당자	
사례 요약					
의뢰 내용					
첨부내용					

본 기관의 대상자가 보다 건강하고 안정된 생활을 영위하도록 지원하기 위해
위와 같이 입소를 의뢰하오니 협조하여 주시기 바랍니다.

20 년 월 일

기 관 :
담당자 :
연락처 :

출처: 권진숙 외(2012)의 양식을 기본으로 하되 일부 내용을 수정 · 보완하였다.

〈양식 9〉

종결보고서

결재	담당	사무국장	시설장

사례번호		대상자이름		사례관리자	
생년월일				나이	
등록일		종결일			

<table>
<tr><th colspan="4">Ⅰ. 종결상황</th></tr>
<tr><td>종 결
사 유</td><td colspan="3">□목표달성 □귀가 □사망 □타 서비스 기관으로 연계
□ct의 서비스 거부 □보호자의 서비스 거부 □무단퇴소 □기타( )</td></tr>
<tr><td rowspan="3">사후
연락처</td><td>주 소 (기관명)</td><td colspan="2">○○시 ○○구 ○○동</td></tr>
<tr><td>전 화 번 호 1</td><td></td><td>전 화 번 호 2</td></tr>
<tr><td>퇴소후 동거인</td><td colspan="2">□부 □모 □계부 □계모 □조부 □조모 □형세사매
□기타친척 □동성친구 □이성친구 □기타(시설입소)</td></tr>
<tr><th colspan="4">Ⅱ. 종결평가</th></tr>
<tr><td rowspan="11">서비스 제공
현황</td><td>욕구유형</td><td>구분</td><td>제공된 서비스 총량</td></tr>
<tr><td rowspan="2">개인수준</td><td>직접</td><td></td></tr>
<tr><td>간접</td><td></td></tr>
<tr><td rowspan="2">가족수준</td><td>직접</td><td></td></tr>
<tr><td>간접</td><td></td></tr>
<tr><td rowspan="2">기관/
조직수준</td><td>직접</td><td></td></tr>
<tr><td>간접</td><td></td></tr>
<tr><td rowspan="2">지역사회/
정책수준</td><td>직접</td><td></td></tr>
<tr><td>간접</td><td></td></tr>
<tr><td rowspan="2">기타</td><td>직접</td><td></td></tr>
<tr><td>간접</td><td></td></tr>
<tr><td rowspan="2">목표달성에
대한 평가</td><td colspan="2">초기 상황</td><td>종결 상황</td></tr>
<tr><td colspan="2"></td><td></td></tr>
<tr><td>사례관리자
의견</td><td colspan="3"></td></tr>
<tr><td>사후
관리계획</td><td colspan="3"></td></tr>
</table>

출처: 권진숙 외(2012)의 양식을 기본으로 하되 일부 내용을 수정·보완하였다.

<양식 10>

사후관리 기록지

결재	담당	팀장

관리번호	성명	주소	연락처	보호구분	사례회의	사례관리자

사후관리 기록		
일시	접촉방법	접촉대상
상담내용		
상담결과		

출처: 권진숙 외(2012)의 양식을 기본으로 하되 일부 내용을 수정 · 보완하였다.

〈양식 11〉

사례관리 보고서[3)]

사례번호		사례보고일			사례관리자		
성명		나이		학력		종교	
직업		경제상태	□ 일반 □ 차상위 □ 수급자 □ 기타()				
주소 (거주지)					전화번호		
결혼상태	□ 초혼 □ 이혼 □ 재혼 □ 별거 □ 사실혼 □ 동거 □ 기타( )						
자녀유무	□ 없음 □ 있음(자녀수: 명)		장애 유무	□ 없음 □ 경계성 □ 장애등급			
상담 의뢰인	□ 본인 □ 부모 □ 친구·이웃 □ 공공기관 □ 기타( )						

1. 사례개요

1) 의뢰경위

2) 개인력

구 분		내 용
주요 성장과정	출생~아동기 (0~12세)	
	청소년기 (13~19세)	
	성인기 (20세~)	

3) 이 보고서 양식은 경남여성인권지원센터의 박선애 소장이 교육 및 연구목적으로 제공한 사례양식과 권진숙 외(2012)의 양식을 토대로 하였고 일부 수정하였다.

피해경험	
주요병력	

3) 가계도

4) 가계도 분석

5) 생태도

6) 욕구
① 제시된 욕구

② 합의된 목표

7) 자원 및 장애물 사정

① 외적 자원사정

② 내적 자원 및 강점

③ 장애물 사정

2. 개입내용

3. 개별서비스 계획

4. 논의요청 내용

5. 회의의 권고(슈퍼비전) 내용

<양식 12>

수퍼비전 일지

<table>
<tr><td colspan="2">일시</td><td colspan="2"></td></tr>
<tr><td colspan="2">장소</td><td colspan="2"></td></tr>
<tr><td rowspan="3">참석자</td><td>수퍼바이저</td><td>☐ 기관 내부:</td><td>☐기관 외부:</td></tr>
<tr><td>수퍼비전 형태</td><td>☐ 개별</td><td>☐ 집단</td></tr>
<tr><td>실무자</td><td colspan="2"></td></tr>
<tr><td rowspan="3">수퍼비전 내용</td><td>임상사례</td><td colspan="2"></td></tr>
<tr><td>운영체계</td><td colspan="2"></td></tr>
<tr><td>기타</td><td colspan="2"></td></tr>
<tr><td colspan="2">다음 모임</td><td colspan="2"></td></tr>
</table>

기록자: ○○○

출처: 권진숙 외(2012)의 양식을 기본으로 하되 일부 내용을 수정 · 보완하였다.

〈양식 13〉

목표 계약서

클라이언트	

나는 이 사례관리 계획을 세우는데 참여하였으며, 다음과 같은 목표를 성취하는 데 동의합니다.

목표 1 ______________________________

목표 2 ______________________________

목표 3 ______________________________

클라이언트 :__________(서명) 날짜 :________년________월________일

사례관리자 :________(서명) 날짜 :________년________월

중간검토 날짜 및 확인

* 목표수정이 있으면 이를 새로운 양식에 기록하여 현재의 양식에 첨부해 주십시오.

______________________________(기관명)

출처: 이 양식은 청소년쉼터에서 사용하는 양식을 인용한 것이다.

참고문헌

강수정 역(2004). 십대들의 뇌에서는 무슨 일이 벌어지고 있나? 서울: 해나무출판사.

권재기(2011). 집단따돌림 피해경험의 발달양상과 내면화 · 외현화 문제행동의 변화－잠재계층 성장분석(LCGA) · 다집단 성장혼합모형(GMM)을 이용한 종단연구－. 한국아동복지학, 제34호, 95-126.

권진숙(2010). 한국 사례관리실천의 혼돈과 대안. 사례관리연구, 1(1), 1-22.

권진숙 · 김상곤 · 김성천 · 유명이 · 이기연(2012). 사례관리전문가교육-실무자 기초과정. 서울: 학지사.

권현수(2016). 사례관리 개념에 대한 쟁점 고찰. 인문논총 40. 경남대학교 인문과학연구소. 83-109.

김기헌 · 하형석 · 신인철(2016). 청년 사회 · 경제 실태 및 정책방안 연구Ⅰ. 세종: 한국청소년정책연구원.

김성경(1997). 가출소녀를 위한 사회복지서비스 연구. 한국여성개발원.

김영미(2016). 계층화된 젊음: 일, 가족형성에서 나타나는 청년기 기회불평등. 사회과학논집, 47(2), 27-52.

김영종(2002). 사회복지 조사방법론. 서울: 학지사.

김정숙 · 김기헌 · 황세영 · 최선화(2015). 동북아 청소년정책 국제비교 연구. 세종: 한국청소년정책연구원.

김준호 · 박정선(1993). 청소년의 가출과 비행의 관계에 관한 연구. 한국형사정책연구원.

김준호 · 박정선 · 김은경(1997). 학교주변 폭력의 실태와 대책. 한국형사정책연구원.

김지선(2003). 소년미결구금제도에 관한 연구. 한국형사정책연구.

김지연 · 정소연(2014). 가출청소년 보호지원 실태 및 정책과제 연구. 한국청소년정책연구원

김향초(1998). 가출청소년의 이해. 서울: 학지사.

김혜란 외(1998). 사회복지실천기법과 지침. 서울대학교 사회복지실천연구회. 서울: 나남.

김혜란 · 홍선미 · 공계순(2001). 사회복지실천기술론. 서울: 나남.

김혜원(2011). 집단따돌림과 집단괴롭힘에 따른 남녀 청소년들의 심리적 건강, 학교인식 및 학교적응에 대한 구조분석. 청소년복지연구, 13(2), 173-198.

남미애 외(2013). 2013 학교밖청소년 실태 및 Care대책. 대전광역시청소년상담복지센터.

남미애 외(2014). 단기쉼터는 청소년과 함께 합니다. 여성가족부.

남미애(2004). 청소년비행의 경향과 교정복지의 방향. 사회과학논총논문집, 22(2), 133-171.

남미애 · 홍봉선 · 남승규(2002). 소년사법처리과정 청소년의 스트레스반응 및 교정성에 검 · 경찰 및 일반인의 사회적 지지가 미치는 영향에 관한 연구. 교정연구, 14, 113-141.

남미애 · 윤숙자(2013). 사회복지실천기술론. 서울: 학지사.

남미애 · 이정미 · 육혜련(2014). 성매매피해자 사례관리 매뉴얼 개발. 한국여성인권진흥원.

남영옥 · 이상준(2005). 청소년의 인터넷 중독유형에 따른 위험요인 및 보호요인과 정신건강 비교

연구. 한국사회복지학, 57(3), 195-222.

대전광역시장애인부모회 · 대전광역시장애인가족지원센터(2012). 장애인가족지원센터 사례관리 매뉴얼.

대전복지재단(2014). 통합사례관리지원사업 희망티움 내부자료.

류기형 · 남미애 · 박경일 · 홍봉선 · 강대선(2013). 자원봉사론. 파주: 양서원.

문성호(2003). 청소년의 노동시장 참여와 비행. 한국청소년개발원 연구보고서.

문화관광부(2002). 청소년백서.

민소영(2015). 변화하는 사회복지환경과 정신보건 사례관리의 방향 모색. 한국정신보건사회복지학회 학술발표논문집. 31-44.

박병식(2005). 학교폭력 정부정책: 무엇을 어떻게 할 것인가? 학교폭력 대책마련을 위한 전문가 100인 토론회. 학교폭력대책국민협의회. 2-19.

박성길 · 김창대(2003). 청소년 인터넷 과다사용의 위험요소 분석. 청소년상담연구, 11(1), 84-95.

박정은 · 윤영숙 · 서명선(1993). 윤락여성의 사회복귀를 위한 지원방안 연구. 한국여성개발원, 61-100.

박종효(2007). 집단따돌림(왕따)에 대한 이해: 발달경향과 정신건강의 관련성. 한국청소년연구, 18(1), 247-272.

박은미 · 박현선(2012). 지역아동센터 사례관리 업무매뉴얼. 지역아동센터중앙지원단.

박지영 · 김춘아 · 서창현(2011). 노인대상 시설유형별 사례관리 매뉴얼 개발연구(이용시설). 경기복지재단.

박태정 · 강일조 · 김민수 · 류정희 · 이선미 · 정완출(2008). 경기도 장애인종합복지관 통합사례관리 매뉴얼. 경기복지미래재단.

백혜정 · 송미경 · 신정민(2015). 학교 밖 청소년 지원 정책 체계화 방안 연구.

보건복지부(2014). 2014 희망복지지원단 업무안내.

보건복지부(2014). 나에게 힘이 되는 복지서비스.

사회복지용어사전(2011).

서상목(2010). 무한돌봄센터 사례관리매뉴얼. 경기복지재단.

서울시자살예방센터(2007). 정신보건전문가를 위한 지역사회 위기관리.

서울시자살예방센터(2010). 자살 및 정신질환 위기관리 프로토콜.

서울시자살예방센터(2010). 자살위기개입 핸드북.

서울시자살예방센터홈페이지. http://suicide.blutouch.net/

설진화(2008). 사회복지실천기술론. 파주: 양서원.

성윤숙(2003). 청소년의 온라인게임 몰입과정에 관한 문화기술적 연구. 청소년상담연구, 11(1), 95-115.

신수경 · 조성희(2009). 동기면담의 실제. 전문가 훈련 밀러 DVD핸드북. 서울: 시그마프레스.

안창규 · 문선화 · 전윤식(1995). 가출청소년과 학교관리체제. 서울: 집문당.

안혜영 · 윤명숙 · 권자영 · 김용득 · 강혜규 · 박성애(2011). 위기가구 사례관리 업무 매뉴얼. 보건복지부 · 한국보건복지인력개발원.

양석호(1991). 청소년 건전 육성을 위한 지역사회의 역할. 밝은 사회 건전한 청소년. 체육청소년부.

여성가족부(2011). 2011년 청소년유해환경 접촉 종합 실태조사 보고서.
오민수 · 이문국 · 김춘아 · 박경아(2013). 경기도 지역자활센터 자활사례관리모형 개발연구. 경기복지재단.
오정수 · 류진석(2004). 지역사회복지론. 서울: 학지사.
오혜경(2005). 사회복지조사론. 서울: 창지사.
유정호 · 조민효(2016).한국 청년세대의 신뢰 · 갈등과 복지의식 유형에 관한 연구-잠재집단분석과 다항로지스틱 회귀분석을 통하여. 한국사회와 행정연구, 27(1), 171-207.
윤용규 · 최종식(2000). 우리나라 소년사법의 운용실태와 개선방안에 관한 일고찰. 형사정책연구, 44, 37-56.
이경은(2004). 우리나라의 아동 · 청소년성보호정책. 청소년 성보호 전문지도자교육 – 기본 과정. 청소년보호위원회.
이대형 · 노성덕 · 오경자 · 이기학 · 배주미(2013). 청소년동반자 활동 매뉴얼. 여성가족부 · 한국청소년상담복지개발원.
이명숙(2003). 우리나라 소년교정보호현황과 범죄소년의 사법복지 욕구분석. 소년교도소의 방향과 모델-천주교 민영교도소 연구발표회, 천주교서울대교구 사회사목부 사회교정사목위원회.
이봉철(1992). 인권, 청소년 그리고 청소년권. 청소년의 권리와 사회적 불평등. 한국청소년연구원.
이상주 · 배경희(2004). 인터넷 과잉이용 학생과 보통이용 학생 간의 자존감, 공격성, 우울 비교. 청소년학연구, 11(3), 299-319.
이성식(1997). 범죄상황론적 시각을 통한 자아통제 이론의 수정. 형사정책연구, 30(6). 형사정책연구원.
이옥란 · 공미혜 · 홍봉선 · 남미애 · 장수한(1998). 부산지역 여성 청소년의 가출에 대한 의식과 실태 및 그 대책에 관한 연구. 신라대학교 여성문제연구소. 부산광역시청소년종합상담실.
이철위(1991). 청소년건전육성을 위한 지역사회참여 방안. 밝은 사회 건전한 청소년. 체육청소년부.
이춘재 외(1988). 청년심리학. 서울: 중앙적성출판사.
이필환 외 옮김(1999). 사회복지실천이론의 토대. 서울: 나눔의 집.
정신보건센터(2013). 회복을 향해... 한걸음 더. 초발정신질환자를 위한 사례관리 매뉴얼.
정영윤(1992). 심리학분야에서의 청소년연구 동향과 과제. 청소년연구의 동향과 과제. 한국청소년연구원.
정해룡(2000). 청소년보호정책의 현안과제 및 발전방향. 형사정책연구, 11(4), 79-103.
주경필(2015). 성인도래기의 개념정립을 통한 국내 청년복지정책에 대한 소고. 청소년복지연구, 17(1), 189-213.
천진호(2002). 성착취와 성착취형 인신매매에 대한 형사법적 대응과 개선방안. 형사정책연구, 13(4), 151-191 청소년보호위원회.
최복천 · 백은령 · 임수경(2013). 발달장애인가족 사례관리 매뉴얼 개발연구. 한국장애인개발원 · 중앙장애아동 · 발달장애인지원센터.

한국사회복지사협회(2001). 한국사회복지사 윤리강령. http://www.welfare.net/site/ViewMoralCode.action. 2017년 9월 2일 인출.

한국여성진흥원(2013). 성매매피해자 관련 시설평가 컨설팅매뉴얼 자료집.

한국인권신문. 가정밖청소년 인권보호 정책 개선 권고. http://blog.naver.com/wecanhelp/220919528659 2017년 2월 14일 인출.

한국장애인복지관협회(2013). 장애인복지관 사례관리 매뉴얼 개발 연구.

한국정보문화진흥원(2004). 인터넷 중독자가진단검사(K-척도)와 예방교육 프로그램.

한국청소년연구원(1989). 지역중심 청소년육성 모형개발을 위한 실태조사 연구.

한국청소년연구원(1992). 지방자치제하 청소년 행정체계의 활성화 방안.

한국청소년연구원(1993). 외국의 청소년복지정책연구.

한영선(1998). 소년법 운용상의 문제점과 개선방향. 제1차 범죄학대회 발표문.

행정안전부(2012). 공공기관 웹사이트 개인정보 노출방지 가이드라인.

허남순 외(2004). 사회복지실천 이론과 기술. 서울: 나남.

홍봉선・남미애(2010). 성착취피해청소년의 욕구와 사회적 지원방안. 청소년복지연구, 12(1), 1-33.

홍봉선・남미애(2013). 청소년복지론. 고양: 공동체

홍봉선・남미애(2013). 학교사회복지론. 고양: 공동체.

홍봉선・남미애(2018). 청소년복지론. 고양: 공동체.

Adams, A. T., Franklin, S., & Taylor, R. (2005). Case management: A resource manual. http://www.floridajobs.org/pdg/wia/Youth/yocasem02.pdf 2017년 9월 2일 인출.

Bedell, J. R., Cohen, N. L., & Sullivan, A. (2000). Case Management: The Current Best Practices and the Next Generation of Innovation. *Community Mental Health Journal, 36*(2), 179-194.

Bessell, S. (2011). Participation In Decision-Making in Out-Of-Home-Care In australia: What Do Young People Say? *Children and Youth Services Review, 33,* 496-501.

Case Management with At-Risk Youth (2016). Available on-line:http://smhp.psych.ucla.edu/qf/case_mgmt_qt/Case_Management_with_At-risk_Youth.pdf] 2017년 9월 2일 인출.

Colarossi, L. G. (2000). Gender difference in social support from parents, teachers, and peers: Implications for adolescent development. Ph. D. Dissertation. University of Michigan.

Coldwell, C. M., & Bender, W.S. (2007). The effectiveness of assertive community treatment for homeless populations with severe mental illness: A meta-analysis. *American Journal of Psychiatry, 164*(3), 393-399.

Dieterich, M., Irving, C. B., Park, B., & Marshall, M. (2011). *Intensive Case Management for Severe Mental Illness* (Review). The Cochrane Library, 2.

Eustace, A., & Clarke, A.(2005). *Care & Case Management: Assessment of the Homeless Agency's*

Model. Homeless agency.

Families ACT (2013). *Case Management Practice and the ACT Child Youth & Family Services Program.*

Frankel, A. J., & Gelman, S. R. (2012). *Case Management-An Introduction to Concept and Skills.* Lyceum Books, Inc.

Franklin, C., & Streeter, C. L.(1995). School reform: linking public with human service. *Social Work, 40*(6), 773-782.

Grace, M., & Gill, P. (2008). *Improving Outcomes for Homeless Jobseekers: YP4 Participant Outcomes by amount of case Management Service Received.* Melbourne: Victoria University.

Gronda, H. (2009). *What Makes Case Management Work for People Experiencing Homelessness?* Evidence for Practice: Australian Housing and Urban Research Institute.

Guransky, D., Kennedy, R., & Camilleri, P. (2012). *The Practice of case Management: Effective Strategies for Positive Outcomes.* Sydney: Allen & Unwin.

Helen E. G., Judith, A. S., & Jennifer K. J. (1997). The Process of Dropping Out of High School : A 19-Year Perspective. *American Educational Research Journal Volume, 34*(Summer), 395-419.

Hwang, S. W., Tolmiczenko, G., Kouyoumdjian, F. G., & Garner, R. E. (2005). Interventions to Improve the health of the Homeless: A Systematic Review. *American Journal of Preventive Medicine, 29*(4), 311-319.

Jayaratne, S. D. (2006). Evaluating Practice and Programs. Bye L. &Alvarez, M., *School Social Work: Theory to Practice*. Thomson: BROOKS/COLE.

Jonson-reid, M. (2006). Research and Evaluation of School Social Work Practice. Bye L. & Alvarez, M., *School Social Work: Theory to Practice*. Thomson: BROOKS/COLE.

Kanter, J. (1989). Clinical Case Management: Definition, Principles, Components. *Hospital and Community Psychiatry, 40*(4), 361-368.

Melaville, A. I., & Blank, M. J.(1991). *What It Takes: Structuring Interagency Partnerships to Connect Children and Families with Comprehensive Services*. Washington, DC: Education and Human Services Consortium, Institute for Educational Leadership.

Moore, E. (2009). Systems Diversity: Definitions and Archetypes. In E. Moore(Ed.), *Case Management for Community practice*. South Melbourne: Oxford University Press.

Moore, T., Saunders, V., & McArthur, M. (2008). Lost in Transition: Exploring Young People's Experiences of Transition from Youth Detention in the ACT. Institute Child Protection Studies, ACU.

Morse, G. (1999). A Review of Case Mangement for People Who Are Homeless: Implications for Practice, Policy, And Research. In L. B. Fosburg & D. L. Dennis (Eds.), Practical Lessons: The 1998 National Symposium on Homelessness Research. U.S Department of Housing and

Urban Development and the U.S. Department of Housing and Urban Development and the U.S. Department of Health and Human Services.

NASW (2013). NASW Standards for Social Work Case Management. http://www.socialworkers.org/practice/naswstandards/CaseManagementStandards2013.pdf. 2017년 9월 2일 인출.

NYC Department of Youth and Community Development.Case Management Standards Toolkit.

Piget, J. (1952). *The origins of intelligence in children.* New York : International Universities Press.

Powell, S. K., & Tahan, H. (2010). *Caes Management-A Practical Guide for Education and Practice.* Wolters Kluwer Health/Lippincott Willams & Wilkins.

Rapp, C. A., & Goscha, R. J. (2006). *The Strengths Model: Case Management with People with Psychiatric Disabilities.* New York: Oxford University Press.

Rothman, J., & Sager, J. S. (1998). *Case Management: Integrating Individual and Community Practice,* 2nd Edition. Pearson.

Saleeby, D. (1997). *The Strengths Perspective in Social Work Practice.* New York: Longman.

Salyers, M. P., & Tsemberis, S. (2007). ACT and recovery: integrating evidence-based practice and recovery orientation on assertive community treatment teams. *Community Mental Health Journal, 43*(6), 619-641.

Simpson, A., Miller, C., & Bowers, L. (2003). Case Management Models and the Care Programme Approach: How to make the CPA Effective and Credible. *Journal of Psychiatric and Mental Health Nursing, 10*, 472-483.

Slayton, J. (2000). Establishing and maintaining interagency information sharing. Juvenile Accountability Incentive Block Grants Program. Office of Juvenile Justice and Delinquency Prevention.

Suter, J. C., & Bruns, E. J. (2009). Effectiveness of the Wraparound Process for Children with Emotional and Behavioural Disorders: A Meta-Analysis. *Clin. Child Fam. Psychol. Rev., 12,* 336-351.

Vanderplasschen, W., Rapp, R. C., Broekaert, E., & Fridell, M. (2011). *Case Management for Persons With Substance Use Disorders (Review).* The Cochrane Library, 10.

Woodside, M., & McClam, T. (2016). *Generalist Case Management.* Brooks/Cole, Cengage Learning.

Woodward, W. (2001). *Collaboration: What it takes.* National Institute of Corrections: Topics in Community Corrections.

Young, K. S. (1996). Internet Addiction: The emergence of a new clinical disorder. *CyberPsychology and Behavior, 1*, 237-244.

Youth case manager Job description. http://youth-alliance.org/wp-content/uploads/2016/03/ Youth-Case-Manager.pdf 2017년 9월 2일 인출.

Ziguras, S., & Stuart, G. (2000). A meta-analysis of the effectiveness of mental health case management over 20 years. *Psychiatric Services, 51*, 1410 - 1421.

찾아보기

ㄴ

ㄷ

ㄹ

ㅁ

ㅂ

ㅅ

ㅇ

ㅊ

ㅋ

ㅌ

ㅍ

ㅎ

A

B

C

저자약력

남미애

부산대학교 사회복지학과 졸업
부산대학교 대학원 사회복지학과(행정학 박사)
부산광역시 청소년종합상담실 부장
현, 대전대학교 사회복지학과 교수
〈주전공〉 청소년복지, 사회복지실천기술, 학교사회복지, 자원봉사

아동·청소년을 위한 사례관리론

1판 1쇄 인쇄 2018년 2월 15일
1판 1쇄 발행 2018년 2월 20일

저　　자 | 남미애
발 행 인 | 박철용
발 행 처 | 양서원
주　　소 | 경기도 파주시 직지길 522 파주출판도시
전　　화 | 031-955-8000(代)
패　　스 | 031-955-8005
홈페이지 | www.yswpub.co.kr
이 메 일 | yswpub@chol.com
출판등록 | 1987년 11월 24일 제 406-2003-037 호

ISBN 978-89-994-0777-2

정가 17,000원